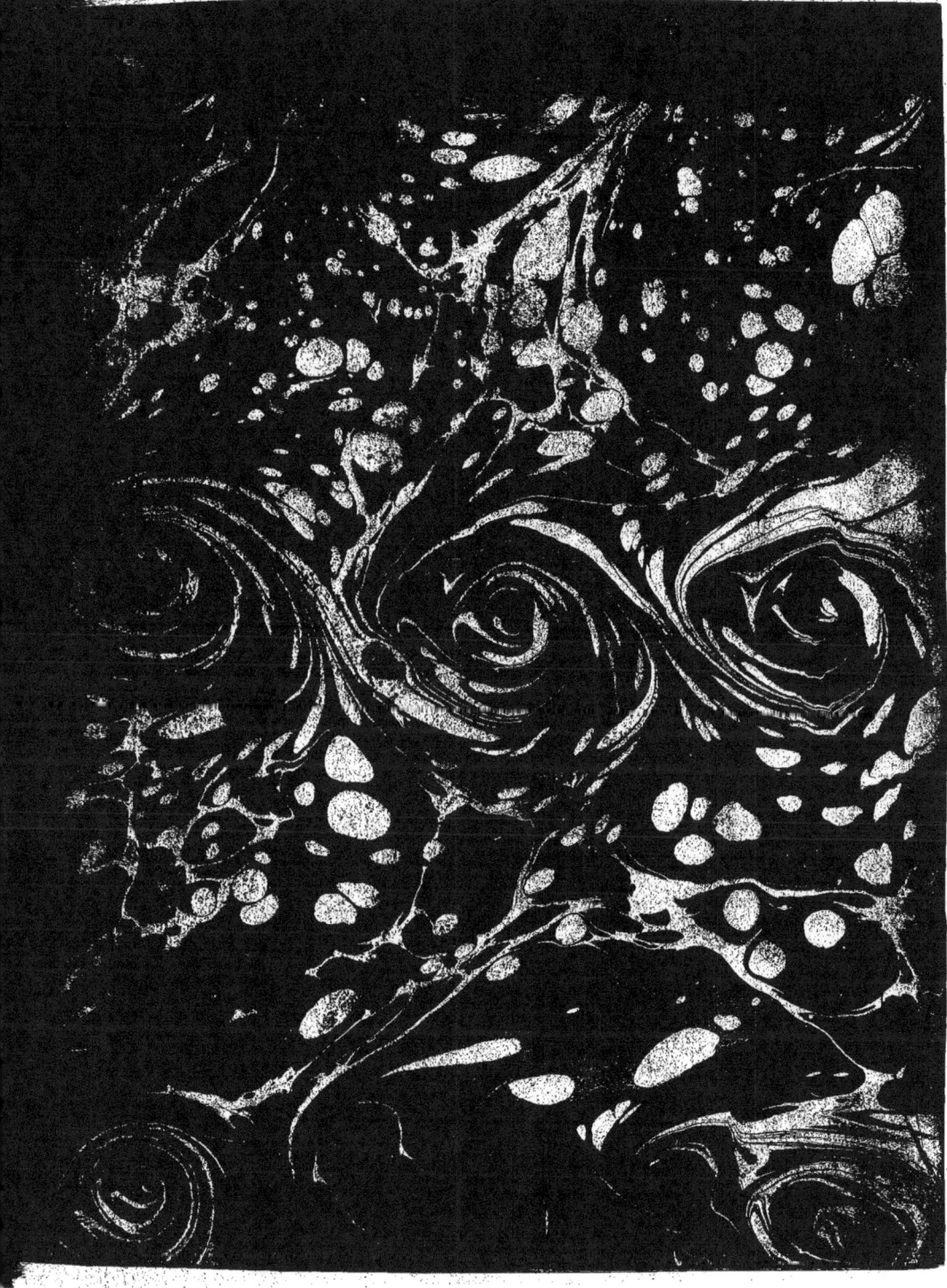

16031
H

Ce livre est fait a l'imitation de celui de M. le C. de Caylus, et n'a que quelques legeres differences. Dont M. Grosson aura cru que le public ne s'appercevroit pas, ou ne voudroit pas s'offenser. Ces differences sont 1° La richesse du sujet chez M. de Caylus et l'indigence de ce recueil cy. 2° le Crayon de Bouchardon qui conservoit et souvent perfectionnoit les beautés de la gravure antique, tandis que ce volume est indignement exécuté 3° les Connoissances du Comté de Caylus, comparées avec l'imperitie de M. Grosson et prend la planche 15 cy ventures en offre un rare exemple il prend pour antique une figure qui n'a pas deux cent cinquante ans. c'est le Candelabre N° I. je le laisse a juger au moindre connoisseur.

Je ne parlerai pas du style, sinon pourtant qu'il n'est nullement d'un antiquaire ni d'un homme de lettres.

Comment a-t-on pu offrir au Public un livre si mal exécuté en toutes manieres. Comment tant de gens riches qui ont disputé de et vraiment humiliés de voir leurs noms au bas de si mauvaises gravures.

5: l'Epigraphe de M. Grosson est vraie, et documenta damus, qua simus origine Nati, son livre prouve qu'il n'est pas d'origine grecque. V. à la planche 1) la pretendue figure de guerrier antique qui est une figure grotesque du 16.me Siecle.

v. a la pl. 11 la pretendue figure de T. annius Milon, que l'on assure ensuite a la planche 34 etre un esclave
&c &c

RECUEIL
DES
ANTIQUITÉS,
ET
MONUMENS MARSEILLOIS,
QUI PEUVENT INTÉRESSER L'HISTOIRE ET LES ARTS.

Divisé en cinq Parties, & orné de Gravures.

Par M. J. B. B. GROSSON, de Marseille.

Et documenta damus, quâ simus origine nati.
Ovid. Metamorph. Lib. 1.

A MARSEILLE,

Chez JEAN MOSSY, Imprimeur du Roi & de la Marine,
& Libraire, au Parc.

M. DCC. LXXIII.

AVEC APPROBATION ET PRIVILEGE DU ROI.

APPROBATION.

J'AI lu, par ordre de Monseigneur le Chancelier, un Ouvrage intitulé : *Recueil des Antiquités & Monumens Marseillois*, qui peuvent intéresser *l'Histoire & les Arts*, & je pense que le Public en verra l'impression avec plaisir. Il est à désirer que l'exemple du Citoyen zélé de Marseille, engage les Savans des autres Villes du Royaume, à conserver, par leurs écrits, les vestiges de l'Antiquité qui dépérissent tous les jours. A Paris ce 28 Janvier 1773. *Signé*, LAGRANGE DE CHECIEUX.

PRIVILEGE DU ROI.

LOUIS, par la grace de Dieu, Roi de France & de Navarre : A nos amés & féaux Conseillers, les Gens tenans nos Cours de Parlement, Maîtres des Requêtes ordinaires de notre Hôtel, Grand Conseil, Prévôt de Paris, Baillifs, Sénéchaux, leurs Lieutenans Civils, & autres nos Justiciers qu'il appartiendra ; SALUT. Notre amé le sieur MOSSY, Libraire à Marseille, Nous a fait exposer qu'il désireroit faire imprimer & donner au Public *un Recueil des Antiquités & Monumens Marseillois*, s'il Nous plaisoit lui accorder nos Lettres de Permission pour ce nécessaires. A CES CAUSES, voulant favorablement traiter l'Exposant, Nous lui avons permis & permettons par ces Présentes, de faire imprimer ledit Ouvrage autant de fois que bon lui semblera, de le vendre, faire vendre & débiter par tout notre Royaume, pendant le temps de trois années consécutives, à compter du jour de la date des Presentes. Faisons défenses à tous Imprimeurs, Libraires & autres Personnes de quelque qualité & condition qu'elles soient, d'en introduire d'impression étrangere dans aucun lieu de notre obéissance. A la charge que ces Présentes seront enregistrées tout au long sur le Registre de la Communauté des Imprimeurs & Libraires de Paris, dans trois mois de la date d'icelles ; que l'impression dudit Ouvrage sera faite dans notre Royaume, & non ailleurs, en bon papier & beaux caracteres ; que l'Impétrant se conformera en tout aux Réglemens de la Librairie, & notamment à celui du 10 Avril 1725, à peine de déchéance de la présente Permission ; qu'avant de l'exposer en vente, le Manuscrit qui aura servi de copie à l'impression dudit Ouvrage, sera remis dans le même état où l'Approbation y aura été donnée, ès mains de notre très-cher & féal Chevalier, Chancelier, Garde des Sceaux de France, le sieur DE MAUPEOU ; qu'il en sera ensuite remis deux Exemplaires dans notre Bibliotheque publique, un dans celle de notre Château du Louvre, & un dans celle dudit sieur de MAUPEOU ; le tout à peine de nullité des Présentes. Du contenu desquelles vous mandons & enjoignons de faire jouir ledit Exposant & ses ayans-cause, pleinement & paisiblement, sans souffrir qu'il leur soit fait aucun trouble ou empêchement. Voulons qu'à la copie des Présentes, qui sera imprimée tout au long au commencement ou à la fin dudit Ouvrage, foi soit ajoutée comme à l'original. Commandons au premier notre Huissier ou Sergent sur ce requis, de faire pour l'exécution d'icelles tous actes requis & nécessaires, sans demander autre permission, & nonobstant clameur de haro, charte normande & lettres à ce contraires : CAR tel est notre plaisir. DONNÉ à Paris, le dix-septième jour du mois de Novembre, l'an mil sept cent soixante & douze, & de notre Regne le cinquante-huitième. Par le Roi en son Conseil.

LE BEGUE.

Registré sur le Registre XVIII. *de la Chambre Royale & Syndicale des Libraires & Imprimeurs de Paris*, N°. 2350, *fol.* 615, *conformément au Réglement de* 1723. *A Paris*, *ce* 22 *Janvier* 1773. C. A. JOMBERT Pere, *Syndic*.

ERRATA.

Page 24, ligne 29, au lieu de : pour marque de la souveraineté : *lisez*, pour marquer la souveraineté.
Pag. 65, lig. 16, pour représentant : *effacez*, pour.
Ibid. lig. 5, marque de la confiance : *lisez*, preuve de la confiance.
Pag. 66, lig. 1. pour qu'elle ne tâche de le conserver, *lisez*, pour qu'elle ne tâche pas, &c.
Pag. 72, lig. 3, si l'on parvient à sa découverte : *lis.* à la découvrir.
Pag. 73, lig. 12, pour perpétuer, *lis.* afin de perpétuer.
Ibid. lig. 13, pour l'un que pour l'autre : *lisez*, pour l'un & l'autre.
Pag. 75, lig. 7, commença de regner : *lis.* commença à regner.
Ibid. lig. 11, avoient convenu : *lis.* étoient convenus.
Pag. 76, lig. 9, intitulation : *lis.* qualification.

DISCOURS
PRÉLIMINAIRE.

IL eſt peu de Villes qui puiſſent le diſputer en antiquité à celle de Marſeille. Il en eſt encore moins qui puiſſent produire des témoignages auſſi authentiques de leur ancienne ſplendeur. Strabon, Pline, Pomponius Mela, & nombre d'autres Écrivains des temps les plus reculés, citent les Temples, les Édifices publics, & les Monumens de notre Patrie, comme autant de conſtructions dignes du bon goût & de la connoiſſance des Arts, que nos illuſtres Fondateurs avoient rapportés de la Grece. Parmi ces Chef-d'œuvres, le Temple de Diane d'Epheſe, & celui d'Apollon Delphien tenoient un des premiers rangs; ils étoient placés dans la Citadelle, ſelon Strabon. (1) Cet Auteur

(1) L. 4. P. M. 170.

aussi exact dans ses descriptions, que bon Géographe, parle également des Trophées érigés dans Marseille. Pausanias (2), en décrivant les Temples de Delphes, dit, qu'on voyoit à l'entrée de celui de Minerve, une Statue en bronze de cette Déesse, que les Marseillois y avoient envoyé en offrande ; ce qui prouve que les Arts étoient cultivés dans Marseille, au point de se passer des secours étrangers, pour embellir cette Ville. C'est d'elle, selon le témoignage de Justin [3] & de l'illustre & savant M. de Caylus [4], que les Gaulois reçurent les Arts. Des Villes dans lesquelles ils ont eu moins de vigueur, conservent encore des vestiges de leur grandeur passée.

Nîmes, Vienne, Arles, Orange, St. Remi, montrent des Amphithéâtres, des Cirques, des Temples, des Obélisques & des Arcs de triomphe. Rome & Athènes, ces Villes fameuses, dont les révolutions ont été aussi grandes & aussi multipliées que celles que peut avoir essuyé Marseille, ont encore, de nos jours, des monumens échappés à la barbarie des vainqueurs, pour servir de modèles à nos Artistes. Marseille, sœur de l'une, & rivale de l'autre, ne conserve aucune de ces précieuses marques. Le Voyageur curieux, que la renommée attire dans son sein, se prépare à parcourir ces titres glorieux d'un œil avide, & ne trouve rien qui puisse satisfaire ses recherches. Il n'est aucun de ces Voyageurs, tant soit peu instruit, qui ne soit tenté de révoquer en doute les pompeuses descriptions des anciens,

(2) Lib. 10. Phoc. P. M. 623.
[3] Justin, liv. 43, chap. 4.
[4] Recueil d'Antiquités.

PRÉLIMINAIRE.

ou qui ne reproche à nos Concitoyens, la disette des monumens pour les appuyer.

Quelle peut être la raison de cette disette ? ou plutôt, qui peut avoir privé notre Patrie de ces monumens, autrefois si fameux ? Pourquoi n'en reste-t-il plus de vestiges ? Le zèle immodéré des premiers Chrétiens, me paroît être la principale cause à laquelle on doit rapporter la destruction des Édifices Payens. Marseille fut une des Villes d'Occident qui reçurent les premières la Religion Chrétienne dans leur sein ; elle dut être aussi une de celles où le culte des Idoles cessa le plutôt: quoiqu'il soit probable d'après quelques monumens, que l'exercice des deux Religions a subsisté en même-temps, l'Idolâtrie dut le céder bientôt au Christianisme. Une Ville lettrée renfermant dans son sein une Académie, digne émule de celle d'Athènes, dans laquelle la Jeunesse Grecque & Romaine venoit étudier, reçoit une nouvelle religion. Si quelques-uns des savans Personnages qui s'y distinguent par l'étendue de leurs lumières, l'adoptent, c'en est assez pour que les progrès en soient plus rapides qu'ailleurs ; c'est ce qui dut arriver à Marseille. Elle fut quelque temps dans le tolérantisme, & les deux religions eurent un libre exercice, ainsi que je le prouverai dans le corps de cet ouvrage : c'est une conséquence naturelle du savoir & des lumières de ses anciens Habitans. L'esprit de Philosophie qu'on acquiert par l'étude, donne un caractère de douceur & d'aménité, qui lie les hommes, quoique différens de croyance. Marseille [5] éprouva cependant les

---

[5] Les grandes persécutions des Chrétiens de Marseille, furent l'effet de la fureur des Empereurs Dioclétien & Maximien, vers l'an 303.

horreurs de la persécution ; des maîtres impérieux firent ruisseler le sang des Chrétiens : mais sitôt que par ses progrès, la Religion Chrétienne fut devenue celle du plus grand nombre, le culte des Idoles ne dut pas subsister long-temps, elle devint la religion dominante : on sait quel zèle anima les premiers Chrétiens, non-seulement contre l'Idolâtrie & les Idoles, mais encore contre les endroits destinés à leur rendre hommage. Un seul de ces édifices fut conservé dans Marseille ; ce fut le Temple de Diane, qui servit d'Eglise long-temps, jusqu'à ce que sa trop grande vétusté obligea les Marseillois de construire de ses débris, & sur partie du même emplacement, l'Eglise de la *Major*, (*Ecclesia Major*), l'Eglise majeure, ou premiere Eglise. La primitive Eglise n'eut d'abord qu'une seule assemblée des Fidèles dans chaque Ville ; le titre d'Eglise majeure, ou mère, lui étoit donné, parce qu'il n'y avoit qu'un seul Clergé, & que c'est de ce Corps, que, comme d'une mère commune, le Clergé des Eglises qu'on établit après, fut tiré. Marseillle, à qui une seule Eglise suffisoit, selon ces premiers rites, ne laissa pas subsister long-temps les Temples d'Apollon & de Minerve, devenus inutiles par l'abolition de leur culte, & ils furent démolis avec tout ce qui avoit servi au Paganisme, par ce zèle mal entendu, qui nous a privé de tant d'autres Chef-d'œuvres qu'on auroit pu conserver pour les destiner à des usages qui n'auroient eu aucun rapport avec celui auquel ils servoient auparavant.

Cette première époque de l'établissement du Christianisme, comme religion dominante dans Marseille, dut nécessairement entraîner une révolution dans les Arts.

PRÉLIMINAIRE.

Les Peintres, les Sculpteurs & les Graveurs accoututumés à subsister, en travaillant à peindre, à sculpter & à graver des objets relatifs à la Théogonie Payenne, ne trouverent plus d'emploi auprès des premiers Chrétiens, qui dûrent les regarder comme suspects, & comme des gens capables de perpétuer, par leurs ouvrages, ce qu'ils avoient intérêt d'anéantir. Ces Artistes dûrent s'éloigner d'un séjour dans lequel ils étoient sans occupation, pour aller chercher à être employés ailleurs. Cette disette d'ouvriers, dans les premiers siècles de l'Eglise, se trouve prouvée par le mauvais goût & les incorrections de dessein qui régnent dans tous les ouvrages de ce temps, qui portent l'empreinte du Christianisme, dans lesquels, au lieu des règles de l'art, on n'apperçoit que l'impéritie des plus foibles Eleves. (6)

La seconde cause de la privation des anciens Monumens de Marseille, se trouve dans les révolutions que cette Ville essuya, en passant sous la domination de divers Peuples barbares, qui la ravagerent tant de fois.

Les Saliens, Segoregiens, Oxubiens, & autres peuplades de Gaulois, avoient fait de vains efforts pour s'emparer de Marseille. Elle avoit tantôt vaincu ces peuples avec ses propres armes, tantôt en les combinant avec celles des Romains ses alliés, lorsque les malheureuses dissentions de César & de Pompée attirerent sur

---

(6) Le peu de bons modèles qui dut leur rester pour étudier les règles de l'art, devoit nécessairement produire cet effet. L'Empereur Théodose ayant ordonné, par Édit, en 389, qu'on démolît tous les Édifices, les Autels, les Statues, & tout ce qui avoit eu quelque rapport au Paganisme, il ne resta que des débris informes, de tous les objets précieux que Marseille renfermoit en ce genre; aussi, ceux que nous avons récupérés, portent-ils en général, par leur mutilation, les marques évidentes du zèle que nos Ancêtres mirent dans l'exécution de cet Édit.

elle la colère du premier de ces Guerriers, qui entreprit d'en faire le siège. Il me paroît inutile d'entrer dans le détail de cette opération ; personne n'ignore ce qui y donna lieu, & quelles en furent les tristes suites. César enflé de ses succès, dépouilla l'Arcenal ; les murailles de la Ville furent presque entièrement ruinées par les Assiégeans, l'an du monde, 4006., 47 ans avant Jesus-Christ.

Je doute même si elles ne furent point reculées, lorsque Crinas le Médecin eut laissé au Trésor public, cent Sexterces (7) pour les réédifier ; car si la Statue que le Conseiller de Peyresc (8) fit enlever dans le dernier siècle, de la Tour de Sauve-terre (9), étoit celle de ce Médecin, ainsi que la tradition le rapportoit, elle y étoit placée en reconnoissance du bienfait de celui qu'elle représentoit. La dénomination de *Turris Salvæ-terræ*, fait voir que les remparts du côté de terre ne devoient pas se terminer bien loin, puisque la Tour étoit destinée à faire le guet du côté de terre, comme la Tour nommée *Turretta portus* (10), l'étoit pour faire le guet du côté de la mer. Ces principes posés, les remparts qui passoient à la roche ou *roque des moulins*, dans l'angle desquels on bâtit ensuite la Tour de la grande horloge, en 1417, devoient venir joindre la Tour de Sauveterre. Les remparts ont passé anciennement par le terrein qu'occupent la rue Torte St. Christophle, & les

(7) Pline.
(8) Ruffi, hist. de Marseille. Cette Statue étoit placée, de temps immémorial, dans l'intérieur de la Tour : le Conseiller de Peyresc l'obtint du Chapitre des Accoules. La tradition la nommoit CRINAS.
(9) Aujourd'hui le Clocher des Accoules. On a fait des Campanilles & une Flèche à cette Tour, pour en faire un Clocher.
(10) C'est de-là qu'est venu le nom du quartier de la Tourrette.

PRÉLIMINAIRE.

maisons au nord de la Halle de la Poissonnerie vieille (11). Ils devoient conséquemment se terminer au quai le plus prochain ; cette enceinte ne peut être que postérieure au siège de César : je vais en déduire les preuves. Les remparts devoient être auparavant au-delà de la rue des Consuls, où l'on trouva, dans le siecle dernier, les vestiges du Temple de Minerve [12]. Dans les premiers siècles de Marseille, le Roi Caraumanus ou Caramandus assiégeant cette Ville, crut voir, ou feignit de voir en songe Minerve ; il fit, à ce sujet, la paix avec les Marseillois, & étant entré dans la Ville, il fut droit au Temple de la Déesse, dont il reconnut la Statue pour être la même figure qu'il disoit avoir vu en songe, & lui fit présent d'un carcan d'or [13]. Si ce Prince entra dans la Ville pour aller au Temple de Minerve, les remparts étoient donc au-delà de ce Temple ; une Ville toute savante n'auroit point placé le Temple de Minerve hors de son enceinte. Par les raisons que j'ai déduites ci-devant, les remparts bâtis par le bienfait de Crinas, étant probablement les mêmes auxquels se joi-

---

(11) Lorsqu'on répara en 1742, la maison appartenant à l'Hôpital de la Miséricorde, située à la Halle de la Poissonnerie vieille, on trouva les vestiges de ces anciens remparts, qui étoient tous en pierre de taille, de la même qualité que celle qu'on extrait encore du Cap couronne de la Carriere rougeâtre. Ces remparts avoient un Corridor pratiqué, dans l'épaisseur où deux hommes passoient librement de front. La quantité de Pierres de taille qu'on retira de leur démolition, en cette occasion, suffit seule pour construire les Caveaux qu'on destina depuis pour l'usage des Poissardes qui y renferment la marée.

[12] Ruffi, Hist. de Marseille. Massiliographie. MSS.

[13] La politique étoit, sans doute, venue de la Gréce avec nos pères, & le Roitelet Caraumandus n'avoit peut-être pas tant de tort de donner un Carcan d'or à la Déesse de la prudence. Cette vertu lui avoit probablement été utile en cette rencontre, & lui avoit procuré plus d'or que n'en contenoit le Carcan. Sans cette vision, qui porte tous les caractères d'une heureuse fourberie, c'en étoit fait de Marseille : ses Négociateurs furent arranger toutes choses avec ce Prince. (Les hommes ont toujours été les mêmes.)

gnoient la Tour de Sauve-terre, les pans de mur de la roche des moulins, ceux qui paſſoient par la rue Torte, & la Halle de la Poiſſonnerie : il réſulteroit-de-là qu'ils avoient été exceſſivement reculés ; & conſéquemment pluſieurs Monumens & Édifices publics qui avoient été dans l'emplacement delaiſſé, furent renverſés, démolis ou abandonnés.

A ce premier malheur, Marſeille en joignit d'autres pareils ; les Bourguignons, ſelon quelques Auteurs, la pillerent & la ſaccagerent en 413 : je crois inutile de diſcuter ce fait ; en le ſuppoſant même appocriphe, il reſte aſſez de triſtes époques à citer, pour déduire les preuves de l'enlevement ou de la deſtruction des Monumens Marſeillois. Les Viſigots s'emparerent de cette Ville, ſous leur Roi Euric, en 464, la pillerent & la ravagerent. Théodoric, Roi de Oſtrogots, s'en empara en 508, ſur ces premiers, & commit de grands dégâts. Ceux-ci la remirent enſuite aux François. Les Lombards la pillerent & la ravagerent en 576. Les Sarraſins s'en emparerent également en 923, & par une ſuite de la fureur qui les animoit, jointe au zèle pour leur croyance, ils ſaccagerent & pillerent tout ce qui ſe préſentoit à eux ; les Egliſes furent plus particulièrement maltraitées, & l'Abbaye de St. Victor fut totalement renverſée. Enfin, Alphonſe d'Aragon fut le dernier qui ſaccagea Marſeille, en 1422 [14] ; le ſac,

---

[14] Il eſt conſtant que le ſac de Marſeille commença le Samedi 23 Novembre, & dura juſqu'au Mardi ſuivant. Les Lettres-Patentes portant rétabliſſement de cette Ville, & conſervées dans ſes Archives, ſont du 16 Mai 1423. Il faut donc placer cet événement en 1422, & non l'année d'après, comme l'ont fait les deux Ruffy, & Morery après eux. (Diſſertation, Hiſt. par Me. Artaud, Avocat, imprimée dans les recueils de l'Académie de Marſeille, année 1762.)

dit

PRÉLIMINAIRE.

dit l'Historien, dura trois jours. Une Bulle de Martin V, adressée à la Cathédrale, dit formellement qu'il y eût 4000 maisons de brûlées dans Marseille, en cette occasion.

Cassien, Fondateur de l'Abbaye St. Victor, & les Moines de ce Monastère, nous fournissent la troisieme cause de la privation des monumens Marseillois. Si nous en croyons Ruffy (15), cette Abbaye fut bâtie des débris des Edifices Payens; elle fut ruinée plusieurs fois par des peuples barbares, & plusieurs fois rebâtie, probablement toujours aux dépens des Edifices publics abandonnés, ou de leurs vestiges, épars en divers endroits de la Ville. L'Abbaye, telle qu'elle est actuellement, justifie ce fait. On voit de tous côtés, qu'elle n'a été bâtie & décorée, qu'aux dépens des Edifices Payens mutilés, ou de leurs vestiges ramassés avec ce zèle particulier aux Monastères, lorsqu'on leur abandonne de pareils objets.

Le Cloître de l'Abbaye est un Peristile, totalement formé par des colonnes de marbres différens; elles ne sont pas d'accord dans les proportions; quelques-unes même ne sont que de tronçons de colonnes. Les chapiteaux varient entre eux par la forme; la plupart représentent des objets propres au Paganisme; il en est qui paroissent avoir servi pour orner le Temple de quelque Divinité, ou quelque Edifice consacré à un usage bien opposé à la chasteté monastique. Ces chapiteaux sont d'inégale forme & d'inégales proportions; les uns sont en pierre, d'autres en marbre: ce qui est une preuve qu'ils ont été enlevés de divers Edifices. Il en est de même

(15) Hist. de Marseille.

des bases : mais ce qui prouve encore plus que ces objets ont été ramassés pour décorer ce lieu, ce sont les chapiteaux modernes, que les Ouvriers qui bâtissoient cet Edifice, firent pour suppléer aux colonnes dont on n'avoit pu recupérer les châpiteaux ; on les voit tous d'une structure informe, sans goût, sans arrangement & sans dessein : quelques-uns même ne sont qu'un simple cône renversé, sans ornement.

Les colonnes & leurs chapiteaux qui ornent l'Eglise inférieure, sont des ornemens trop beaux, trop réguliers, à côté de l'Edifice en lui-même, pour être certains qu'ils ne furent point faits de principe pour décorer ce lieu, qui est de la plus grossière structure ; ce qui est une marque certaine que ces précieux morceaux étoient dans quelque autre Edifice, d'où ils furent enlevés, avec tant d'autres objets pareils, dont on voit les débris épars dans les cours & les jardins de l'Abbaye.

Si nous joignons à la dégradation des Edifices profanes, causée par l'ardeur que les Moines de St. Victor eurent, de s'emparer de leurs débris pour orner leur Monastère, celle qu'essuyerent tous les endroits ornés de figures & de bas-reliefs, sous l'Episcopat de Serenus, nous serons moins surpris de la privation des monumens Marseillois. Ce Prélat, que ses vertus rendirent d'ailleurs si recommandable, à qui le sincère repentir, la pureté de ses mœurs, & une vie exemplaire ont mérité les honneurs de l'Apothéose chrétienne, animé d'un zèle plus vif qu'éclairé, avoit donné dans les erreurs des Iconoclastes, & fait briser toutes les images qui se trouverent dans les Eglises de Marseille. Le peuple, que l'exemple d'un Prélat, vertueux d'ailleurs, dût animer, se porta, sans doute, avec excès, à briser toutes les

PRÉLIMINAIRE.

figures qu'il possédoit, ou qui s'offroient à ses regards; ce qui dut opérer un des plus funestes coups contre les Arts & leurs progrès, & nous priver d'une foule d'objets précieux, qui serviroient peut-être aujourd'hui de modèles & de preuves historiques (16).

Les terrains dont la mer s'est emparée, nous dévoilent une quatrieme cause de la privation des monumens Marseillois.

Il n'est pas naturel de présumer que nos Pères eussent bâti un Temple sur le rivage de la mer, de façon que les flots vinssent battre les fondemens; ce qui les auroit ruinés en peu de temps. Or, la Cathédrale qui a remplacé le Temple de Diane, se trouve dans cette situation. Est-il même probable que lorsqu'on l'a réédifiée, on n'en eût reculé les fondemens, pour obvier à cet inconvénient? Il n'y a nul doute à cet égard (17), & les débris de l'ancien Baptistère, qu'on voit épars dans les jardins potagers de la maison Prévôtale prouvent que cet Edifice n'a été abandonné que par cette considération.

Selon Strabon, L. 4. de sa Géographie des Gaules, le Temple de Diane & celui d'Apollon étoient situés dans la Citadelle : *In arce est Ephesium, & Apollinis Delphici fanum* [dit le traducteur] (18).

César dans ses commentaires (19), nous donne la situation de cette Citadelle : *Hujus quoque spatii pars ea*,

(16) Le Pape St. Grégoire écrivit, à ce sujet, à l'Evêque Serenus, pour le blâmer de cet excès, & l'exciter à résipiscence. *S. Greg. lib. 7. Epist.* 109. *indict.* 2.
(17) Une Eglise plus ancienne que celle qui existe actuellement, occupoit partie de l'emplacement de la Prévôté, selon les Chartres de la Cathédrale.
(18) Casaubon.
(19) *De Bello Civili, lib. II.*

quæ ad arcem pertinet loci naturâ, & valle altiſſimâ munitâ, longam & difficilem habet opugnationem.

Le Temple de Diane & celui d'Apollon (20) étoient, d'après ces autorités, inconteſtablement ſitués dans la Citadelle de Marſeille, ainſi que les Romains avoient des Temples dans le Capitole. La ſuperſtition payenne attachant le ſort de la Patrie, à la protection des divinités tutélaires, on les logeoit dans les Citadelles, pour qu'elles préſidaſſent au ſalut de la République, de cet endroit où ſes forces étoient raſſemblées.

Cette Citadelle étoit ſituée ſur une hauteur très-conſidérable; ce qui ne pourroit ſe dire de nos jours, de l'emplacement où étoit ſitué le premier de ces Temples, ſi nous n'admettons que la Ville avançoit davantage ſur la mer, qui a rongé, par ſucceſſion de temps, une grande étendue de terrain, lequel venant en pente vers le rivage, formoit ce vallon très-profond, cité par Céſar, n'y ayant pas aujourd'hui du niveau de la Cathédrale, à celui du rivage de la mer, deux toiſes de différence (21).

(20) Le Temple de Diane étoit ſitué à l'endroit où ſe trouve aujourd'hui la Cathédrale, & celui d'Apollon, ſur l'emplacement de l'Abbaye St. Sauveur. On a trouvé dans les ſouterrains de cette derniere Egliſe, une Inſcription dédiée au College des Prêtres d'Apollon.

(21) L'ancienne Citadelle de Marſeille devoit également ſervir de défenſe du côté de la mer, comme du côté de terre; le paſſage des Commentaires de Céſar, ne contredit pas cette opinion: *Maſſilia*, (y eſt-il dit), *enim ferè ex III oppidi partibus mari alluitur, reliqua quarta eſt quæ aditum habet à terra hujus quoque ſpatii pars ea quæ ad arcem pertinet, &c.*; ce qui n'aſſure pas que la Citadelle fût abſolument du côté de terre, (ainſi que l'ont prétendu quelques Traducteurs) mais plutôt que la partie de cet eſpace de terre, qui appartenoit à la Citadelle, étoit fortifié par un vallon très-profond. Ce vallon exiſteroit encore du côté de la Joliette, ſans l'encomblement pratiqué par les Edifices de l'Obſervance, les jettées de la rue Françoiſe à la porte de la Ville, & le pont pour venir joindre le chemin du Lazaret.

PRÉLIMINAIRE.

Ruffy, dans son histoire de Marseille, nous a conservé les époques successives auxquelles on a réédifié les remparts (22) dans cette partie de la Ville, & à chaque fois ils ont été probablement reculés. J'ai vu moi-même jusques en 1747, des pans de murs considérables, faisant partie des anciens remparts, sur l'anse de l'Ourse (23). Ils avoient été abandonnés pour en construire d'autres, à quelques toises de distance : ces derniers sont tombés en partie, à leur tour, depuis le cimetière de la Charité, jusques à l'angle du Monastère des Carmelites ; & en reconstruisant cette partie, on a été obligé d'ouvrir une porte pour faire jetter les décombres de la Ville en cet endroit, afin de garantir les remparts d'une nouvelle chûte. J'ajouterai à ces réflexions une autorité tirée des Chartres de la Cathédrale : il conste, par ses livres terriers, qu'elle avoit la directe sur les maisons de plusieurs rues situées au delà des jardins de la Prévôté. Que sont devenues ces rues & ces maisons ? Toutes les autres directes du Chapitre existent & sont perçues ; elles ne peuvent donc avoir été confondues par erreur, de la part des anciens gardes de ses Archives. Dans des temps calmes, on peut observer encore les vestiges d'Édifices, dans cet espace que la mer occupe au-dessous de la Prévôté, jusqu'au banc de roche, nommé l'*Estel* ; entr'autres, la forme d'un puits, qui n'avoit certainement point été construit originairement dans la mer : il seroit même absurde de le supposer.

(22) En 1379 & 1381; 1407, 1408 & 1409; 1412, 1431.
(23) L'anse de l'Ourse comprend depuis la Tour de la Prévôté, qui sert de magasin à poudre pour la batterie de la Major, jusques à la Tour de la Tuerie, vulgairement l'*Adoubadou*. Cette anse est au couchant de Marseille, & se trouve parallèle aux Monastères des Carmelites & de l'Observance.

Le Port de la porte Gauloife, ou de la porte Galle (24), ne fubfifte plus depuis plufieurs fiècles. Il fervoit encore en 1153, pour les habitans de la Ville fupérieure. Ce n'eft plus aujourd'hui qu'une plage fabloneufe, prefque entièrement expofée à la pleine mer, par la dégradation qu'elle a occafionné aux rochers qui foutenoient les terrains du côté du Lazaret actuel ; nous en avons vu, & nous en voyons encore détacher de nos jours, des parties confidérables, malgré les jettées des décombres, pour conferver le chemin qui conduit au Lazaret : il en eft de même de la partie des rochers fitués en deffous de la Tour de la Tuerie ; il s'y fait des crévaffes continuelles, qui détachent des maffes confidérables. Cet endroit avoit, il n'y a pas vingt ans, deux baffins formés naturellement par la mer, au milieu de ces rochers, où on alloit fe baigner pendant les chaleurs ; ils étoient nommés le grand & le petit Caire. Les rochers fe font éboulés, & il ne refte prefque plus de marque de ces baffins (25).

(24) Vulgairement la Joliette. Elle eft nommée dans les titres *porta galliæ*, *portus portæ Gallicæ*, & non point *portus Gallorum*. La rue qui conduit à cette porte, eft nommée *via Gallica*, & aujourd'hui la rue Françoife. (Privilège de l'Empereur Fréderic, accordé à la Cathédrale de Marfeille, fous la date de l'an MCLXIV. Indiction XII. le XV des Calendes de Mai, *Arch. de la Major.*)

(25) La mer gagne journellement fur les terrains dans tout le petit Golfe ou Rade de Marfeille. L'ancien chemin public qui conduifoit de Marfeille à Mattigues, eft prefque difparu en entier. Il commençoit au fortir de la porte Galle, contournoit le rivage de la mer, par les Infirmeries actuelles, Arenc, le *Baou des Crotes*, Séon, l'Eftaque, &c. Des Campagnes entières, fituées fur ces rivages, des Tours bâties de diftance en diftance pour faire le guet, n'exiftent plus. Sur ce chemin étoit fituée la Maifon de Campagne de Mr. de Paul, au quartier de Séon. Ils ont été obligés depuis peu, d'en démolir la moitié qui ménaçoit une prochaine chûte, par le défaut de terrain pour la foutenir. Il exiftoit encore en 1748, un Sentier au-delà de cette Maifon, affez large pour faire paffer les bêtes de fomme & les piétons. Si dans un laps de temps fi peu confidérable, la mer a pu gagner une pareille étendue de terrain, qu'on calcule à proportion fes progrès dans l'efpace de plufieurs

PRÉLIMINAIRE.

D'après ce que je viens d'expofer, il réfulte que la mer, en gagnant par fucceffion de temps, le terrain occupé par la Ville, nous a privé conféquemment d'une foule d'anciens monumens.

Si nous ajoutons à ces confidérations, celles qui réfultent de l'état d'indolence dans lequel furent le Commerce & les Arts, pendant que Marfeille étoit gouvernée par des Vicomtes particuliers, nous trouverons en cela une nouvelle caufe de la privation des monumens. Des Souverains qui ne s'occupoient que de très-petits intérêts, qui bâtiffoient des Monaftères, dégradoient leurs héritages, pour les combler de bienfaits; quelques-uns même s'étoient faits Moines de St. Victor (26). Marfeille, fouvent partagée entre plufieurs Cohéritiers divifés d'intérêts; l'Eglife jouiffant pendant un long efpace de temps, du droit de fouveraineté fur la Ville fupérieure; les difputes continuelles de cette portion avec la Ville inférieure; les haines & les inimitiés de fes habitans, donnent l'idée d'une Anarchie complette, pendant laquelle les Arts doivent néceffairement languir. Il me femble voir les modernes habitans de l'ancienne Grèce, fans ceffe expofés aux avanies d'un nouveau Pacha, ne chériffant plus ces Arts, dont leurs Ancêtres pouffèrent fi loin la perfection, n'ayant qu'une propriété précaire, & détruifant journellement les veftiges de leur ancienne

---

fiècles, & l'on ne fera pas tenté de revoquer en doute, que la Ville de Marfeille ait été retrécie par cette caufe.

Les encomblemens que la direction des eaux du Rhône ont occafionnés en divers endroits de la Côte, ont fait refluer la pleine mer vers Marfeille, en retréciffant le canal par lequel elle entre dans notre Rade, & produit ces funeftes effets. Voyez la differtation du Pere Menc, couronnée par l'Académie, en 1769.

(26) Guillaume I. & Roncelin.

grandeur, pour en conftruire leurs Cabanes (27).

C'eft ce qui dut également arriver dans Marfeille. Le Château Babon [28] avoit été donné au Clergé, par un des Vicomtes ; il avoit été même démoli par des raifons de jaloufie, de ce qu'il dominoit la Cathédrale. De petits intérêts pareils, devoient fe préfenter à chaque inftant, pour précipiter la ruine totale des reftes de l'ancienne grandeur Marfeilloife. A ces temps en fuccédèrent d'autres moins malheureux, fous la domination des Comtes de Provence, & des plus heureux encore, lorf-

---

(27) Il eft affez ordinaire, d'après les témoignages des Voyageurs, de voir en Levant, des marbres en bas-relief, des ornemens, des Chapiteaux, des Infcriptions, fervir à faire le banc d'un Boucher, le feuil de la porte d'un Savetier, ou les fondemens des Édifices deftinés aux ufages les plus vils.

[28] La Colline fur laquelle étoit fituée le Château de Jules Céfar, vulgairement *lou Cafteou de Joly*, fe nommoit *Mons Babonis*. On avoit dénommé un Château de nos Vicomtes, bâti en ce local, rélativement au terrain qu'il occupoit, & non point parce que l'Évêque Babon l'avoit reparé, comme le prétend l'Hiftorien des Évêques de Marfeille. Cette dénomination de *Cafteou de Joly*, par corruption de *Caftellum Julii Cafaris*, fembleroit indiquer que Céfar avoit fait conftruire un Château dans ce local, qui faifoit partie de l'emplacement de l'ancienne Citadelle de Marfeille ; cependant les Commentaires de cet Empereur, fi exacts dans les détails du fiège de Marfeille, ne font mention d'aucun Édifice ftable, bâti par fes ordres. Il féjourna fort peu de temps en cette Ville, dans laquelle il laiffa feulement deux légions en garnifon (*de Bello Civili, lib. 11.*) ; ce qui laiffe des doutes fur l'étimologie du mot de Château de Joly ; mais les ténèbres fe diffipent, fi l'on daigne faire attention que le Port étoit hors la Ville, que l'enceinte des murs à l'embouchure du Port, terminoit près l'emplacement aujourd'hui occupé par l'Eglife St. Laurens, contigue au quartier nommé *lou Cafteou de Joly* ; ce qui donne lieu de préfumer que la fameufe Tour que Céfar fit conftruire pendant le fiège, fut placée en cet endroit. Cette Tour eft défignée *Caftellum* dans les Commentaires (*de Bello Civili, lib. 11. Eft autem animadverfum ab legionariis, qui dexteram partem operis adminiftrabant, ex crebris hoftium eruptionibus magno fibi effe præfidio poffe, fi pro Caftello ac receptaculo turrim ex latere fub muro feciffent.* Céfar donne enfuite la defcription de l'ouvrage. Cette Tour fut donc faite pour fervir de Château & de lieu de retraite aux Soldats de Céfar, & probablement le local fur lequel elle fut édifiée ou tranfportée pendant le fiège, retint le nom de Château de Jules Céfar, dont nous avons fait *lou Cafteou de Joly* dans notre Idiôme Marfeillois, de même que le Baftion de St. Cannat, a retenu le nom de la tranchée des Dames, parce que les Marfeilloifes firent feules cet ouvrage, lors du fiège de Marfeille par le Connétable de Bourbon, en 1524.

PRÉLIMINAIRE.

que Marseille & la Provence furent réunies à la Monarchie Françoise, mais la négligence des Administrateurs à conserver le peu de Monumens que le hasard faisoit découvrir, facilita aux Curieux les moyens de les transporter ailleurs. Les Beaux Arts n'ont recommencé à paroître dans Marseille, que sous le Règne de Louis le Grand, par l'établissement de notre célèbre Compatriote Pierre Puget, en qualité de Sculpteur pour les Galeres. Ce grand Artiste, nouveau Prométhée, porta le feu du génie des Arts dans sa Patrie ; c'est de son attelier qu'il anima les Veyrier, les Serre, les Mathias, les Chasses & tant d'autres. Les Marseillois commencèrent à goûter leurs productions, & à regretter la perte de celles de leurs Prédécesseurs, dans les beaux siècles de leur République.

Quelques Antiquaires se formèrent dans Marseille (29) ; mais aucun d'eux ne s'attacha particulièrement à ce qui concernoit cette Ville. Divers morceaux relatifs, confondus dans leur cabinet, au milieu d'une foule d'objets antiques, que la facilité du Commerce leur procuroit d'Egypte & des Echelles du Levant, étoient comme enfouis, & n'avoient jamais été connus du Public. Des Savans Etrangers (30) avoient récupéré quelques-unes de nos Inscriptions. Ruffy & Guesnay (31) en avoient fait autant ; mais ils avoient tous négligé d'en faire une suite qui pût présenter,

_____

(29) Mrs. Cary, Gravier, Rigord, Guillermy : les deux premiers sur-tout se distinguèrent dans la Science de l'Antiquité, & méritent d'être cités parmi les Maîtres en ce genre.
(30) Muratory, Spon, &c.
(31) Ruffy, Hist. de Marseille : Guesnay, *Annal. Phôcens. Provincia.*

* C

d'un coup d'œil, le tableau des mœurs, des usages, du costume & du culte religieux des Marseillois : c'est ce que je me propose de remplir pour répondre aux désirs des Amateurs & des bons Patriotes qui m'ont engagé de mettre au jour des recherches faites dès ma jeunesse, par simple récréation, sans autre idée d'abord, que de satisfaire ma curiosité ; mais que je suis enchanté de consacrer à ma Patrie, en lui conservant le souvenir de ses Monumens, qui ont pu venir à ma connoissance, & en perpétuant, par la gravure, ceux que le laps de temps dégrade tous les jours.

PLAN DE CET OUVRAGE.

ON ne doit point s'attendre, d'après les Observations faites dans le Discours Préliminaire, à retrouver, dans cet Ouvrage, des Plans & des Vestiges de grands Edifices ; il m'auroit été de toute impossibilité de les récupérer ; & j'aurois infailliblement donné dans des conjectures trop hasardées, si j'avois entrepris d'en faire la moindre description ; les Auteurs anciens en ont loué la beauté, mais ils ont tous gardé le silence sur la distribution, les proportions, & généralement sur tous les détails quelconques.

Les Monumens que j'ai à décrire, se réduisent nécessairement à ceux, qui, ne faisant pas de grandes masses, ont échappé à la barbarie, ou sont restés ensevelis dans les décombres, dans les éboulemens de

PLAN DE CET OUVRAGE. 19

terrain, & dans les endroits destinés autrefois à la sepulture ; d'où ils ont été tirés accidentellement, la plupart pour être transportés dans la Capitale, ou ailleurs. De ce genre de Monumens, sont les Médailles des siècles de la République ; celles qui ont servi de Monnoie sous la domination des Rois de France de la premiere & seconde Race, & qui ont été frappées dans Marseille ; les Bronzes, Statues, Bas-reliefs, Instrumens de Sacrifice, Amulètes, Lampes Funèbres, Urnes Cinéraires, Inscriptions Sépulcrales, Tombeaux, Lacrimatoires, Ornemens, & généralement tout ce qui est venu à ma connoissance, soit d'après mes propres recherches, soit d'après celles que des Savans Curieux ont daigné me communiquer, soit par la lecture des leurs Ouvrages.

Pour restituer à Marseille une foule d'objets antiques, & pour parvenir à en former une suite, j'ai ramassé les Desseins & les Gravures éparses dans leurs Ouvrages, qui représentoient des Monumens Marseillois ; & je n'ai pas hésité de profiter des lumières de ces Auteurs, lorsque leur sentiment m'a paru le plus conforme à la vérité.

Un commerce de Lettres, suivi avec plusieurs Amateurs instruits, qui possèdent des collections en antiquités, m'a procuré l'avantage de recupérer bien des morceaux trouvés dans notre Patrie, & enlevés de son sein, pour aller faire l'ornement de ces Cabinets ; je ne me suis décidé à les adopter, que d'après les témoignages les moins suspects & les plus authentiques.

Quant aux Monumens qui ont passé sous mes yeux, ou qui existent encore, j'en ai dessiné les uns & fait dessiner les autres, après un mur examen du costume, & de tous les caractères qui pouvoient porter l'empreinte certaine, qu'ils appartenoient à Marseille.

La facilité d'exporter des Antiquités d'Egypte & du Levant, que le commerce de cette Ville donne journellement, m'a inspiré une juste méfiance, pour éviter d'adopter comme Marseillois, des Monumens qui ne le sont point ; & j'ai rejeté scrupuleusement une foule d'objets dans ce genre, possédés par divers de mes Concitoyens. Que ne dois-je pas à ceux d'entr'eux qui ont daigné favoriser mes recherches, en m'aidant de leurs avis ; en me communiquant les objets dont ils étoient possesseurs ; en contribuant à la Gravure ; en me facilitant l'accès des Cabinets, des Bibliothèques, & de quelques Archives, avec cette affabilité & cette amitié peu commune, que je dois bien plus à leur amour pour la Patrie, qu'à mes foibles lumières. Le silence que leur modestie m'impose, ne diminue en rien ma juste reconnoissance.

On sait que la science des Antiquités est presque toute conjecturale, & qu'il est des morceaux qu'on ne peut expliquer, qu'en formant l'hypothèse la plus vraisemblable, si l'on ne trouve en eux des caractères décisifs, ou des rapports avec des traits historiques. Il en est même, qui, ne donnant aucune de

DE CET OUVRAGE.

ces facilités, ne peuvent être préfentés que pour la fatisfaction des yeux. Je n'ai pas cru devoir retrancher ces derniers, quoique nombreux, & en priver le public, en attendant que quelqu'un, plus heureux dans fes recherches, pût en donner l'explication ; je me fuis feulement attaché à les conferver dans cet ouvrage, comme dans un dépôt public, qui pût les garantir de l'oubli.

Dans l'explication que je donne de plufieurs de nos monumens, en me livrant quelquefois avec ménagement à mes propres conjectures, je n'ai pas prétendu me fouftraire à la critique : & je croirai avoir obligation à ceux qui me refuteront, s'ils expofent un fentiment qui puiffe être plus utile pour découvrir des vérités relatives aux Arts ou à l'Hiftoire de notre Ville ; principal but que j'ai eu en vue, en publiant ce Recueil. A quoi bon, s'écrieront peut-être ceux que l'egoïfme aura féduit ? A quoi bon renouveller tant de *vieilles Antiquailles* ? Que nous importe de favoir toutes ces inutilités ? Il nous fuffit de connoître ce que nous fommes, & nous pouvons, fans inconvénient, ignorer ce que nos Peres ont été. Cicéron leur répond pour moi : *Nefcire quid anteà quàm natus fis acciderit, id eft femper effe puerum.* Cicero in orat. n°. 120.

Nota. *On a mis à chaque Gravure, un numero particulier, pour fervir de renvoi au même chiffre marqué dans la defcription qui en eft faite dans le corps de l'ouvrage. Il eft quelques Médailles, que l'enthoufiafme des Artiftes qui fe font prêtés à les deffiner, s'eft plu*

22 PLAN DE CET OUVRAGE.

à représenter d'un module plus grand que nature. Je n'imaginois pas pour lors, que ces Desseins que je ne ramassois que pour satisfaire ma curiosité, pussent servir un jour pour être donnés au Public, & je négligeai cette exactitude. La difficulté de me procurer ensuite toutes ces mêmes Médailles pour les dessiner de nouveau, m'a fait préférer de faire graver les Desseins, tels que je les possédois ; ce défaut mis à part, ils renferment scrupuleusement les objets représentés sur les Médailles, & j'aurai soin de prévenir des grandeurs, en les rapportant en détail.

RECUEIL
DES
MONUMENS MARSEILLOIS,

Qui peuvent intéresser l'Histoire & les Arts.

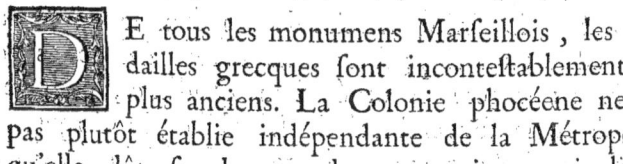

LES MÉDAILLES.

DE tous les monumens Marseillois, les Médailles grecques sont incontestablement les plus anciens. La Colonie phocéene ne fut pas plutôt établie indépendante de la Métropole, qu'elle dût se donner des monnoies particulières.

Nous trouvons journellement de ces monnoies en argent & en cuivre, & il n'eſt jamais venu à ma connoiſſance qu'il en exiſtât en or. S'il en a exiſté, elles devoient être rares, puiſque ſur des quantités conſidérables trouvées, ſoit dans Marſeille ou dans ſes Colonies, il ne s'en eſt rencontré aucune. Je dois aux bontés de M. le Préſident *de St. Vincent*, & à ſon zèle ardent pour tout ce qui intéreſſe la Provence, la communication de trois Planches de Médailles Marſeilloiſes qu'il a fait graver : elles m'ont été d'un grand ſecours pour les comparer avec celles que je poſſédois. M. Michel, Honoraire de l'Académie de Peinture & de Sculpture de Marſeille, m'a également communiqué pluſieurs de ces Médailles, qui ornent actuellement ſa collection.

PLANCHE I.

LES Médailles renfermées dans cette Planche ſont toutes en argent, à l'exception de celle du n°. 12 ; elles ſont des mêmes grandeurs que les Gravures.

Celle du n°. 1. repréſente d'un côté le Buſte de Diane, Divinité tutélaire de la République, & dont le culte étoit le premier dans l'ordre des objets religieux ; la tête eſt ornée d'un Diadême, pour marque de la ſouveraineté de Marſeille ; le Carquois & l'arc ne laiſſent aucun doute ſur la Divinité qui y eſt

repréſentée

MARSEILLOIS.

représentée; le Colier de perles & les cheveux retroussés, désignent le costume de ces temps, qui ont encore réparu de nos jours.

Le revers est un Lion passant; le Lion a été long-temps l'Emblême de Marseille: il a été probablement dans ses Enseignes, comme l'Aigle dans celles de la République Romaine. On lit ce mot dans le champ, en caracteres grecs: MASSALIETON. La contre-marque du Monétaire se trouve placée sous les pattes de derrière du Lion.

La Médaille désignée par le n°. 2. ne diffère de la premiere, que par les airs de tête, qui conservent toujours un caractere grec. Le revers ne diffère également que par le Lion, qui a la gueule béante, & une de ses pattes en l'air; la contre-marque du Monétaire varie également, & le mot MASSALIETON se lit de même qu'à la précédente.

Sous le chiffre 3. est représentée une Médaille curieuse à plusieurs titres; la coiffure est en rouleaux, avec le diadême; Diane a pour Boucle d'oreilles, un Trident, symbole de la pêche, ou du commerce maritime de la Ville de Marseille; le Lion qui est représenté au revers, est couvert d'un corset de cuirasse. Nos Peres n'auroient-ils point voulu représenter par-là, que la République étoit en état de résister aux armes de ses ennemis. On lit au haut du revers, ces lettres MASSA, en caracteres grecs, par abréviation de MASSALIETON, & au bas, les chiffres Romains XIIII. qui me paroissent désigner la valeur de cette monnoie.

D

La coiffure de Diane, dans la Médaille du n°. 4. varie des premieres; elle a de vraies Boucles d'oreilles en perles, au lieu du Trident; elle n'a point de colier. Le Lion repréfenté fur le revers, eft moins bien deffiné; les lettres MASSA font au haut, & dans le bas, A A E. Cette Médaille paroît être d'une époque poftérieure à celle des précédentes; elle a moins de nobleffe & moins d'exactitude dans le deffein.

Le chiffre 5 préfente encore le Bufte de Diane ornée du diadême, avec l'épaule découverte, l'oreille décorée d'un Trident; la coiffure eft à rézeau, & à cheveux courts; le collier eft un fimple ruban. Nos Citoyennes mettoient probablement autrefois autant d'inconftance dans leurs ajuftemens de tête, qu'elles en mettent de nos jours; les Monétaires & les Graveurs copioient ces coiffures d'après le coftume en vogue, lors de la refonte ou des nouveaux coins.

Le revers de cette Médaille, eft un Lion, la gueule béante, avec les lettres MASSA; & au bas A, H en caracteres grecs; la contre-marque eft différente des précédentes, & défigne un autre Monétaire.

Sous le numéro 6, eft encore repréfenté le Bufte de Diane, fans Boucles d'oreilles, avec le diadême; la coiffure eft en treffes retrouffées, nouées avec des rubans; une plume ou une palme femble fortir du carquois. Le Lion qui eft au revers eft courroucé, la crinière hériffée; le mot MASSALIETON fe lit tout au long; la contre-marque du Monétaire eft un Beta, & au-deffous un Delta.

Le Bufte de Diane eft encore dans la Médaille du

numéro 7 ; ce qui la diſtingue de la premiere, c'eſt un ornement en feuillages, ſur le côté de la coiffure, & des fleurs ou des fruits à l'endroit où les cheveux ſont retrouſſés ; même revers que la précédente.

8. Ce chiffre offre une Médaille, où eſt repréſentée la tête de Diane, terminant ſimplement au col, la coiffure en rond, négligée & couronnée de branches d'olivier avec leur fruit. La Boucle d'oreille eſt à un ſeul pendant, au lieu que les autres ſont à trois. Le revers, un Lion, & les lettres MASSA. Cette couronne d'olivier étoit peut-être deſtinée, par nos Peres, à ſervir d'ornement de tête, à l'Effigie de la Divinité tutélaire de la République, empreinte ſur les monnoies, lorſqu'après quelque expédition militaire, ou une guerre, on venoit de conclure la paix avec les peuples ennemis ; ainſi trouvoient-ils à peu de frais, & par des moyens bien ſimples, l'art de perpétuer les événemens intéreſſans pour la Patrie.

9. La tête du Dieu Mars, ornée du caſque, eſt repréſentée ſur cette Médaille ; le revers eſt une Aigle. Je crois qu'elle ne fut frappée qu'après la priſe de Marſeille par Céſar ; l'Aigle étant un ſigne caractériſtique de la puiſſance Romaine. La contremarque eſt une étoile : on y lit les lettres MASSA.

10. Le Buſte de Diane repréſenté dans cette Médaille, ne différe en rien de celui du numéro 2, ſi ce n'eſt par les plis de la robe ſur le ſein ; le revers eſt un Lion, la patte gauche levée. La différence la plus ſenſible de cette Médaille, eſt qu'elle ne porte nulle part, le nom de Marſeille ; il y a ſeulement

dans le champ, la lettre A, & au bas, deux Lambda.

11. Médaille femblable à la précédente ; le revers varie, par les lettres MASSA au haut, & en bas, TAΛ.

12. Cette Médaille eſt aſſurément des beaux ſiècles de la République de Marſeille ; la correction du Deſſein, & la netteté l'annoncent. Elle avoit été en mon pouvoir ; on la trouve communément en bronze. La tête d'Apollon y eſt repréſentée ſous la figure d'un Jeune-homme, qui annonce la douceur dans tous ſes traits ; ce qui eſt bien propre à caractériſer la divinité des Arts, & l'aménité que les connoiſſances procurent : le revers eſt un Taureau menaçant, avec ces deux lettres MA. Le Taureau fut également une des Enſeignes Marſeilloiſes ; c'eſt ce qui donna lieu au nom de Tauroentum, Colonie Marſeilloiſe, placée entre Toulon & la Ciotat, dont on voit encore les veſtiges. [Voyez les comment. de Céſar, lib. II. *de Bello Civili*. Les Troupes qui furent laiſſées en garniſon dans ce nouvel établiſſement, portoient un Taureau pour Enſeigne. (1)

13. Le Buſte de Diane eſt repréſenté dans cette Médaille ; le revers eſt un Lion, avec les lettres MASSA : la différence de cette Médaille d'avec les autres, c'eſt qu'au lieu de carquois & de l'arc, la Déeſſe porte ſur l'épaule le Javelot.

14. Tête de Diane, ornée d'une double couronne

---

(1) La Ville de Pheſtos avoit le même revers dans ſes Médailles ; *déſcription exacte des Iſles de l'Archipel*, par *Dapper*; édit. in-fol. L'Auteur a donné à la fin de ſon ouvrage, les Gravures des Médailles de toutes les Villes de ces contrées.

MARSEILLOIS.

d'olivier, un Trident pour Boucle d'oreille. Cet emblême me paroît signifier la navigation assurée par la paix ; le revers est un Lion, & l'abréviation, Massa.

15. Tête d'un Jeune-homme, au revers d'une Croix, avec les lettres MA. Cette Médaille n'est pas rare ; elle doit être des premiers siècles de l'Eglise, la Croix, dans les Médailles Marseilloises, ne pouvant guère s'interpréter autrement (2).

16. Tête de Diane, couronnée d'un Laurier, avec l'abréviation Massa, & au revers, une Croix, avec la lettre M. Ce mélange d'Idolâtrie, & du signe de notre salut, ne peut-il pas être regardé comme une preuve de ce que j'ai avancé dans le discours préliminaire, que les deux Religions avoient eu pendant quelque temps un libre exercice promiscuement dans Marseille. Le Gouvernement étant peut-être miparti de Payens & de Chrétiens, qui exerçoient les charges publiques, on mettoit par esprit de conciliation, les marques des deux croyances sur les monnoies, afin d'éviter des contestations.

17. Tête de Jeune-homme, sans aucune marque qui puisse désigner si c'est une Divinité, avec ce mot grec : Lacydon. Pomponius Mela, dans sa description de la Gaule Narbonnoise, nomme le Port de Marseille de ce nom : *Tunc post Athenopolis, & Ol-*

---

(2) J'ai en mon pouvoir une de ces Médailles, trouvée, avec nombre d'autres pareilles, à Maitigues, Colonie Marseilloise ; ce qui me confirme qu'elle est des premiers siècles de l'Eglise de Marseille, c'est que les deux lettres M. A. sont ornées à toutes les extrémités, de points, comme les lettres placés sur quelques Médailles de Constantin & de ses Successeurs.

bia, & Taurois, & Citharistes, & Lacydon (3), *Massiliensium Portus, & in eo ipsa Massilia.*

Lacydes, Philosophe Cyrénéen, fut le Fondateur de la nouvelle Académie, selon Suidas. Il vivoit 215 ans avant J. C. il donnoit ses leçons dans les Jardins d'Attale, Roi de Pergame, qui furent nommés pour cette raison, *Lacydium*, comme ceux d'*Academus*, où Platon enseigna, donnerent naissance au nom d'Académie. Ne seroit-ce pas parce que le Lycée Marseillois étoit désigné par le nom de *Lacydium*, que cette Ville mettoit ce mot sur ses monnoies, pour désigner sa célébre Académie ? Le revers est une Croix épatée à huit pointes, comme celle de Malte, avec les lettres MA. Marseille, quoique devenue Chrétienne, avoit encore conservé long-temps cet établissement. Les premiers Écrivains Ecclésiastiques attestent ce fait.

La tête de Diane est ornée du Diadème, dans la Médaille représentée sous le numéro 18; le revers est une Croix, avec les lettres MA. Le Diadème qui est sur la tête de Diane dans cette Médaille, prouve que Marseille jouissoit encore du droit de souveraineté après la prise de cette Ville par César, puisqu'elle en prenoit encore long-temps après les marques, lors de l'établissement du Christianisme.

La derniere Médaille, sous le numéro 19, représente la tête d'un Homme, avec la coiffure en bonnet, ressemblant à un Turban. Cette coiffure orien-

---

(3) Édition d'Isaac Vossius, chez Ulacq, à la Haye, 1658. les autres Éditions de Pierre-Jean Olivier, en 1557, de Henri Estienne, en 1577, & d'Eschottus, en 1582, disent *Halycidon*. Celle de Vossius est reputée la plus correcte.

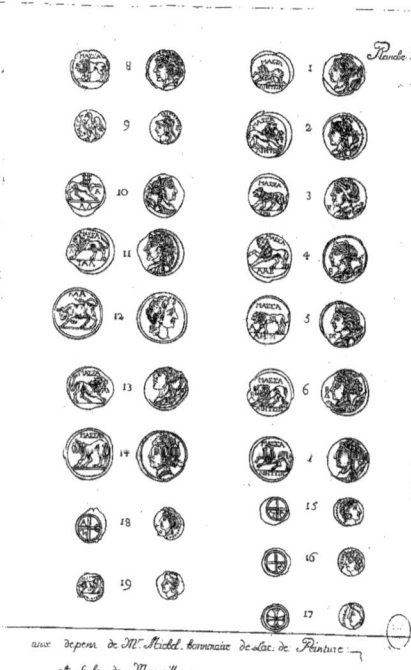

aux depens de Mr. Michel, honoraire de lAc. de Peinture
et Sculp. de Marseille

tale, n'étoit donnée à aucune divinité ; & il est bien difficile de poser quelque certitude sur cette figure. Des Antiquaires que j'ai consultés, ont cru que c'étoit la figure & la coiffure d'un Magistrat : cette opinion m'a paru susceptible de difficultés. La Magistrature de Marseille étoit composée de six cents Citoyens (4), sous le nom de *Timouchos*. Il n'est pas naturel qu'on eût permis qu'un de ces Magistrats jouît seul d'un pareil honneur : on faisoit sur ce nombre, un choix de quinze, pour l'expédition des affaires les plus pressantes ; si on leur eût accordé l'honneur de faire battre monnoie à leurs coins, l'inconvénient eût été moindre, à la vérité ; mais cette prérogative eût été de trop grande conséquence.

Sur ces quinze Magistrats, on faisoit, à la vérité, un choix de trois, qui avoient à peu près la même autorité que les Consuls Romains. Seroit-ce seulement à ces derniers, à qui cette prérogative étoit réservée ? Cette opinion, toute décisive qu'elle paroît, ne peut être adoptée, parce que si elle étoit vraie, les airs de tête & les contours des figures représentées avec cette coiffure, varieroient, au lieu qu'elles sont toutes exactement les mêmes ; soit en argent ou en bronze ; ce qui prouve que c'est la même figure qu'on a voulu représenter. Le revers de cette Médaille est un Taureau menaçant, avec les lettres MASSA.

(4) Strabon, liv. 4.

PLANCHE II.

CETTE Planche contient encore les Gravures de Médailles en argent ; celles désignées par les numéros 1, 5 & 6, font de même grandeur que les Médailles. Le reste de la planche a été augmenté du double.

Le numéro 1. représente Diane, la tête couronnée de laurier ; sur le revers, un Lion, avec l'abréviation MASSA. Il est à présumer que de même que les Marseillois couronnoient d'olivier l'Effigie de leur divinité tutélaire, à l'événement d'une paix, ils la couronnoient de laurier après une victoire, & perpétuoient, par-là, les principaux événemens de la République. Cette Médaille est du bon temps ; ce qu'on reconnoît à l'exactitude du Deffein, à ce caractere grec qui y est répandu : elle pourroit bien avoir été frappée après la victoire qui donna lieu de bâtir la Ville de Nice, dans le pays des Liguriens ; Nice signifiant *Victoire*, en langue grecque. Cette Ville fut bâtie après la défaite des Liguriens, par les Marseillois (5).

La Médaille comprise sous le numéro 2, offre la tête de Diane, ornée du Diadême ; & au revers, un Caducée sans vol. Le commerce acquéroit-il une nouvelle étendue ; ses succès avoient-ils été heureux, les Marseillois croyoient ne pouvoir mieux en conserver

---

(5) Justin, lib. 43. cap. 4. Strabo, Geogra. Gall.

la

MARSEILLOIS.

la mémoire, & témoigner leur reconnoissance aux immortels, qu'en mettant dans leur monnoie, à côté du génie de la Ville, cet attribut de Mercure, Divinité tutélaire du commerce. Cette Médaille se trouve également en bronze : on trouve sur le revers, les deux lettres Lambda & Delta.

La Médaille suivante, désignée par le numéro 3, est une des plus curieuses & des plus remarquables, par le triple Diadême, dont la tête de Diane est ornée. Je crois qu'on peut attribuer cette marque de triple souveraineté, à la domination de Marseille sur les Saliens, les Liguriens & les Oxubiens, qui ont été les premiers peuples que cette République soumit.

Le Trident orne encore les oreilles de la Déesse; selon Strabon (*L. 4. Geogra.*), la Méditerranée étoit nommée de son temps, *la mer de Marseille*, à cause de la grande étendue des côtes qu'elle possédoit sur cette mer. Ne seroit-ce pas pour marquer l'empire de la Méditerranée, & leur supériorité à cet égard sur les autres peuples, que les Marseillois mettoient si souvent cet attribut du Dieu des Flots, aux oreilles du génie de leur Patrie, pour marquer l'attention que la République devoit avoir à conserver cet empire ? Le revers de cette Médaille, est un Lion, avec l'abréviation MASSA dans le haut, & au bas, les lettres XZA; la contremarque est un A.

4. La Médaille comprise sous ce nombre, est encore à l'Effigie de Diane en buste, la tête ornée d'un seul Diadême, le Trident aux oreilles ; le revers est un Chien : cet animal étoit un des attributs de Diane

chasseresse, & pouvoit également servir de marque distinctive de la fidélité Marseilloise, le chien ayant été, de tout temps, le symbole caractéristique de cette vertu. La Ville de Phocée, Fondatrice de celle de Marseille, mettoit également un Chien avec un Poisson sur le revers de ses Médailles. Ce dernier Emblême étoit commun à toutes les Villes maritimes de la Grèce. Le bon goût de Dessein, & le caractère de vérité qui régnent dans notre Médaille Marseilloise, nous indiquent qu'elle est des beaux siècles de la République. J'ai une pareille Médaille en mon pouvoir, dont le revers est moins bien conservé, dans lequel on reconnoît cependant les mêmes contours : on y lit le mot MASSALIETON, en caractères grecs.

5. Médaille au Buste de Diane, sans Diadême ; le Colier de perle orne le col de la Déesse, & la Boucle d'oreille représente un Delta, ou Triangle renversé. Cette figure étoit une des Hiérogliphes adoptées pour signifier la Divinité ; le revers est un Lion, avec ces lettres MASSALIETO, en caractères grecs, & la contremarque représente un Trident avec le manche, ou les lettres I-E jointes ensemble ; mais la ligne du milieu de la lettre supposée E, étant aussi allongée que le sont les lignes supérieure & inférieure, il y a, par cette raison, plus de vraisemblance que c'est un Trident qu'on a voulu représenter. Cette Médaille est en mon pouvoir ; c'est à la généreuse amitié de M. le Chevalier de Raspaud, ancien Officier d'Infanterie, domicilié à Ceireste, que je suis redevable de cette découverte.

MARSEILLOIS.

La Médaille suivante, comprise sous le chiffre 6, est dans le cabinet de M. Michel, Honoraire de l'Académie de Peinture & Sculpture de Marseille. Quoique fruste, c'est une des plus rares de celles inférées dans ce Recueil; elle représente d'un côté, Diane en Buste, sans Diadême, avec le Colier formé par un ruban, & la contremarque A; le revers fait le mérite particulier de cette Médaille : on y découvre le Minotaure, tel qu'il étoit communément représenté, c'est-à-dire, avec le corps d'un bœuf, & une tête humaine. Nous ne connoissons, de tous les monumens anciens qui sont parvenus jusqu'à nous, qu'un seul morceau, dans lequel le Minotaure soit représenté différemment ; c'est celui gravé à la cinquième Planche du Recueil des Antiquités d'Herculaneum, publié par ordre de S. M. Sicilienne (6). On y voit le Minotaure abattu aux pieds de Thesée, dans le labyrinthe, avec un corps entier d'homme, à la réserve d'une tête de bœuf. Nos Pères avoient, sans doute, rapporté de Phocée, la fable du Minotaure, ou l'avoient adoptée des Athéniens (7) avec lesquels ils furent long-temps liés. On lit au revers de cette Médaille, l'abréviation MASSA, & au bas, les lettres O. T., qui paroissent être des restes d'un mot que le temps a mutilé. Cette Médaille est fourrée, & n'a qu'une légère partie d'argent ; cette fraude dans la

---

(6) Recueil des Antiquités d'Herculaneum, premier volume.

(7) Les Athéniens ayant tué Androgée, fils de Minos, Roi de Crette, ce Prince les contraignit à envoyer en tribut, tous les neuf ans, sept jeunes hommes & sept filles, qui étoient dévorés par le Minotaure. Thésée délivra les Athéniens de ce tribut : *Servius in Virgilium*.

monnoie, paroît avoir été autorifée par les anciens Gouvernemens, lorfque l'État fe trouvoit manquer de valeur numéraire. C'eft probablement dans une pareille circonftance, que celle-ci fut frappée dans Marfeille. On trouve quantité de Médailles fourrées, parmi celles de la République Romaine : fi ce n'étoit qu'une contrefaction de la part des faux monnoyeurs, ils étoient prefque affurés de l'impunité, pour en contrefaire un fi grand nombre.

Le chiffre 7, défigne une Médaille au Bufte de Diane, la tête ornée du Diadême, & l'oreille d'un Trident ; la contre-marque eft un *Lambda* ; le revers eft un Lion, la patte gauche levée. Cette Médaille a un caractère décidé grec, dans la tête de Diane ; elle eft particulièrement remarquable, en ce que dans le revers, après l'abréviation MASSA qui eft au haut, on voit dans le bas, les lettres I P L en caractères grecs.

8. Médaille au Bufte de Diane, avec le Diadême, mais fans Trident ni ornement aux oreilles. Cette tête a encore le caractère grec ; le revers, un Lion, la queue levée, avec le mot MASSALIETON, & la contre-marque, un *Lambda* & un O.

La fuppreffion du Trident, dans les ornemens de la tête de Diane, étoit probablement un ufage adopté par la République, dans les années où il n'y avoit point eu de fa part d'expéditions maritimes ; c'étoit peut-être également une annonce aux peuples qui lui étoient foumis, pour les avertir que le Commerce maritime avoit été négligé pendant l'année précédente, &

Aux depens de M.re Baxeique de Fontanieu de L'ac Royall de peint & sculp. de Mars.lle

MARSEILLOIS.

que les peuples rivaux profitoient de leur négligence, pour le leur enlever. C'est par cette raison, que Diane, Divinité tutélaire de Marseille, ne portoit plus le Trident, marque de l'ancienne supériorité du Commerce & de la Navigation de cette Ville.

9. La coiffure & les airs de tête de la figure de Diane, représentée sur cette Médaille, la font différer des précédentes. Le Trident orne l'oreille de la Déesse ; la contre-marque paroît être formée par des lettres doubles & liées ; le revers est un Lion passant, la queue levée, avec l'abréviation MASSA en haut, & dans le bas, toujours en lettres grecques, TILD.

PLANCHE III.

LES Médailles contenues dans cette Planche, sont toutes en bronze, & des mêmes grandeurs que celles des Gravures. Celle comprise sous le numéro 1, représente la tête d'Apollon, & sur le revers, un Cheval broutant l'herbe ; la contre-marque est un Delta.

N°. 2. Cette Médaille présente d'un côté la tête d'un Guerrier, le casque en tête. Cette armure est dans le costume Macédonien, & en dessous, des Panaches qui l'ornent : on distingue un raisin ; ce qui semble désigner Bacchus. Les grandes victoires que Bacchus [selon la Fable], avoit remportées dans les

Indes, pouvoient avoir engagé les Marseillois à le représenter en Guerrier ; il est également naturel de croire que l'Effigie représentée sur cette Médaille, est celle du Dieu Mars. Les vins de Marseille étoient estimés des Anciens (8), & formoient une branche de commerce pour cette Ville. Nos pères voulant annoncer, que malgré la fureur de la guerre, la culture des vignes n'avoit point été négligée, & que la recolte du vin avoit été abondante, & le commerce de cette liqueur soutenu avec succès, avoient peut-être fait frapper cette Médaille dans quelque circonstance relative à ce que je viens d'exposer. Le revers de cette Médaille est très-curieux, en ce qu'il nous conserve la forme des Trépieds, ainsi que celle des Cassolettes, en usage dans Marseille, pour les sacrifices & les parfums qu'on brûloit devant les Idôles (9). On lit à droite les lettres MA, avec un croissant au-dessous, & à gauche, les mêmes lettres MA, avec un M.

La Médaille suivante, désignée par le numéro 3, diffère de la précédente, en ce qu'elle représente Minerve ; ce qu'on distingue à la finesse des traits qui caractérisent une personne du sexe, & au Colier de perles, ornement dont les hommes ne se parerent jamais. Le Casque à la Macédonniene, est orné d'un plus grand nombre de Panaches, & le raisin se trouve placé

---

(8) Pline, Hist. Naturelle, liv. XIV. chap. VI.
(9) Il y avoit diverses sortes de Trépieds ; les uns servoient aux Prêtres de siège, sur lesquels ils s'asseyoient pour rendre les oracles : tel étoit le fameux Trépied du Temple de Delphes ; les autres servoient exactement au même usage que nos rechauds : ils étoient destinés pour brûler des aromates durant les sacrifices, au-devant des Idôles. Le P. Montfaucon nous en a donné la description d'un grand nombre, dans son Antiquité expliquée.

MARSEILLOIS.

au même endroit que dans la Médaille précédente. Minerve étoit la Divinité tutélaire des Arts; elle avoit un Temple dans Marseille: on la repréſentoit le Caſque en tête. Notre Médaille déſigne probablement le commerce des vins, ſoutenu par l'induſtrie & les Arts; le revers eſt le même que celui de la Médaille du n°. 2; mais la forme du Trépied diffère: ce qui peut donner une idée de différentes conſtructions en ce genre.

N°. 4. La tête de Mars ornée du caſque, eſt repréſentée ſur cette Médaille, avec la contre-marque A; le revers eſt une Aigle, ſymbole de la République Romaine. Il pourroit avoir trait au ſecours que la République Romaine donna à celle de Marſeille, ſon alliée & ſa ſœur, contre les Saliens & les Falanes (11) que Cajus Sextius, Conſul Romain, Fondateur de la Ville d'Aix, défit entièrement. Cette Médaille ſeroit-elle un ſigne de reconnoiſſance au Dieu Mars & aux Romains, en mémoire de ce que par la protection de l'un & le ſecours des autres, les peuples ennemis avoient été détruits. La contre-marque du revers eſt une étoile: on y lit l'abréviation MASSA, en caractères grecs.

N°. 5. La tête du Dieu Mars eſt encore repréſentée ſur cette Médaille, dont le revers eſt un Trépied, d'une ſtructure différente des précédens; la Caſſolette termine en forme de vaſe; le Trépied eſt orné de branches de laurier dans les angles ſupérieurs: ce qui prouve que l'Effigie eſt véritablement celle du

---

(10) Florus de Geſtis Romanorum, lib. 3. capite 11.

Dieu de la Guerre, à qui le laurier étoit confacré ; on voit fur le revers les deux lettres MA.

N°. 6. Tête d'Apollon couronnée de laurier, avec un gouvernail, fymbole de la navigation. Les fciences Mathématiques relatives à la navigation, étoient cultivées dans Marfeille, & pouffées au plus haut degré poffible dans ce temps. Le fameux Aftronome Pithéas, de Marfeille, fut également bon Hydrographe ; il découvrit plufieurs contrées dans diverfes navigations entreprifes pour ce feul but. Eft-il furprenant que les Marfeillois témoignaffent leur gratitude au Dieu des Arts, de ce que par fa protection, les Savans de cette Ville faifoient des découvertes utiles à la navigation, & à l'art de conduire les Navires. Le revers de cette Médaille femble vérifier cette conjecture. Le Taureau, l'une des Enfeignes Marfeilloifes, y eft repréfenté avec un poiffon par-deffus. Ce fymbole étoit commun à plufieurs Villes grecques, maritimes & commerçantes. On lit au bas, le mot MASSALIETON.

N°. 7. Tête avec une coiffure reffemblant à un Turban ; elle ne porte aucun caractère diftinctif, qui puiffe indiquer quelle Divinité on a voulu repréfenter ; le revers eft un Taureau, avec le mot MASSALIETON.

La Médaille du chiffre 8, préfente d'un côté la tête d'un Vieillard à longue barbe, tel qu'on repréfentoit Jupiter capitolin, ou Jupiter ftateur ; la couronne de laurier orne le front de cette figure ; le revers eft une Aile. La beauté des traits, & l'exactitude du Deffein, doivent faire rapporter cette Médaille aux

beaux

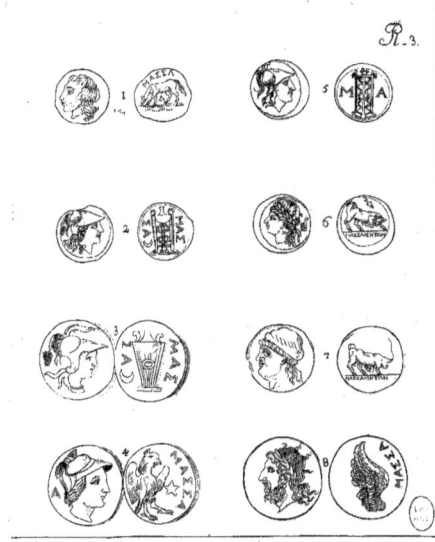

aux depens de Mr. Roux député du Commerce de Marseille

MARSEILLOIS.

beaux siècles de Marseille. Il est difficile d'assigner au vrai, quelle est la Divinité qui y est représentée. Seroit-ce Saturne, dont la couronne de laurier marqueroit l'Emblême de l'immortalité, & l'Aile seule désigneroit la durée infinie, comme ayant été coupée au temps ? Seroit-ce Apollon, à qui ces Emblêmes conviendroient également, pour signifier que les Arts conduisent à cette même immortalité ? Seroit-ce Jupiter, couronné de laurier, & le revers, l'aîle de l'Aigle ? Les Romains étoient en usage de parer de lauriers, les Statues de cette Divinité, toutes les fois qu'ils remportoient une victoire ; c'est ce qu'atteste Pline : *Fasces Imperatorum laurus decorat, ex his in Gremio Jovis optimi maximi deponitur, quoties lætitiam nova victoria attulit.*(11.) Je conviens que toutes ces explications n'ont pas plus de probabilité les unes que les autres : on lit au revers, l'abréviation MASSA. Les Villes de Kyde ou Cyde, de Syphnos, dans l'Isle de Seriphe, de Naxos, de Korykos, avoient la même tête empreinte sur leurs Médailles : on croiroit même qu'elles sont des copies de la Médaille Marseilloise ; celle de Korykos ne diffère que par un serpent entortillé à un bâton. Dapper croit que ces têtes représentent Jupiter (12).

(11) Plinius, Hist. Natur. lib. XV. capite XXX.
(12) Voyez Dapper, description de l'Archipel.

PLANCHE IV.

TOUTES les Médailles contenues dans cette Planche, font en bronze, & des mêmes grandeurs que les Gravures.

Celle défignée par le n°. 1, repréfente d'un côté la tête de Neptune; ce qu'on diftingue à la barbe pointue, effet qui lui eft naturel lorfqu'elle eft mouillée. Le revers eft un Dauphin groupé avec un Trident, marque caractériftique du Dieu des Flots. Quoique cette Médaille foit fans lettres qui défignent Marfeille, on la trouve fi communément dans cette Ville, & ces Emblèmes lui conviennent fi bien, qu'on ne fauroit avoir des indices plus certains qu'elle lui appartient.

2. Tête coiffée d'une efpèce de Bonnet gaulois (13) ou Cafque fimple; on y découvre ces deux lettres grecques H. C.; le revers eft une Aigle, avec cette abréviation MA.

3. Tête coiffée d'un Bonnet au revers du Lion; elle eft commune: on lit fur le champ la lettre A.

4. Tête d'Homme, fans caractère indicatif; le revers eft un Agneau, ou quelqu'autre animal à pied fourchu.

5. Tête de Diane, coiffée à rouleau, fans Diadême; le revers eft un Taureau menaçant, avec l'a-

(13) (Voyez Montfauçon, tom. 1. Antiquité expliquée.

bréviation MASSA, & dans le bas on distingue un Alpha & un Delta.

6. Tête d'Apollon, couronnée de laurier, au revers du Taureau menaçant, avec le mot MASSA-LIETON.

7. Tête coiffée d'un bonnet en forme de casque simple; même revers que la précédente. Elle ne contient que l'abréviation MASSA.

8. Tête de Mars, le casque en tête, orné de Panaches; & au revers, un caducée avec le vol en plein. La République de Marseille ne brilloit pas moins par le succès de ses armes, que par celui de son commerce, & cette Médaille qu'on rencontre très-ordinairement, étoit bien propre à caractériser ce double avantage.

9. Tête de Neptune coiffée d'un bonnet; cette coiffure étoit adoptée par les Artistes des anciens, pour parer la tête de cette Divinité : le revers est une Galère. Il est dommage que cette Médaille, quoique moins rare que nombre d'autres, ne se rencontre pas ordinairement bien conservée; elle nous donneroit une idée de la manière dont les Anciens construisoient ces Navires.

10. Tête de Guerrier, au revers de l'Aigle.

11. Tête de Minerve, le casque en tête, avec ces lettres MA; le revers, une figure armée avec le bouclier. Les lettres sont si frustes, qu'il est impossible de les déchiffrer. Cette Médaille est moins commune.

12. Tête de Guerrier, le casque en tête, au revers d'une chouette, avec l'abréviation MA. La chouet-

te étoit l'Emblème de Minerve. Les Athéniens mettoient le même revers sur leurs Médailles. Les Marseillois, leurs dignes rivaux dans la carrière des Sciences & des Arts, rendoient le même hommage à la Déesse qui en étoit la protectrice.

13. Tête de Mercure, Divinité tutélaire du commerce, au revers du caducée. On peignoit assez souvent Mercure avec une sorte de bonnet sans aile, tel qu'on le voit représenté dans cette Médaille.

14. Tête de Mars, au revers du caducée. On lit d'un côté MAC (14), & de l'autre, les contre-marques F. N. & A en caractères grecs; ce qui la fait différer de celle comprise sous le n°. 8.

15. Tête d'Apollon couronnée de laurier, avec la contre-marque A-T; le revers, un Taureau menaçant (15), avec le mot MASSALIETON. Apollon avoit un culte & un Temple dans Marseille; il étoit regardé comme une des Divinités tutélaires de la République, ainsi que Diane & Minerve. C'est pour cette raison, qu'on voit les Effigies de ces Divinités si souvent répétées sur les Médailles Marseilloises.

(14) On trouve souvent sur les monumens des derniers temps grecs de la République de Marseille, C pour Sigma ou pour Zeta.
(15) Le Taureau menaçant est nommé Cornupète par quelques Antiquaires, & Procumbens par d'autres.

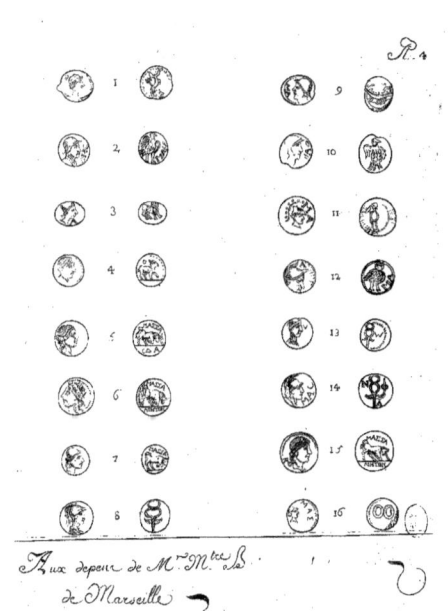

Aux depens de M.rs M.tre LB
de Marseille

MARSEILLOIS.

PLANCHE V.

LES Médailles comprises sous les n°. 1, 2, 3, 5, 6 & 7, sont des mêmes grandeurs que les Gravures; celles désignées par les autres chiffres, ont été tant soit peu augmentées; elles sont toutes en bronze.

N°. 1. Tête d'Apollon couronnée de laurier; la contre-marque est fruste, & ressemble à un fléau, ou une main: on ne peut déchiffrer exactement si c'est l'un ou l'autre de ces objets que le Graveur a voulu représenter. J'ai eu trois de ces Médailles en mon pouvoir; elles étoient toutes également mutilées. Il m'a été conséquemment impossible d'asseoir une opinion certaine sur cette contre-marque. Le revers est un Taureau menaçant, avec le mot MASSALIETON en caractères grecs.

N°. 2. Tête couronnée de laurier avec le raisin, comme celle du numéro 2 de la troisième Planche; le revers est un Taureau menaçant, & un croissant renversé par-dessus.

N°. 3. Tête d'Apollon couronnée de laurier; derrière la tête, on distingue les vestiges d'un ornement si imparfaitement conservé, qu'on ne peut assurer si c'est un raisin. Le revers est un Taureau menaçant, avec un gouvernail par-dessus: le mot MASSALIETON se lit au bas.

N°. 4. Cette Médaille est curieuse à plusieurs égards, en ce qu'elle a passé trois fois sous des coins différens : on y distingue d'un côté une tête coiffée du casque Macédonien, & de l'autre, une tête à cheveux épars. Sur le premier côté on voit le Lion frappé après coup, avec l'abréviation MASSA, de façon à laisser appercevoir que cette figure est l'effet d'un second coin, sous lequel on a fait passer cette Médaille après l'avoir battue une première fois. C'est à la même cause qu'on doit rapporter le Trépied qui se trouve empreint de l'autre côté, avec les lettres MA. Enfin une marque certaine d'un troisième coin, c'est la figure d'un pot, au dessus duquel on voit un cercle qui renferme la Croix. Cette dernière empreinte prenant sur le Trépied, comme le Trépied lui-même prend sur la figure. Au lieu d'ordonner des refontes coûteuses, nos Pères mettoient probablement l'empreinte des nouveaux coins sur les monnoies de bon alloi qu'on présentoit à la monnoie, lors des recherches sur le billonage : cette sage économie mettoit le particulier dans le cas de ne point se souftraire à la vérification des monnoies, & l'Etat s'assuroit par là un moyen de combattre la criminelle avidité des usuriers & des contrevenans ; la figure de la Croix en dessous du Trépied ne pouvant avoir été empreinte en même temps, pour ne pas mêler ainsi le signe de notre salut avec les objets destinés au culte des fausses divinités (16), il faut de nécessité recourir à ce que nous

(16) Ce qui sert à prouver cette vérité, c'est que les Marseillois étoient en usage de donner un côté de la Médaille à chaque croyance, lorsqu'ils en mettoient les marques par esprit de conciliation. (Voyez la Planche première).

venons d'expofer, pour expliquer ces variétés.

N°. 5. Tête d'Apollon couronnée de laurier, avec une corne d'abondance derrière la tête ; le revers, le Taureau menaçant, & un épi de blé par deffus. Cette Médaille défigne une récolte abondante, ou des grains fournis à quelques peuples voifins : on lit le mot MAS-SALIETON.

N°. 6. Tête d'Apollon couronnée de laurier ; derrière la tête, trois cônes renverfés l'un dans l'autre : ils me paroiffent être des mefures, les anciens boiffeaux ayant à peu près la même forme, ainfi qu'on peut les remarquer dans les figures de Serapis, qui font prefque toutes avec un boiffeau fur la tête ; le revers, le Taureau menaçant, avec le mot MASSA-LIETON.

N°. 7. Tête d'Apollon couronnée de laurier, avec un ornement en rond attaché derrière la tête ; le revers, le Taureau, avec le mot MASSALIETON.

La Médaille du n°. 8. eft une de celles qui peuvent être reputées des plus intéreffantes ; elle repréfente Diane en Bufte, la tête ornée du Diadême, les cheveux retrouffés avec des bandes d'étoffe. Ces bandes pourroient bien être la mitelle des anciens Grecs, ornement de tête, dont les perfonnes du fexe fe fervoient pour arranger leurs cheveux avec plus de grace. Virgile dit dans fon épigramme contre la fameufe *Copa Syrifca* (17). *Caput Graïa redimita mitella.* Le redi-

---

(17.) Cette *Copa Syrifca* s'étoit rendue fameufe dans Rome par fon Académie de jeu & de bonne chere ; elle étoit même parvenue jufqu'à un tel dégré de richeffe par ces moyens, qu'elle avoit fait battre des Médailles à fon

mitus étoit un ornement ou un ruban qui servoit à lier la coiffure des femmes (18), ce qui paroît convenir à la coiffure de la tête empreinte sur notre Médaille ; la contre-marque est une étoile à huit pointes. Le revers n'est pas moins curieux ; il représente un Lion arrêté au pied d'un jeune laurier, comme pour le garder. Les forces militaires de la République de Marseille furent invincibles, & le seul César peut les surmonter : cette Médaille ayant été frappée avant que ce grand Capitaine eût assiégé Marseille ; ce qu'on distingue aisément à tout l'ancien costume grec, conservé dans les ajustemens de la tête de Diane ; & au caractère du dessein ; il est probable que les Marseillois firent graver ce symbole sur leurs monnoies, après avoir fait éprouver leur valeur à quelques peuples ennemis. On lit dans le champ les lettres MΑΣΣΑΛΙΗΤΟ.

N°. 9. C'est à l'amitié & à l'amour patriotique de M. Germain de Marseille, ancien Chancelier de la Nation Françoise à Alger, que je suis redevable de la connoissance de cette Médaille, dont il avoit été possesseur. Lorsqu'il la céda à notre célèbre compatriote M. Carry, il en garda un dessein dans des Mémoires manuscrits, qu'il m'a obligeamment communiqués, & d'après lesquels j'ai fait exécuter la Gravure. La tête de Diane est sans ornement ; le revers représente une

---

Effigie, avec les attributs du jeu sur le revers. (C'étoit peut-être les Jettons de sa Société.) Les Romains n'étoient pas plus sages que nous sur ce point. Voyez l'ouvrage de M. Bouderlot de Dairval, sur l'utilité des voyages, tome 2. in-12. planche 9. figure 2. page 322. Rouen, 1727, & le voyage littéraire de la Grèce, par M. Guis de Marseille, tom. 1. pag. 68, où il est fait mention des ajustemens de tête à l'usage des anciens Grecs.

(18) Dict. de Boudot, au mot *Redimitus*.

corne

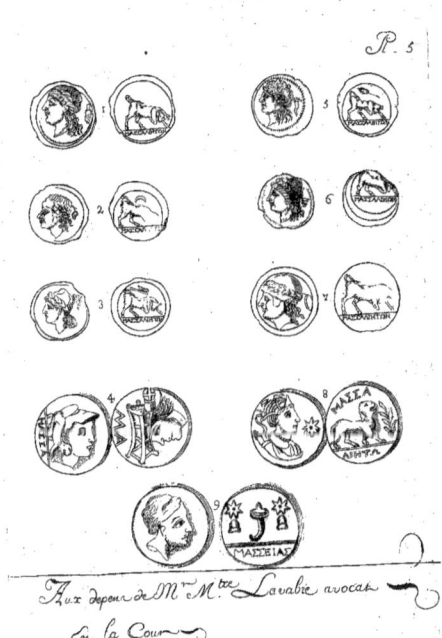

Aux depens de Mr. Mtre Lavabre avocat
en la Cour

corne d'abondance, au milieu des deux conftellations de Caftor & Pollux repréfentées par deux étoiles & les deux bonnets de la liberté. On lit au bas, toujours en caractères grecs, les lettres MASSEILS: la conformité de la tête avec celles empreintes fur d'autres Médailles de Marfeille, ne laiffe aucun doute que cette Médaille ait été frappée dans cette Ville (19).

PLANCHE VI.

LES Médailles des Planches fuivantes, font celles qui ont fervi de monnoies fous les règnes des Rois de France de la première & feconde race, Souverains de Marfeille. Ces Médailles font des fols, des demi fols, & des tiers de fols d'or, frappées dans cette Ville (20). Il eft furprénant que dans de temps où le commerce de Marfeille devoit être moins confidérable qu'il n'étoit, lorfqu'elle étoit fouveraine, on eût introduit l'ufage des efpèces d'or; l'incertitude d'une poffeffion tranquille & affurée, a toujours engagé les hommes à réduire leurs richeffes au plus pe-

(19) Voyez fur cette Médaille, Beger antiq. de l'Électeur Palatin, page 194, 195 & 196, cité par M. Germain, Mémoire manufcrit.
(20) Le fol d'or pefoit 85 grains & un tiers; le demi fol & le tiers de fol à proportion. Il paroît par plufieurs paffages de la Loi Salique, que le fol d'or valoit 40 deniers; (mais ces deniers étoient d'argent fin, & pefoient environ 21 grains); le demi fol en valoit 20, & le tiers de fol, 13 & $\frac{1}{3}$ de denier; le fol d'or vaudroit aujourd'hui de notre monnoie courante, 8 livres & 5 fols; le $\frac{1}{2}$ fol & le $\frac{1}{3}$ de fol à proportion. Leblanc, traité, Hift. des monnoies de France, page 1.

G

tit volume possible, pour pouvoir les transporter plus facilement. Ces nombreuses peuplades de barbares échappés du Nord, qui sous le nom de Goths, Ostrogoths, &c. inondèrent en ces temps le midi de l'Europe, & dont la Provence ressentit si souvent le courroux, avoient peut-être engagé les Marseillois à user de la précaution des espèces d'or, pour soustraire plus facilement leurs richesses du pillage, & de l'avidité de ces fléaux de l'humanité. Le module des Médailles est augmenté de la moitié dans les Gravures, & même des deux tiers dans quelques-unes. Le peu d'exactitude dans le dessein, le mauvais goût dans les ornemens, leur distribution sans choix, sont une preuve de la décadence des Arts dans les siècles d'ignorance.

La Médaille du n°. 1. présente d'un côté une Croix dans un double cercle, avec ces mots HLVDOVICUS. IM. c'est-à-dire, *Ludovicus Imperator*; le revers, le mot MASSILIA. Cette Médaille est du règne de LOUIS LE DÉBONNAIRE OU LE PIEUX, Roi de France, & Empereur d'Occident, qui avoit succédé à Charlemagne, en l'année 814.

Le numéro 2 offre une Médaille sur laquelle est empreinte une tête ornée d'un Diadême décoré de perles : on lit autour BAGOBERTUS REX ; & au revers, une Croix posée sur une barre en travers, avec ces lettres O. VICTYRIA ; à droite & à gauche de la Croix, les deux lettres M. A. par abréviation de *Massilia*. L'Effigie de cette Médaille est celle de Dagobert Ier., Roi de France, Fils de Clotaire II. ; la victoire dont il est fait mention dans le revers, est celle que ce Prince remporta sur les Gascons dans la Novempopulanie, en 635 (21).

N°. 3. Buste avec la tête ornée d'un Diadême, décoré d'une aigrette en perle, avec les ornemens royaux. On lit autour MASILIA ; au revers, dans un double cercle, une Croix sur une barre de travers, posée sur un globe ; à droite & à gauche dans le champ, les lettres M. A & trois points de chaque côté, pour marquer le tiers de sol d'or, ou les trois sols d'or. On lit autour SIGEBERTUS R. I., c'est-à-dire, *Sigebertus Rex I^{mus}* Sigebert Ier. étoit le dernier des enfans de Clotaire (22).

N°. 4. Autre Buste de Sigebert, dont les ornemens diffèrent de ceux de la Médaille précédente ; les bouts du Diadême sont ornés d'une perle. On lit autour SISEBERTUS ; au revers, une Croix semblable à celle décrite ci-dessus, mais sans marque de la valeur numéraire ; à droite & à gauche de la Croix, les lettres MA, par abréviation du mot MASSILIA (23) qu'on lit tout au long autour de ce revers.

N°. 5. Autre Buste de Sigebert, avec les vêtemens enrichis de perles & d'ornemens différens des Bustes précédens. On lit autour SEGTBERTVS. R., c'est-à-dire, *Sigebertus Rex* ; au revers, la Croix semblable

---

(21) Daniel, Hist. de France.
(22) *Ibidem.* Voyez les Mémoires de l'Académie des Inscriptions & Belles-Lettres, 1746. *Memoire de M. Bonamy.*
(23) Les Médailles frappées à Arles dans les mêmes temps, portoient dans le champ les lettres A. R. ; celles frappées à Chalon-sur-Saone & à Lyon, C. A. & L. V. Voyez les Médailles gravées à la suite du Mémoire de M. Bonamy. *Mémoire de l'Académie des Inscriptions*, 1746.

à celle empreinte fur la Médaille précédente, avec l'abréviation MA.

Sous le numéro 6, est représentée une Médaille de Dagobert, différente de celle désignée par le chiffre 2. L'Effigie de ce Prince est en Buste, avec les ornemens Royaux ; le Diadême est orné de trois perles à l'endroit où il est noué derrière la tête. On lit autour de la Médaille, AAGOBERTE ; au revers, dans un double cercle, une Croix sur un globe, avec l'abréviation MA, & le chiffre Romain V. marque de la valeur de cette monnoie ; la légende est effacée dans les parties marquées de points : on distingue encore les lettres VICTOM.

7. Sous ce chiffre est comprise une autre Médaille de Dagobert représenté en Buste, avec le Diadême orné de perles aux deux extrêmités ; les vêtemens sont sans ornemens. On lit autour PAGOBE TYS REX ; au revers, une Croix dans une couronne de perles, de figure ovale, imitant un chapelet ; l'abréviation MA, & le mot VICTVRIA pour *Victoria*. Ces différences dans l'orthographe venoient probablement de la variété de la prononciation dans ces siècles de barbarie.

8. Ce numéro indique une autre Médaille de Sigebert, avec un simple Diadême sans ornement ; quelques-uns sont à peine répandus sur le vêtement, qui me paroît être un de ces Surtouts nommés *Chlamys* par les Anciens ; au haut, une Croix qui sépare en deux parties le mot MASILIA ; au revers, une Croix dans un double cercle, posée sur une barre en tra-

Aux depens de Mʳ Alᵈʳᵉ Badaraque negociant

MARSEILLOIS.

vers, un globe en deſſous, avec l'abréviation MA, comme aux revers précédens. On diſtingue à peine autour les lettres SI.... T.

9. Médaille de Sigebert repréſenté en Buſte; la tête ornée d'un Diadême de perles avec une aigrete. Les ornemens Royaux enrichis de même; autour le mot MASILIA; au revers, une Croix ornée de trois perles à l'extrêmité ſupérieure, & aux deux latérales. Cette Croix eſt poſée ſur une barre en travers, qui ſert de Piédeſtal; les lettres MA ſont à côté de la Croix; autour SIGIBERTVS, & les chiffres Romains XI, valeur de cette monnoie.

10. Autre Buſte de Sigebert, avec un Diadême ſemblable à celui de la Médaille du numéro 4; les ornemens Royaux ſont plus riches que ceux repréſentés ſur la précédente Médaille. On lit autour SEGIBERTVS; au revers, une Croix épatée, excepté dans la partie qui poſe ſur le Piédeſtal; l'abréviation MA, comme dans les autres. On diſtingue encore autour MAS, le reſte du mot MASSILIA étant effacé par le temps.

PLANCHE VII.

LES Médailles contenues en cette Planche, font encore des fols & des tiers de fols d'or ; leur module eft de beaucoup plus petit que les Gravures.

Celle indiquée par le numéro 1, porte d'un côté le Bufte d'un Jeune-homme, la tête ornée d'un fimple Diadême décoré de perles ; les vêtemens font figurés par une fimple Draperie fans ornement ; la légende eft compofée de ces mots CLOTARIVS REX ; le revers, une Croix dans un double cercle ; un globe au bas ; l'abréviation MA aux côtés de la Croix ; & pour légende, VICTORIA. GOTTICA. Cette Médaille me paroît appartenir à Clotaire II, Fils de Chilperic I. qui fuccéda à fon Père au Royaume de Soiffons, en 584, à l'âge de 4 mois, & réunit tout l'Empire François en 613. Les traits de jeuneffe qu'on diftingue dans la figure empreinte fur cette Médaille, vérifient cette conjecture, Clotaire II n'étant que dans fa 29e. année, lorfqu'il fut feul Roi de la Monarchie Françoife.

Il eft difficile d'affigner au vrai quelle eft la victoire remportée fur les Goths, dont il eft fait mention dans le revers. Clotaire II vainquit & foumit les Saxons en 627 ; mais ces peuples n'avoient rien de commun avec les Goths ; & l'époque de victoire go-

MARSEILLOIS.

tique ne sauroit convenir à cette expédition. Il me paroît plus convenable d'attribuer cette époque à ce que rapporte Marianna dans son Histoire d'Espagne, L. 6. Chap. 2. (24) : » savoir, que les Goths d'Espa-
» gne qui avoient toujours tenu tête aux François,
» même en-deçà des Pyrenées dans le Languedoc, de-
» puis la grande défaite de l'armée de Clovis devant
» Arles, furent tributaires des Rois François, du temps
» que Gondemar régnoit en Espagne. Marianna ajoute
» que cela se prouve par les lettres d'un Comte de ce
» temps-là, appellé Bulgaran, Gouverneur de la Gaule
» Gothique, & que ces lettres sont dans les Archives
» à Alcala & à Oviedo : or, ce Roi Gondemar, qui
» régna en Espagne & en Languedoc, depuis 610
» jusques à 613, ne peut avoir été soumis au tribut,
» que par les Princes (25) dont le règne répond à
» ces années, & cette soumission dut, sans doute, être
» précédée de quelque victoire remportée sur ses armées,
» laquelle donna lieu à la légende gravée sur le revers de
» la Médaille de Clotaire II que je viens de décrire.

M. Leblanc, dans son Traité historique des monnoies de France (26), attribue ce tiers de sol d'or à Clotaire I, qui passa en Espagne avec son Frere Childebert, pour venger leur sœur Clotilde des cruautés d'Amauri ou Amalaric, Roi des Visigoths, qui vouloit la forcer d'être Arienne. Les meilleurs Historiens Espagnols [dit M. Leblanc], demeurent d'accord que

---
(24) Marianna, cité par le P. Daniel, Hist. de France, 2 vol. page 473, édition in-12, Amsterd. 1745.
(Thieri & Clotaire II.
(26) Page 62.

ces Princes ravagerent & pillerent une partie de l'Espagne ; il cite les autorités de Marianna, d'Adon, de Grégoire de Tours, & d'un anonyme son Contemporain. Clotaire [ajoute ensuite M. Leblanc], « pour » conserver la mémoire de cette conquête, fit frapper » ce tiers de sol d'or à Marseille ; cette Ville lui étoit » échue en partage, lorsque la Provence fut divisée en-» tre lui, ses Freres & son Neveu Théodebert. » Ce sentiment ne m'a pas paru fondé, en ce que Childebert ne partagea point avec Clotaire Ier. la souveraineté de Marseille, que ce dernier n'acquit que par la mort de Childebert & de Théodebert ; ce qui le rendit maître de toute la France. Or, l'expédition contre les Visigots ayant été faite sous le règne de Childebert, Clotaire. Ier. ne pouvoit avoir exercé dans Marseille un droit si essentiel de la souveraineté, tel que celui d'y faire battre monnoie (27).

No. 2. Médaille avec le Buste d'un Prince, la tête ornée du Diadême, les vêtemens simples, une chaîne au col, avec ces mots pour légende, CHLOTARIVS. R. c'est-à-dire, *Chlotarius Rex* ; le revers, une Croix posée sur un globe ; l'abréviation MA comme à l'ordinaire, & ces mots pour légende, VIETVRIA. CHLOT. pour *Victoria Chlotarii* : dans le champ, le chiffre V d'un côté, & II de l'autre, marque de la valeur numéraire de cette Médaille ; le P. Daniel la rapporte au règne de Clotaire Ier. (28) Fils de Clovis. Ce Prince défit deux fois les Saxons, & remporta une

---

(27) Ruffy, Hist. de Marseille.
(28) Hist. de France, tom. 1. pag. 96, édition d'Amsterd. in-12, 1745.

victoire

victoire signalée sur Chramne son Fils naturel : celle dont on a voulu conserver la mémoire dans cette Médaille, est sans doute l'une de ces trois ; mais, comme rien n'indique précisément celle dont on a voulu perpétuer le souvenir, il est difficile, & même impossible de le décider. M. Bonami, dans son Mémoire inséré dans le Recueil de l'Académie des Inscriptions, cite cette Médaille sous ce seul titre : *Monnoie de Clotaire*, frappée à Marseille [29].

Nº. 3. Autre Médaille de Clotaire Iᵉʳ., dont l'habillement diffère de la précédente ; un tour de perles en orne le bas ; la légende contient tout au long, CHLOTARIVS REX. Le revers, une Croix renfermée dans un double cercle, posée sur une barre, servant de piédestal ; les lettres MA comme à l'ordinaire, & quatre points de chaque côté de cette barre, qui servoient tout comme les chiffres Romains à indiquer la valeur : on voit un globe dans le bas ; la légende du revers est la même que celle du côté où est représenté le Buste du Prince.

Nº. 4. Médaille renfermant le Buste de Caribert ou Cherebert, la tête couronnée d'un double Diadême de perles, les habits enrichis de même, avec cette légende HRIBERTVS, & trois points dans le champ, posés en face de la tête ; le revers, la Croix renfermée dans un double cercle, posée sur une barre, un globe dans le bas, l'abréviation MA à l'ordinaire, la légende MASSIIIA. On écrivoit probablement en ces

[29] Mémoire des Inscriptions & Belles-Lettres, 1746. page 210, édition in-4º.

temps de même qu'on prononçoit ; c'eſt ce que l'on peut inférer de la lettre H miſe au commencement du nom de Caribert ou Cherebert, à la place de CH qu'on trouve dans d'autres Médailles de ce Prince [30]. On ne peut attribuer cette Médaille à Aribert, Fils de Clotaire II, en ſuppoſant que la lettre H remplaçoit dans la légende la lettre A. Aribert ne régna que ſur les Pays au-delà de la Loire, Toulouſe, l'Agenois, le Quercy, la Xaintonge, le Périgord, ce que nous appellons aujourd'hui la Gaſcogne, toutes les places des Pyrenées, & toute cette frontière d'Eſpagne, juſqu'à l'ancienne Gaſcogne qui étoit au-delà [31] ; nous avons d'ailleurs des Médailles de Dagobert, Frere d'Aribert, frappées à Marſeille ; ce qui prouve que ce premier Prince étoit en ce temps-là Souverain de cette Ville [32]. Une monnoie de Caribert, frappée à Bagneux, [maiſon de Plaiſance de nos Rois, ſous la première Race], porte pour légende CHARIBERTVS REX ; ce qui ne diffère de celle de Marſeille, que par les deux lettres C. A, & ſert à confirmer l'opinion qui attribue notre Médaille à Caribert, dit Cherebert [33].

N°. 5. Médaille de Clotaire Ier. Fils de Clovis ; ce Prince y eſt repréſenté la tête ornée d'un Diadême en perles, les bouts du cordon qui ſert à lier le Dia-

[30] Daniel, Hiſt. de France, tom. 1. pag. 252, édition in-12, Amſterdam, 1745.
[31] *Ibidem*, tom. 2, pag. 16.
[32] Voyez la Médaille n°. 6 de la Planche 6.
[33] Ces deux noms étoient communs à ce Prince, & la différence ne venoit probablement que de la prononciation. Le P. Daniel attribue au même Prince, les Médailles portant l'un & l'autre nom.

MARSEILLOIS.

dême, ornés chacun d'une perle ; la bordure du collet des vêtemens en eft également compofée : on lit autour CHLOTARIVS REX ; le revers, une Croix avec les lettres MA de chaque côté de la Croix, fur la partie fupérieure de la Médaille, au lieu que dans les précédentes, ces lettres font conftamment à la partie inférieure ; la lettre M en caractères gothiques, eft de la plus bizarre ftructure. On lit pour légende, ces mots VICTORIAM REGIS, pour *Victoria Regis*. Le P. Daniel fait mention de cette Médaille dans fon Hiftoire de France [34], & l'attribue à Clotaire Ier. La victoire dont il eft fait mention, doit être l'une des trois que j'ai rapporté à la Médaille de ce Prince, citée fous le chiffre 3 de cette même planche.

Autre Médaille du même Prince défignée par le n°. 6, la tête ornée d'un Diadême en perles, avec une aigrette par deffus, les habits Royaux enrichis, une chaîne en camail ; pour légende CHLOTARIVS REX ; au revers, une Croix pofée fur une barre en forme de piédeftal, avec les lettres MA à l'ordinaire, & ces mots pour légende, CHLOTARI VICTVRIA. Le P. Daniel fait encore mention de cette Médaille [35].

N°. 7. Médaille de Clotaire Ier. en Bufte, la tête ornée du Diadême de perles avec des feuilles de laurier aux extrêmités, les vêtemens, un fimple Surtout ou *Chlamys* ; la légende CHLOTARIVS R., par abréviation de REX ; au revers, la Croix, un globe dans

[34] Édition in-12, tom. pag. 96.
[35] Ibidem.

Hij

le bas, les lettres MA, placées à l'ordinaire, & au-dessous, le chiffre Romain V. placé de chaque côté, pour indiquer la valeur de la monnoie ; pour légende, CHLOTARII VICTVRIA.

Nº. 8. Médaille de Clotaire II. en Buste, la tête ornée du Diadême de perles, ainsi que la bordure qui est à la partie inférieure du Buste ; la légende, CHLOTARLVS REX ; le revers, une couronne de laurier ; dans le champ, une Croix, avec les lettres MA à droite & à gauche de la Croix, qui est posée sur une barre-servant de piédestal ; la légende du revers est la même que celle du côté de la tête, si ce n'est que les lettres conservent un caractère encore plus gothique.

Nº. 9. Cette Médaille présente d'un côté le Buste de Cherebert, dit Caribert [36] ; une bordure de perles orne le collet des vêtemens : on lit pour légende, MASILIA, & dans le champ la lettre B, contre-marque du Monétaire [37] : le revers, une Croix dans un double cercle, posée sur une barre servant de piédestal ; les lettres MA à l'ordinaire, un globe au bas de la Croix, & quatre points au-dessous de chacune des lettres MA, pour désigner la valeur de cette pièce : la légende, CHEREBERTVS REX.

10. Sous ce dernier chiffre est comprise une Médaille de Sigebert Ier. représenté en Buste, la tête

---

[36] Dans la date du Concile de Tours de l'année 567, Cherebert est nommé Charibert : *Chariberti Regis anno sexto*. Concil. Turon.

[37] Dans des Médailles de Dagobert, frappées à Paris, on voit le nom d'*Eligius Monetarius* tout au long. C'étoit St. Éloy qui fut ensuite Évêque de Noyon.

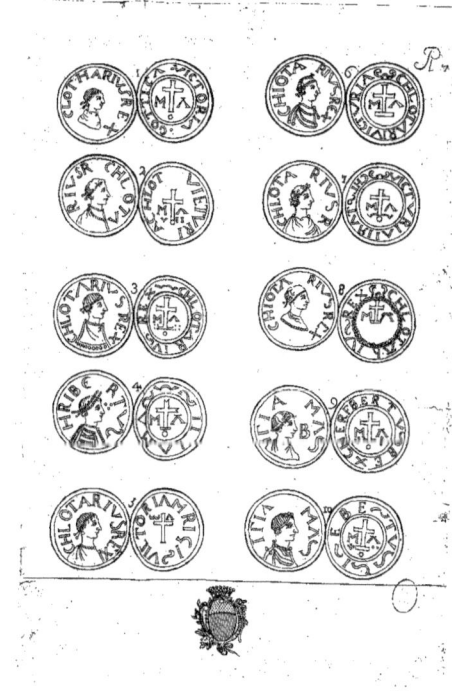

ornée d'un Diadême simple, avec deux perles en forme d'aigrette ; les vêtemens en sont enrichis ; la légende, MASILIA ; le revers, le même que celui de la Médaille précédente, ne différant que par les points qui sont au nombre de quatre sous la lettre M, & seulement de deux sous la lettre A ; la légende, SIGEBERTVS. Cette Médaille est rapportée dans le Recueil de l'Académie des Inscriptions & Belles-Lettres : *Mémoire de M. Bonami*, 1746, dont nous avons suivi le sentiment, en la rapportant au règne de Sigebert Ier., n'y ayant rien qui puisse décider si elle appartient à ce Prince ou à Sigebert II, qui fut également Souverain de Marseille.

PLANCHE VIII.

LES Médailles de cette Planche, désignées par les numéros 1 & 5, sont d'un module moindre que les Gravures ; le reste de la Planche est dans les proportions naturelles.

La Médaille indiquée par le numéro 1, représente d'un côté le Buste d'un Prince, la tête ornée d'un Diadême en perles, avec les deux bouts décorés de même ; le Surtout ou la Chlamyde, avec des bandes d'étoffe ou des galons qui l'ornent : on lit autour de la Médaille, MASILIA ; au revers, une Croix posée sur une barre en travers ; un globe en dessous ; d'un côté de la Croix, quatre points & deux de l'autre ;

ces points se trouvent placés sous les lettres MA, abréviation de *Maſſilia* : on lit autour Sisabertvs Rex. Sigebert Ier. & Sigebert II eurent également la Souveraineté de Marseille : il est difficile d'assigner précisément auquel de ces deux Princes on doit rapporter cette monnoie, n'y ayant d'ailleurs aucun caractère ni époque indiquée qui puisse donner un indice certain si elle appartient à l'un plutôt qu'à l'autre, & les vêtemens ayant conservé le même costume sous le règne de ces deux Princes.

La Médaille suivante désignée par le nombre 2, est une des plus intéressantes de ce Recueil, en ce qu'elle est une preuve certaine que la Ville de Marseille a toujours été regardée comme un État distinct & séparé du reste de la Provence (38), avec laquelle elle n'a jamais fait corps. Cette Médaille est une monnoie de Clotaire Ier. ou de Clotaire II ; rien n'indique auquel de ces Princes on doit l'attribuer : ils ont également possédé la Souveraineté de Marseille, & notre Médaille ne renfermant aucune marque qu'elle appartienne plutôt à l'un qu'à l'autre de ces Princes, il est naturel de s'abstenir de toute conjecture à cet égard. Cette Médaille porte d'un côté ces mots à l'entour : Clotarivs Rex ; dans le champ, la croix avec les deux lettres MA : preuve qu'elle a été frappée dans notre Ville, ces deux lettres étant constamment l'abréviation du mot *Maſſilia*, selon le sentiment de plu-

---

(38) Voyez Gaufridi, Hist. de Provence, liv. 5, art. 19, où il convient de ce fait.

sieurs Savans (39). On voit au bas de la Croix les lettres suivantes CONOB. Ces lettres qui se retrouvent sur plusieurs monnoies de nos Rois de la première & seconde Race, sur nombre de celles des Empereurs Romains, dès le temps de Constantin le Grand, ont exercé long-temps les Antiquaires, & malgré leurs recherches, il n'a été donné jusqu'à nos jours, aucune explication qui leve tous les doutes à ce sujet.

Les uns, [& c'est le plus grand nombre], ont cru que ces lettres signifioient que la monnoie avoit été marquée à Constantinople, en les expliquant par ces deux mots : *Constantinopoli obsignata* (40). Cette explication n'a pas été adoptée par d'autres, en ce qu'on trouve ces mêmes lettres sur les monnoies de l'Empereur Honorius, & sur quantité d'autres de ses Successeurs, lesquelles constamment n'ont pas été marquées à Constantinople.

D'autres, enfin, ont prétendu que les Empereurs de Constantinople ayant communiqué le titre d'Auguste à Clovis Ier., ainsi que Grégoire de Tours le remarque, ses Successeurs firent mettre le mot CONOB. sur leurs monnoies, afin de faire connoître les liaisons & l'affinité qu'il y avoit entre eux & les Empereurs d'Orient, & pour que leurs monnoies passassent dans toutes les Provinces de l'Empire (41). Cette conjecture

(39) Leblanc, traité, Hist. des monnoies de France ; Bouterove, Daniel, Hist. de France ; Bonami, Mémoire de l'Académie des Inscriptions.

(40) Tristan, Commentaires historiques, tom. 3, pag. 501.

(41) La plus ridicule de ces explications, est celle de Cedrenus, que Tristan traite, avec raison, de rêverie. *Conob*, dit Cedrenus, pag. 264, signifie *Civitates omnes nostræ obediant benerationi*. Ce dernier mot ayant été mis à la place de *venerationi* : je laisse au Lecteur à juger du mérite d'une pareille explication.

essuye encore des contradictions, en ce que ces lettres CONOB se trouvent également sur plusieurs monnoies d'or des anciens Rois d'Espagne, qui ne furent jamais honorés du titre d'Auguste par les Empereurs d'Orient. M. Leblanc, dans son traité historique des monnoies de France, fait une reflexion bien judicieuse à ce sujet. » Il me semble, dit-il, que si les Empe-
» reurs d'Occident, & les Rois de France faisoient
» mettre le mot CONOB sur leurs monnoies, afin
» qu'elles eussent cours parmi les sujets des Empereurs
» de Constantinople, on devroit les voir sur toutes
» leurs monnoies, car je ne vois point d'apparence
» qu'on eût voulu que les unes eussent eu cet avan-
» tage plutôt que les autres. »

Je ne suis entré dans ces détails, que pour prouver que ces lettres CONOB n'avoient aucun trait à Marseille. Le revers de cette Médaille porte dans le champ la croix avec un globe : dans le bas, les deux lettres MA, placées ainsi qu'au premier côté ; & autour, cette légende, CIVITATIS MASILIE ; ce qui prouve que nos Rois regardant Marseille comme une Souveraineté particulière, prenoient le titre de Roi de Marseille ; car c'est dans ce sens qu'il faut lire les mots empreints sur cette monnoie CLOTARIVS REX CIVITATIS MASILIE, ainsi qu'on lit sur la plupart de nos monnoies actuelles : LVDOVICVS DEI GRATIA d'un côté, & de l'autre, FRANC. ET NAVAR. REX, qui n'a d'autre explication que celle de Louis par la grace de Dieu, Roi de France & de Navarre. Les Marseilllois ont toujours été jaloux de

conserver

MARSEILLOIS.

conserver à leur Patrie ce titre de Souveraineté particulière. Lorsque cette Ville fit successivement avec les Comtes de Provence, Raymond Berenger & Charles d'Anjou, les fameuses conventions & chapitres de paix, par lesquels elle céda volontairement à ces Princes, le domaine de sa seconde République, il fut expressément convenu que le Comte de Provence, ou ses Successeurs, prendroient la qualité de Seigneurs de Marseille dans tous les actes émanés de leur Autorité, qui devroient avoir exécution dans cette Ville. Louis XI, Roi de France, succéda à Charles du Maine, dernier Comte de Provence, de la Maison d'Anjou. Palamedes de Forbin, qui avoit beaucoup contribué au Testament de ce Prince, par lequel le Comté de Provence & les Terres adjacentes ont été réunies à la France, fut nommé pour premier Représentant du nouveau Souverain, qui le fit son Lieutenant-Général dans son nouveau Domaine. Ce Seigneur en confirmant au nom du Roi, les Privilèges de Marseille, n'oublia point celui de regarder cette Ville comme une Souveraineté distincte de la Provence; l'acte de cette confirmation est du 19 Janvier 1481 (42). Louis XI ratifia par ses Lettres-Patentes, tout ce que Forbin avoit fait (43); ce Privilège honorifique est trop glorieux à cette Ville, pour

---

(42) Arch. de l'Hôtel-de-Ville, caisse 19, sac D, n°. 37. Archives du Roi, en Provence, régistre Coronæ, F°. 126.

(43) *Item placeat Regiæ Majestati, post titulum Coronæ intitulare se, etiam Comitem Provinciæ, & Dominum Massiliæ, in omnibus & quibuscumque litteris pro quacumque causâ scribendi & dirigendi ad hanc vestram civitatem, & statuere quòd non vultis exequi in Massilia dictas litteras vestras, in quibus Secretarius obmiserit apponere Dominum Massiliæ.* ... PLACET. ......

I

qu'elle ne tâche de le conserver toujours, étant une marque certaine de son importance, & qu'il affranchit ses Administrateurs de la subordination que les Procureurs du Pays seroient en droit d'exiger, sans ce Privilège précieux : marque de la confiance de nos Souverains, qui n'ont assujetti l'administration politique de cette Seigneurie, qu'au seul Secrétaire d'Etat, ayant ce Département.

N°. 3. Médaille du temps des Vicomtes, Souverains de Marseille, représentant d'un côté la tête d'un Jeune-homme dans une couronne de laurier, & au revers, une Croix clechée, avec ce mot, MASILIA. Rien n'indique quel est celui des Vicomtes qui est représenté sur cette monnoie : la Croix clechée nous assure seulement qu'elle doit appartenir à un de ces Princes qui en portoient une pareille sur leurs armoiries, ainsi que les Comtes de Toulouse & ceux de Forcalquier. Cette Médaille est rapportée par M. Bouterove, dans ses recherches curieuses des monnoies de France (44), & par Ruffy, dans son Histoire de Marseille (45). C'est la seule que j'aye pu recupérer, malgré les plus exactes recherches.

N°. 4. Médaille de Childeric II, Fils de Clovis II, & de Ste. Bathilde : ce Prince y est représenté en Buste ; la tête ornée d'un simple Diadême. On lit autour, CHILDERICVS REX ; au revers CIVITATIS MASILIÆ ; dans le champ, une Croix sur une barre

___
(44) Planche 4. édition de Paris, 1666.
(45) tom. 1. pag. 58. seconde édition, 1696.

en travers, un globe au bas, & les deux lettres MA, placées à l'ordinaire. Cette Médaille est encore une preuve que sous le règne de Childeric II, Marseille fut toujours regardée comme une Souveraineté particulière, puisque ce Prince prenoit le titre de Roi de cette Ville, dans un exercice aussi public de la Royauté, que celui de la monnoie à son coin. En rapportant cette Médaille au règne de Childeric II, j'ai eu égard aux traits de jeunesse qu'on remarque sur l'Effigie du Prince qui y est empreinte, Childeric II ayant été tué à l'âge de 23 ans, n'ayant par conséquent regné que pendant sa jeunesse : Childeric III qui fut détrôné par Pepin, étant d'un âge plus avancé, il est à présumer que cette Médaille ne peut lui être attribuée ; encore moins à Childeric Premier, Père de Clovis, parce que ce dernier Prince étoit Payen, & la Croix dont cette Médaille est ornée, ne sauroit lui convenir par cette raison ; d'ailleurs les François ne furent maîtres de Marseille, que par la cession des Ostrogoths. Cette époque ne date que d'après l'établissement de ces premiers dans les Gaules ; ce qui est postérieur au règne de Childeric Premier, puisque ce ne fut que son Fils Clovis qui transporta les Francs de la Germanie dans cette partie de l'Europe, la cinquième année de son règne (46).

N°. 5. Monnoie de Cherebert Premier, ou Caribert, Fils de Clotaire Premier. Ce tiers de sol d'or est une preuve de ce que le P. Daniel avance dans

(46) Gregorius Turonensis.

son Histoire de France (47), que sous le règne de ce Prince, Marseille fut du Royaume de Paris. Mr. Leblanc, dans son Traité historique des monnoies de France (48), regarde comme un fait aussi étonnant qu'inexplicable, que ce Prince ait fait frapper monnoie dans Marseille dont il n'étoit pas le maître, nos Historiens assurant qu'elle appartenoit à Sigebert son Frere; ” cela fait voir, dit-il, qu'il y a bien des lieux à dé-
” fricher dans notre Histoire. ” Nous avons effectivement rapporté une Médaille de Sigebert Premier, Frère de Cherebert ou Caribert, frappée à Marseille, qui ne laisse aucun doute qui puisse faire hésiter qu'elle est de ce Prince, puisqu'on lit autour de cette Médaille, SIGEBERTVS REX I (49), c'est-à-dire, *Rex Primus*. A travers ces ténèbres, il n'est pas possible de démêler la vérité, & il faut de nécessité convenir avec M. Leblanc & le P. Daniel, qu'il falloit que Cherebert eût des droits sur Marseille.

La Médaille dont il est ici question, représente d'un côté la tête d'un Prince posée sur la lettre M, avec des cercles aux extrêmités de cette lettre. Les Empereurs de Constantinople mettoient dans les premiers siècles du Christianisme, cette lettre M en l'honneur de *Marie* sur leurs Médailles, ainsi qu'un autre Monograme en l'honneur de Jesus-Christ : ce dernier est le même que le *Labarum* de Constantin. Nos Rois avoient suivi le même usage, par dévotion à la Mère

---

(47) Édition in-12, pag. 255, tom. 1.
(48) Pag. 66.
(49) Voyez la seconde Médaille de la Planche.

MARSEILLOIS.

de Dieu. On lit autour de la Médaille, à rebours, les lettres MASSISI, & à côté de la figure, la lettre P, marque du Monétaire; au revers, EREB, seul reste du mot *Cherebertus*; dans le champ, une Croix à huit pointes, & les deux lettres MA, par abréviation de *Massilia*.

La Médaille sous le numéro 6, est un de ces monumens qui semblent n'exister que pour épuiser en vain les recherches des Savans. Le Buste de l'Empereur Maurice est représenté d'un côté la tête ornée du Diadême : on lit autour D. N. MAVRIC. TB. PP. AV. par abréviation de *Dominus noster Mauricius Tiberius, Pater Patriæ Augustus*. L'Empereur Maurice succéda à Tibère dans l'Empire de Contantinople, en 582; il prit le surnom de son Prédécesseur, & c'est à ce Prince qu'on doit attribuer cette monnoie, qui présente une difficulté jusqu'à présent inexplicable, en ce qu'elle a été frappée à Marseille, ainsi que le démontre le revers sur lequel on voit la Croix, un Globe au-dessous, avec les lettres MA, par abréviation de *Massilia*; les nombre V & II plus bas le mot CONOB pour exergue, & pour légende, VICTORIA AVTORVMI. L'Empereur Maurice n'avoit aucun droit sur Marseille ; cette Ville appartenoit aux François par la cession libre des Ostrogoths, & par la confirmation que l'Empereur Justinien avoit fait de cette cession, avec le droit de faire frapper monnoie exclusivement ; de sorte qu'il est impossible d'expliquer la contradiction que cette Médaille présente avec l'histoire, en rendant en faveur de Maurice Tibère, le témoignage d'un droit de Souveraineté, aussi essentiel que celui de faire frapper monnoie à son coin, dans une Ville soumise à un autre Souverain ; car la Seigneurie de Marseille étoit alors possedée par indivis (50) entre Childebert II, Roi d'Austrasie, & Gontran, Roi de Bourgogne. Quelle peut donc être la raison qui a donné lieu de frapper dans Marseille une monnoie au coin d'un Souverain étranger ?

M. Bonami, dans son mémoire imprimé dans le Recueil de l'Académie des Inscriptions [51], après avoir exposé toutes les difficultés que cette monnoie présente, l'explique cependant de cette manière.

» J'ai cru, dit-il, qu'il n'y avoit d'autre dénoue-
» ment à cette difficulté, que d'avoir recours à une
» révolution qui arriva dans la France, sous les Enfans
» de Clotaire Premier, qui fut excitée par Gundevald :
» cet homme d'abord fugitif refugié à Constantinople,
» depuis revenu en France, avec le secours de l'Em-
» pereur Maurice, reconnu Roi & Maître de la Pro-
» vence, aura fait fabriquer à Arles * & à Mar-
» seille, des monnoies au coin de son bienfaiteur.

M. Bonami ne donne à la vérité cette explication, que comme une conjecture : il avoue même qu'il se soumet à la voir contredire, & c'est avec raison. L'histoire de Gundevald, que quelques Auteurs ont

---

(50) Daniel, Hist. de France, tom. 1. Ruffi, Hist. de Marseille, tom. 1, page 42.

[51] Vol. XX. édition in-4°.

* Nota, qu'il existe une pareille monnoie frappée à Arles. M. Bonami l'a tirée du cabinet de M. de Cleves : on y lit les lettres A. R. par abréviation d'Arelate.

nommé Gondebaud, & d'autres Gondebald, est trop connue pour être rapportée tout au long. Il me suffira d'observer que tous nos Historiens sont d'accord sur ce que M. Bonami avance de sa fuite & de son retour en France ; mais ils conviennent en même-temps qu'à son arrivée à Marseille, où il débarqua en venant de Constantinople, il y fut reçu par l'Evêque Théodore, qui lui fit un accueil très-gracieux, & lui donna des chevaux pour transporter ses équipages à Avignon, où il alloit joindre Muinol qui en étoit Gouverneur ; Gundevald n'ayant resté que très-peu de jours à Marseille.

Un nouveau coin à graver, les intelligences qu'il faut se ménager dans une Ville où l'on est sans pouvoir, pour parvenir à usurper un droit de Souveraineté, tel que celui de faire frapper des monnoies étrangères, demandent un plus long espace de temps que celui du séjour de Gundevald dans Marseille ; d'ailleurs, le parti de Gontran dominoit alors en cette Ville, & se seroit opposé à cette usurpation, puisqu'il fut mauvais gré à l'Evêque Théodore d'avoir accueilli cet avanturier, & qu'il lui suscita de grands chagrins à ce sujet [52] ; ce qui doit faire rejetter l'explication de M. Bonami, ne résolvant point la difficulté, quelque ingénieuse qu'elle soit.

Il se présente une autre conjecture, à laquelle je conviens qu'il ne manqueroit que des témoignages plus précis, pour lui donner plus d'apparence de vérité. Je hasarde de l'exposer sans aucune prétention de la

---

[52] Ruffi, Hist. de Marseille, tom. 1, pag. 43.

foutenir. Au milieu des ténèbres historiques, il est permis de tenter de dissiper les voiles qui nous dérobent la lumière : heureux si l'on parvient à sa découverte.

La monnoie de Maurice Tibère, dont il est question, peut avoir été frappée à Marseille, du consentement de ses légitimes Souverains, mais à une autre époque que celle de la révolution occasionnée par Gundevald, & je crois devoir la rapporter à l'alliance que Childebert fit avec l'Empereur Maurice Tibère contre les Lombards : cette alliance fut suivie de plusieurs expéditions ; il y en eut une fameuse en 590 [52] : le Duc Cedin commandant un Corps d'armée pour les François en Italie, remporta de grands avantages sur les Lombards, & leur prit [53] *Tesana*, *Moletum*, *Semiana*, *Appianum*, *Sagitana*, *Cimbra*, *Vitianum*, *Brentonicum*, *Volenés*, *Enemafé*, & plusieurs autres Places. Rotharic étoit en ce temps-là Roi des Lombards, & commandoit leurs Troupes. Quelques Auteurs ont nommé ce Prince Autharis (54), & il ne seroit pas surprenant que dans ces temps de barbarie, où l'on défiguroit sans cesse les noms, il eût été également nommé *Autorumus*. Cette hypothèse admise, le revers de notre Médaille où l'on lit. VICTORIA AVTORVMI, seroit applicable à la victoire remportée sur *Autharis*, *Rotharic*, ou *Autorumus*, Roi des Lombards. Mais sans recourir aux diverses

[52] Daniel, Hist. de France, tom. 1, pag. 418.
[53] Paul Diacre, Longob. Hist. L. 3. Ch. 32.
(54) C'est ainsi que le P. Daniel le nomme.

façons

façons d'écrire le nom de ce Prince, il feroit plus vraisemblable de croire que cette monnoie qui fut cependant toujours frappée en mémoire des avantages remportés par les Troupes Françoises & Impériales fur les Lombards, ne porte fur fon revers les mots de *Victoria Avtorvm i*, que par abréviation de *Victoria Augustorum prima*, par allusion à Childebert & à Maurice, Souverains des deux Nations victorieuses ; & pour lors il ne feroit pas furprénant que le Roi d'Auftrasie eût fait frapper cette monnoie au coin de l'Empereur Maurice, dans une Ville foumife à fa Domination, pour perpétuer un événement auffi glorieux pour l'un que pour l'autre de ces Princes. En interprétant la lettre I à la fin du mot *Avtorvm*, par le mot *prima*, & en la féparant de ce premier mot, je ne hafarde point une nouveauté fans exemple. On lit fouvent dans les revers des Médailles des époques, de *prima*, *fecunda*, &c. par des lettres ajoutées à la fin des derniers mots de la légende, fans féparation: c'eft ainfi qu'on voit fur le revers d'une Médaille de Gordien Pie, *Liberalitas Avg. II*, que les plus Savans Antiquaires ont expliqué par *Liberalitas Augusta Secunda*.

N°. 7. Médaille de Childeric II : ce Prince y eft repréfenté avec une coiffure bifarre qui paroît être un cafque. La groffière ignorance des Artiftes de ce temps n'avoit pas fu le mieux repréfenter ; les vêtemens n'ont pas plus de régularité dans le deffein. On lit autour de la Médaille, Childericvs Rex ; le revers, une Croix ; une plus petite dans le bas : aux

K

côtés de la première, les lettres MA, & à ceux de l'inférieure, deux petits globes. On lit autour MASSI-LIA CIVITAS.

N°. 8. Médaille de Childeric II, Fils de Clovis II ; ce Prince y est représenté en Buste, la tête ornée d'un Diadême de perles. On lit autour de cette Médaille, CHILDRICVS REX ; le revers en est curieux, en ce qu'il porte le nom de Clotaire III, Frère de Childeric II : on y lit autour, CHLOTARIVS REX ; dans le champ, une Croix au milieu des lettres MA, abréviation de *Massilia*, & dans le bas, CONOB. Cette Médaille est une preuve de ce que Childeric II ne possédoit pas toute la Souveraineté de Marseille, & que son Frère Clotaire III en possédoit une portion, qui devoit être moindre que celle de Childeric, puisque ce dernier jouissoit de préférence du droit de faire mettre son Effigie sur les espèces frappées à Marseille. M. Leblanc, dans son traité des monnoies, pag. 77, fait mention d'une pareille Médaille.

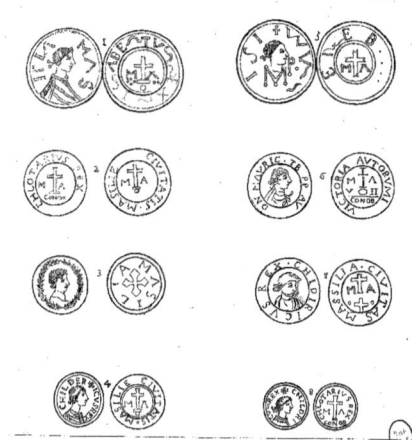

Pl. 8

Aux depens de M.e M.tre Catholan, avocat En la Cour

MARSEILLOIS.

PLANCHE IX.

LES Médailles contenues dans cette Planche, font des mêmes grandeurs que les Gravures, à l'exception des deux dernières qui ont été augmentées d'un tiers.

Celle de ces Médailles indiquée par le numéro 1, est une monnoie d'argent de Charles Premier, Comte de Provence, & Roi de Sicile : ce Prince commença de régner en 1245, & mourut en 1285 ; il avoit succédé à Raymond Berenger V, qui avoit réuni Marseille à son Domaine, par la donation volontaire de ses Habitans, lesquels avoient expressément convenu avec ce Prince, par les fameux chapitres de paix, que Marseille seroit toujours regardée comme une Seigneurie séparée & distincte du Comté de Provence. La monnoie que je décris en est une preuve bien évidente ; elle porte d'un côté la tête du Comte ; une Croix à huit pointes par-dessus, avec ces lettres en caractères gothiques : *K. COMES. PVINCIE* ; & au revers, une Croix avec ce mot divisé en quatre parties par les angles ou interstices que la Croix laisse dans le cercle : *MRS. SIL. IEN. SIS.*, c'est-à-dire, *Carolus Comes Provinciæ Massiliensis*. Cette façon de lire les lettres empreintes sur cette monnoie, ne doit point étonner le Lecteur, ni être mise au nombre des explications hypothétiques. Les

K ij

personnes inftruites de notre Hiftoire, favent que la Provence fut long-temps nommée la Province de Marfeille. Il ne feroit point furprénant que les Comtes de Provence ayant réuni cette Ville à leur première Souveraineté, euffent pris ce titre, conformément à l'ancienne dénomination ; mais ce n'eft pas feulement pour cette raifon que les Comtes de Provence devenus Souverains de Marfeille, prirent cette intitulation fur leurs monnoies ; Marfeille ayant racheté fa liberté de fes Vicomtes, avoit étendu fon Domaine particulier, par des acquifitions & des conquêtes (55). La Seigneurie de St. Marcel, Hieres, Bréganfon, les Ifles d'or, Roquevaire, un Endroit nommé *Caftel Marfeilles*, dans l'Ifle de Corinto, l'Ifle de St. Giniez, Aubagne, Roquefort étoient de ce Domaine. Raymond Berenger ratifia toutes ces acquifitions par les conventions de paix, de forte que le Domaine de la Seigneurie de Marfeille formant une petite Province, les Comtes de Provence, pour marquer leur nouvelle Souveraineté, prirent dans les monnoies particulières de Marfeille, le titre de Comte de la Province de Marfeille. Les monnoies de l'efpèce de celles que je décris, étoient nommées *menus Marfeillez* ; elles étoient du poids de 15 grains. Celle que j'ai fait graver eft en mon pouvoir. M. de St. Vincent en a fait graver une femblable dans le recueil des monnoies des Comtes de Provence.

N°. 2. Monnoie d'argent de Charles Premier,

_____
(55) Ruffi, Hift. de Marfeille, tom. 1.

Comté de Provence : cette monnoie étoit nommée *Obole Marſeilloiſe*, & peſoit 6 grains ; elle ne diffère de la précédente, que par le volume & la coiffure, les cheveux étant diſpoſés différemment au-deſſus de la tête : la légende eſt la même.

N°. 3. *Menu Marſeillez* d'argent, de Raymond Berenger, Comte de Provence, le premier de ces Princes qui fut Souverain du Domaine des Marſeillois, que ceux-ci lui cédérent volontairement. La tête du Comte eſt empreinte ſur cette Médaille, avec une Croix à huit pointes par-deſſus. On lit autour, *R. COMES PRINCIE*, & au revers, ainſi qu'à la monnoie ſous le n°. 1 : *MRS. SIL. IEN. SIS.*, pour *Raymundus Comes Provinciæ Maſſilienſis*. Raymond Berenger commença à régner en Provence en 1209. Par la convention de paix entre ce Prince & les Marſeillois, faite en 1240 à Taraſcon, dans la maiſon de Ste. Marthe, il fut convenu que la monnoie qu'on battroit dans Marſeille, ſeroit au coin du Comte de Provence (56) ; ce qui donna lieu à celle que je décris. On ne peut la rapporter à une époque antérieure, ce Prince n'ayant acquis ce droit, que dès la ſignature du traité de Taraſcon : il ne pouvoit avoir fait frapper cette monnoie en 1228, époque à laquelle l'a rapportée un de nos Compatriotes recommandable par ſes lumières, autant que par ſon rang. Cette monnoie peſoit 15 grains ; trois livres Marſeilloiſes valoient une once d'or.

---

(56) Archiv. de Marſeille. Ruffi, Hiſt. de Marſeille, tom. 1. pag. 126.

N.º 4. *Gros Marſeillez* (57) d'argent, attribué à Charles I.ᵉʳ, Comte de Provence. Je n'oſerois cependant l'aſſurer, n'y ayant aucune lettre initiale du nom de ce Prince, ni rien qui puiſſe indiquer ſous quel règne elle a été frappée. J'ai comparé cette Médaille qui eſt dans le cabinet de M. Michel, avec pluſieurs monnoies des Comtes de Provence; mais on deſſinoit ſi mal dans ces temps, que les airs de tête ſe reſſemblent preſque tous, par l'impéritie des Artiſtes qui gravoient un profil quelconque, & ne s'attachoient qu'à marquer une figure humaine, qui n'étoit pas l'Effigie véritable du Souverain, de ſorte que je n'ai pu obtenir aucun éclairciſſement. Cette monnoie a d'un côté la tête du Prince; dans un double cercle, une Croix à huit pointes par deſſus, avec ces mots : Comes Pvincie ; au revers, dans un double cercle, une des portes de la Ville de Marſeille ; une petite Croix à huit pointes par-deſſus, avec ces mots autour, Civitas Massi, par abréviation de *Maſſiliæ*, une autre Croix à huit pointes d'un plus grand volume que celle qui eſt ſur la porte, termine ces mots. Le revers de cette Médaille eſt le même que celui de pluſieurs ſceaux cités par Ruffi, dans ſon Hiſtoire de Marſeille.

N.º 5. La Médaille marquée de ce chiffre, eſt une de ces productions éphemères, que l'eſprit de faction engendre dans les ténèbres du crime, pendant les horreurs des guerres civiles. C'eſt au trop célèbre Charles

---

(57) [*Marſeillez*] Je me ſuis ſervi de la dénomination dont on ſe ſervoit alors pour déſigner ces monnoies.

MARSEILLOIS.

de Casaulx, à qui elle est due. Ce Particulier s'étant fait élire premier Consul, par la faveur de la Comtesse de Sault, & de la faction opposée à Henri le Grand, sous le prétexte du maintien de la Religion Catholique, mais dans le vrai pour satisfaire son ambition, ne fut pas plutôt entré dans l'exercice de cette charge en 1591, qu'il commença à exciter des troubles funestes dans Marseille, où la plus grande & la plus saine partie des Citoyens, tenoit pour le parti du légitime Souverain. Casaulx s'étant fait confirmer dans l'exercice de cette place jusques en 1595, à force de violence, & en écartant des charges publiques tous les bons Sujets de Sa Majesté, devint pendant cette intervalle, le vrai tyran de sa Patrie. C'étoit un homme d'un caractère ardent, entreprenant jusques à la témérité, plus intrépide que prudent, & d'un génie plus vif qu'éclairé ; il mit par ses intrigues Marseille dans la plus grande désolation, & faillit occasionner la perte de cette Ville ; il s'étoit lié avec les Puissances ennemies de la France, & avoit reçu des Galères & des Troupes Espagnoles dans Marseille. Après des excès multipliés, dont on peut voir le détail dans Ruffi (58), il subit le sort réservé aux rébelles, ayant été tué le 17 Février 1696, par Pierre de Libertat, Capitaine de la Porte Royale, qui remit par cette action la Ville sous l'obéissance du Roi. Pendant que Casaulx exerçoit son pouvoir tyrannique sur sa patrie, il avoit osé faire frapper une Médaille d'or à l'instar des Potentats : c'est celle gravée

(58) Hist. de Marseille, tom. I.

dans cette Planche ; on voit d'un côté les armes de Cafaulx, qui font d'or à la bande d'azur, chargée de trois étoiles d'argent, à la couronne de Comte ; au revers, un Emblème d'une licorne trempant la corne dans l'eau, avec cette devife : SERVARI ET SERVARE MEVM EST, par allufion à fes entreprifes, qu'il coloroit du faux prétexte du bien public. Ce Cafaulx, felon Ruffi, defcendoit d'un Marchand de Gafcogne, nommé Vidal de Cafaulx, qui étoit venu s'établir à Marfeille, & s'y étoit marié en 1483. Cette Médaille, par le peu d'exactitude du deffein, nous montre à quel point les Arts font négligés pendant les malheurs des guerres inteftines.

Les Médailles fuivantes n'ayant été en mon pouvoir que long-temps après la Gravure de celles des fiècles de la République de Marfeille, j'ai cru devoir les ajouter à cette Planche, pour ne point priver mes Concitoyens & les curieux de la connoiffance de ces monumens.

La première de ces Médailles, indiquée par le n°. 6, peut être regardée comme Marfeilloife, quoiqu'elle n'ait point été frappée à Marfeille. C'eft une monnoie de la Ville d'Empurias en Efpagne, Colonie Marfeilloife, dès les temps les plus reculés. Il falloit que cette Colonie eût confervé des liaifons intimes, & un commerce fuivi avec fa Métropole ; car on trouve grand nombre de ces Médailles dans Marfeille ; elles font toutes en moyen bronze. On y voit d'un côté la tête de Minerve coiffée d'un cafque décoré d'une quantité de perles qui en forment le Panache ; la Déeffe a les cheveux

MARSEILLOIS.

veux pendans en boucles sur le col, qui est également orné d'un colier de perles; au revers, le cheval pegase, avec ces lettres au bas : EMPOR.., par abréviation d'*Emporia* ou *Emporium*. L'étimologie de ce nom, qui veut dire grande Foire ou Marché public, nous démontre que cette Colonie Marseilloise devoit avoir un commerce étendu, qui lui avoit fait donner ce nom de préférence. L'exactitude du dessein, & les délicatesses de l'Art répandues dans cette Médaille, nous donnent à connoître que les Habitans d'Empurias n'avoient point dégénéré de leurs Fondateurs, puisqu'ils cultivoient avec succès les mêmes Arts auxquels ils rendoient encore un hommage éclatant, en plaçant sur leurs monnoies la Divinité qui en étoit la protectrice; & le cheval pegase qui est l'Emblême du génie, par le secours duquel on s'élève au dessus des connoissances vulgaires. Il seroit à désirer que nous pussions récupérer toutes les Médailles des Colonies Marseilloises, nous y trouverions peut-être de pareils rapports avec les mœurs, le culte & le costume de leur Métropole; ce qui nous donneroit de nouvelles connoissances sur ces points. Mais jusqu'à présent mes recherches ont été infructueuses (59), &

---

(59). La disette des Médailles ou monnoies particulières à chaque Colonie Marseilloise, vient probablement de ce que leur Métropole avoit voulu se réserver cette marque de leur dépendance, soit en les assujettissant à ne se servir que des monnoies frappées dans Marseille, ou marquées des mêmes figures, & de la légende MASSALIETON, en signe de cette dépendance. En effet, malgré tous les soins possibles, & une correspondance suivie pour découvrir les Médailles grecques des Villes d'Antibes, Agde, Denia, Tauroentum, Hieres, &c. je n'ai pu récupérer que des Médailles Marseilloises; ce qui paroît autoriser cette conjecture. La Médaille même d'Em-

L

les Médailles d'Empurias ont été les seules qui m'ayent été communiquées. Celle que j'ai fait graver, est tirée du cabinet de M. Germain, ancien Chancelier du Consulat de France à Alger, & Honoraire de l'Académie de Peinture & Sculpture de Marseille.

N°. 7. Médaille Marseilloise en bronze, portant d'un côté une Aigle, avec ces lettres MAS, & de l'autre, une chouette, avec les lettres MA, par abréviation l'un & l'autre de *Massilia*. La Ville d'Athenes avoit des Médailles pareilles.

N°. 8. Médaille Marseilloise qui a passé deux fois sous le coin, de même que celle indiquée par le n°. 4. de la Planche 5. J'ai rapporté les raisons de cette variété en expliquant cette Médaille, & je n'ai décrit celle-ci, que parce qu'elle a des empreintes différentes de la première, & qu'il s'y trouve deux têtes l'une sur l'autre. On distingue plus particulièrement celle de Minerve, qui est la dernière empreinte : la Déesse a la tête ornée du casque Macédonien ; le revers, un Trépied, avec ces lettres MA, par abréviation de *Massilia*.

N°. 9. La Médaille suivante est une des plus curieuses, en ce qu'elle représente d'un côté la tête de Diane coiffée d'un grand rouleau, le reste des cheveux pendans ; & au revers, un Taureau tranquille, & la tête levée. Ce revers est très-rare ; tous les autres revers des Médailles Marseilloises dans lesquels le même

porias dont il est ici question, ayant sa légende en caractères Romains, ne peut pas être rapportée aux temps de la Domination Marseilloise sur cette Ville elle auroit été pour lors gravée en caractères grecs.

animal se trouve représenté, différent de celui-ci, en ce que le Taureau est constamment avec la tête baissée, les jambes de devant pliées, & dans la situation de donner de ses cornes, ou de menacer : on lit au haut les lettres MASS. par abréviation de *Massilia*. Cette Médaille a été trouvée à Fréjus, que quelques-uns ont cru être une Colonie de Marseille. (60)

N°. 10. Médaille en argent, rapportée par M. Pelerin, dans son Recueil des Médailles des Villes, tome premier, page 25. Cet habile connoisseur, dont les lumières dans la science de l'antiquité sont généralement reconnues, conserve ce monument dans son cabinet. Il est bien digne d'y occuper une place distinguée par sa rareté ; c'est la seule Médaille en ce genre qui soit connue de nos Antiquaires : voici l'explication que M. Pelerin en donne. » La Médaille d'ar» gent sur laquelle on voit d'un côté une rose comme » sur les Médailles de l'Isle de Rhodes, avec les let» tres MA dans le champ, & de l'autre côté la tête » du soleil en face, avec une petite Aigle en relief sur » la joue droite, mérite d'être observée : elle est d'une » fabrique un peu plus grossière, & différente de celle » des Médailles qui ont été frappées à Rhodes : les let-

---

(60) Girardin, Hist. de la Ville & de l'Église de Fréjus, tom. 1. pag. 3. L'Abbé Girardin se fonde sur un passage de Strabon, qu'il interprète à l'avantage de son système : *Quâ autem hinc ad Varrum usque Fluvium & Ligures ibi degentes porrigitur ora ea urbes Massiliensium habet, Taurentium, Olbiam, Antipolim, Niceam, & Navale Augusti Cæsaris quod appellatur Forum Julium.* (Strabo. Geog. Gall. lib. 4. traduction de Casaubon.) Ce passage de Strabon ne me paroît pas décider la question, & Fréjus peut bien être regardé à la fin de cette énumération, plutôt comme les limites du Domaine de Marseille, que comme faisant partie de ce Domaine.

» tres MA semblent désigner que ce sont les Marseil-
» lois qui l'ont faite frapper ; & comme d'ailleurs elle
» a été trouvée en Provence, il y a lieu de penser
» qu'elle est de la Ville appellée *Rhoda* par les uns,
» & *Rhodanusia* par les autres, qui avoit été bâtie
» par les Rhodiens à l'embouchure du Rhône, & qui
» fut ensuite occupée par les Marseillois. Pendant que
» ceux-ci la possédoient, ils ont laissé subsister sur les
» Monnoies de cette Ville, la tête du soleil, & la rose
» qui en marquoit l'origine ; & pour faire connoître
» qu'ils en étoient possesseurs, ils auront substitué les
» lettres MA aux lettres PO, qui se trouvent commu-
» nément sur les Médailles de Rhodes. Ils ont aussi
» ajouté à la tête du soleil, l'Aigle qui étoit un des
» symboles particuliers qu'ils avoient adopté, comme
» on le voit dans les Médailles de Marseille ».

Cette explication, toute ingénieuse qu'elle est, ne satisfait pas entièrement mes doutes, quoique j'avoue que la Médaille est incontestablement de Marseille, & qu'elle peut être attribuée à *Rhodanusia*, Colonie de cette République ; mais j'observerai que ceux qui ont attribué la fondation de *Rhodanusia* aux Rhodiens, se sont tous fondés sur le passage de Pline (61) : *Atque ubi Rhoda Rhodiorum fuit, unde dictus multò Galliarum fertilissimus Rhodanus amnis.* Pline a vécu sous les Empereurs Tite & Vespasien ; de son temps *Rhodanusia* n'existoit plus ; aussi, dit-il, *ubi fuit Rhoda.* On connoît le goût de ce Naturaliste, pour tout ce qui tient du merveilleux, & sa complaisance à rap-

---

(61) Chap. 4. liv. 3. de l'Histoire Naturelle.

porter dans son ouvrage tous les oui-dire qu'il ramassoit : probablement le *Rhoda Rhodiorum* est de ce genre; car Pomponius Mela qui vivoit dans le premier siècle de l'Eglise, sous l'Empire de Claude, & Strabon qui florissoit sous Auguste, & mourut sous Tibere, ne disent rien de *Rhodanusia* dans leurs ouvrages, où ils nous ont donné l'exacte description de la Gaule Narbonnoise (62). D'ailleurs, selon l'opinion généralement reçue, le premier établissement des Grecs dans les Gaules, fut celui des Phocéens, lors de la fondation de Marseille; cette opinion est appuyée sur le témoignage de tous les Auteurs anciens : il faudroit donc placer l'établissement des Rhodiens à l'embouchure du Rhône, postérieurement à cette époque; mais pour lors, comment allier ce système avec l'extrême jalousie que les peuples qui habitoient ces contrées portoient aux Phocéens établis à Marseille ? D'où vient que dans le temps qu'ils inquiétoient ces derniers, ils auroient laissé les Rhodiens paisibles possesseurs de l'embouchure du seul Fleuve navigable qu'ils eussent pour communiquer à la Méditerranée, ce qui auroit été si désavantageux pour eux ? Pourquoi ceux ci n'auroient-ils jamais figuré dans les divisions entre les Marseillois & les Gaulois ? Le passage de Pline : *Atque ubi Rhoda Rhodiorum fuit*, n'a pas été adopté par M. de Valois dans sa notice des Gaules (63). Ce judicieux Auteur prétend que l'étimologie de *Rho-*

---

(62) Pomponius Mela *de situ orbis*, lib. 2. cap. 5. Strabo Geograph. Gall. lib. 4.

(64) Adrianus Valesius notitia Gall. in voce *Rhodanus*.

danus vient du grec » *Rodanos* [Rapide] ; nom qui a
» été imposé à ce Fleuve par les Marseillois, à cause
» de sa rapidité. » M. Astruc, dans ses Mémoires pour
l'Histoire Naturelle du Languedoc (65), pose une
opinion plus vraisemblable sur l'étymologie du mot
Rhodanus : » n'est-il pas plus naturel, dit cet Auteur,
» de dériver ce nom de *Rhodanus*, qui a servi de
» tout temps à désigner un Fleuve très-rapide du vieux
» mot celtique *Rhedeg*, qui est encore en usage parmi
» les Gallois, & qui signifie *Couler avec rapidité* » (66).
Il faut avouer que cette étymologie d'un Fleuve des
Gaules, est plus naturelle que celle de Pline ; qu'elle
porte avec elle un caractère de vérité, qui doit éclipser
le passage du Naturaliste, qui donne au Fleuve le nom
de *Rhodanus*, de l'établissement des *Rhodiens* sur son
embouchure. Rapportons donc l'établissement de *Rhodanusia*, aux Grecs Phocéens établis à Marseille, qui
trouverent le Fleuve déjà nommé *Rhedeg* par les anciens Habitans ; ils le nommerent *Rodanos*, pour
l'accommoder à leur langue : les Latins, à leur imitation, le nommerent après *Rhodanus* ; & convenons
que le Fleuve donna le nom à la Ville de *Rhodanusia*, & non la Ville au Fleuve. Au reste, combien de Villes dont les contrées des environs portoient
anciennement le nom des Villes principales, ainsi
que ceux qui faisoient leurs demeures dans leurs enceintes : *Oxubia Oxubiorum*, *Taurinum Taurinorum*,

(65) Mémoires pour l'Histoire de la Province de Languedoc, chap. IV.
partie II.
(66) Davies Dictionarium cambro Britannicum.

MARSEILLOIS.

&c. Pourquoi chercher d'autre explication dans le passage de Pline, *Rhoda Rhodiorum* ? *Rhoda* dont les peuples de la contrée font appellés *Rhodiens*.

On fait que dans l'antiquité, les Villes les plus considérables ne renfermoient pas tous leurs Citoyens dans leurs enceintes ; que les Habitans des *Pagi* ou Villages circonvoifins étoient compris dans le rang des premiers, & jouiffoient, ainfi qu'eux, de tous les droits de citadinage : voilà pourquoi on difoit *Oxubia Oxubiorum*, &c.

Je crois avoir affez difcuté ce fait ; je finis, crainte de devenir faftidieux à mes Lecteurs : je me contenterai feulement d'obferver que la Médaille Marfeilloife qui a donné lieu à cette difgreffion, porte des caractères certains de fon origine dans la tête d'Apollon [qu'on voit fur d'autres Médailles de notre Ville] ; ainfi que dans l'Aigle, comme l'a fort bien obfervé M. Pelerin. Quant au revers, il repréfente à la vérité une fleur ; mais elle n'a aucun caractère qui puiffe défigner une rofe, de quelque efpèce qu'on la fuppofe.

N°. 11. Médaille en argent, avec la tête de Diane fans Diadême, mais feulement couronnée de laurier ; le col décoré d'un colier de perles. Cette Médaille eft remarquable, en ce que l'Effigie de la Déeffe porte pour boucle d'oreille une Fleur, en tout reffemblante à celle empreinte fur le revers du n°. précédent.

Le défaut de rapport entre les Rofes & les Fleurs

deſſinées ſur les Médailles Marſeilloiſes, nous permet de rejetter l'opinion qui donne le nom de Roſe à ces Fleurs ; le revers eſt un Lion : on lit au haut l'abréviation MASSA en caractères grecs. Cette Médaille eſt aſſez rare ; elle m'a été communiquée par M. Lemaſſon, Docteur en Médecine, aggrégé au Collége de cette Ville.

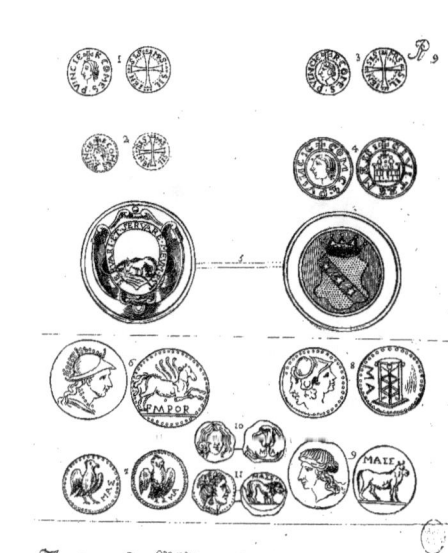

RECUEIL
DES ANTIQUITÉS,
ET
MONUMENS MARSEILLOIS,
Qui peuvent intéresser l'Histoire & les Arts.

SECONDE PARTIE.

Les Bas-reliefs, Statues, Bosses, rondes bosses, demi-Bosses, & Fragmens de décorations en Architecture.

ARMI les Monumens Marseillois parvenus jusqu'à nous, les morceaux de Sculpture sont les plus nombreux ; l'usage auquel la plupart étoient destinés, a été la cause de leur conservation. En effet, employés pour l'ordinaire [& les Bas-reliefs

M

surtout] , à la décoration des Édifices publics & des Sépulchres, ils ont été ensevelis sous les ruines de ces Édifices, ou restés dans les Cimetières, & les lieux destinés à la Sépulture, jusques à ce que nos Citoyens respectant moins ces lieux que leurs Ancêtres, les ayent détruits pour leur commodité, & construit des Édifices particuliers sur leur emplacement dans les divers agrandissemens de Marseille.

Comme la partie des Bas-reliefs & morceaux de Sculpture qui servoient de décoration aux Tombeaux sont les plus nombreux, il est à propos de faire précéder leur description d'une Dissertation sur la sépulture des anciens Marseillois, & les lieux destinés à cet usage : j'y joindrai des observations sur les emplacemens qui contenoient des Édifices publics, dans lesquels on a trouvé des fragmens d'Antiquité; ce qui servira à l'intelligence des objets que j'ai à décrire.

DISSERTATION

Sur la Sépulture des anciens Marseillois, les lieux destinés à cet usage, & les emplacemens qui ont contenu des Édifices publics, dans lesquels on a trouvé des Fragmens d'Antiquité.

LE devoir de la sépulture fut de tous les temps un objet de religion chez tous les peuples policés. Cet objet méritoit chez nos Pères l'attention politique pour éviter que cet effet de la piété envers les Mânes, ne devînt funeste aux Vivans : plus soigneux que nous de conserver la salubrité de l'air, ils n'enseveliffoient point les Cadavres dans le sein de leurs Cités, & prenoient toutes les précautions possibles pour se garantir de ces maladies dangereuses, & souvent épidémiques, auxquelles notre piété mal entendue donne naissance, par le peu de soin que nous prenons, en choisissant pour les sépultures, l'enceinte de nos Villes, & les lieux destinés à nous assembler pour rendre hommage à l'Eternel ; lieux qui ne devroient point être souillés par un usage aussi disparate avec leur première destination.

Les Marseillois ont eu diverses façons de rendre les honneurs de la sépulture, & cette diversité a été probablement amenée par la succession des temps ; mais rien n'indique quand & pourquoi survenoient ces changemens dans la manière d'enfevelir. Il eſt certain, d'après les fouilles faites dans les emplacemens où étoient fitués dans Marfeille les lieux anciennement deſtinés à la fépulture, qu'on a tantôt brûlé les Morts, dont on recueilloit les cendres dans des urnes de marbre, de pierre, de plomb, de brique & de verre, qu'on plaçoit enfuite dans la terre ou dans des caveaux; tantôt on enfeveliſſoit les Cadavres entiers dans la terre, & on avoit foin de mettre deux larges briques de deux ou trois pieds en quarré; on les joignoit enfemble par un rebord fort épais, pratiqué fur une des deux; on les plaçoit en talus fur la tête du Cadavre pour le mettre à couvert; & on mettoit enfuite par-deſſus une troifième brique plus petite, pour éviter que l'eau ne pénétrât par les joints des deux premières briques *. Cette méthode doit avoir été long-temps en ufage dans notre Ville; la quantité d'oſſemens qu'on a trouvés en diverfes fouilles, enfevelis fous ces petits toits de brique, eſt très-confidérable. J'en ai vu plufieurs, & j'ai été étonné de trouver les têtes de ces Cadavres, conſtamment la face tournée vers l'orient; je les aurois pris pour des Cadavres de Chrétiens, fi je n'avois trouvé des lacrimatoires, des pièces de monnoies des temps de la République de Marfeille, & d'autres femblables marques certaines du Paganifme, fous les mêmes toits qui couvroient la tête.

Une troifième méthode d'enfevelir les morts en uſage chez les Marfeillois, étoit de placer leur corps dans des Tombeaux ou Cercueils.

* Voyez la Vignette.

Il y en avoit de marbre, de pierre, de brique, de plomb; ces derniers renfermés dans d'autres Cercueils de maçonnerie ou de brique: les Tombeaux en marbre & en pierre de taille, étoient très-souvent décorés de Bas-reliefs & d'Inscriptions; quelquefois ceux de brique & de pierre avoient par-dessus une grande pièce de la même proportion que le Tombeau auquel elle servoit de couvercle, sur laquelle on gravoit l'Inscription sépulchrale.

Il étoit également en usage d'élever sur le sol qui renfermoit dans son sein le Cadavre, un piédestal en marbre commun, qu'on nomme à Marseille *pierre froide*, sur une des faces duquel on gravoit l'Inscription qui marquoit le nom du Défunt, & celui du parent ou de l'ami qui lui avoit rendu les honneurs de la sépulture. On gravoit, ou l'on sculptoit quelquefois sur les autres faces, un marteau, des vases & des instrumens de Sacrifices. J'expliquerai ces Emblèmes, en rendant compte des monumens qui les renferment. A la place du piédestal, on substituoit souvent au-dessus des petits toits de brique dont j'ai fait mention, une longue pierre, ou une pièce de marbre de la longueur du Cadavre, rarement moindre, qui servoit à placer l'Inscription sépulchrale.

Les Marseillois avoient les mêmes pratiques & les mêmes cérémonies que les autres Nations Payennes employoient à la suite des sépultures: on trouve dans les sépulchres, des pièces de monnoie dans la bouche des Cadavres; cette superstition étoit une suite de la croyance du passage dans la Barque du Nautonier Caron;

on y trouve également des Lampes sépulchrales. Cet usage fut quelque temps conservé par les premiers Chrétiens, qui substituerent aux figures profanes que les Payens employoient à la décoration de ces Lampes, le nom de J. C. avec une Croix, ou le *Labarum* de Constantin. Les Lacrimatoires de verre & de terre sont très-communément trouvés dans les Tombeaux à côté des Cadavres ou des urnes ; ce qui semble contredire Valere Maxime, qui avance que les Marseillois ne pleuroient point leurs Morts (1). Mais ces Lacrimatoires n'étant point trouvés dans des monumens qui portent l'empreinte certaine des temps grecs de notre République, ils doivent être rapportés à ceux de la Domination Romaine. Nos Conquérans introduisirent leurs usages chez nous, & nous firent adopter partie de leurs mœurs : ainsi l'autorité de Valere Maxime qui a décrit les Funérailles des premiers temps, ne souffre aucune atteinte. Le même Auteur nous apprend que les Marseillois tenoient deux Bières au-devant de leurs portes, dont l'une étoit destinée pour les esclaves, & l'autre pour les personnes libres. On chargeoit ces Bières sur un chariot pour transporter les Cadavres jusques à la sépulture : *Duæ etiam ante portas eorum arcæ jacent, altera quâ servorum, altera quâ liberorum corpora ad sepulturæ locum plaustro devehuntur.*

 Les Marseillois étoient en usage d'offrir des Sacrifices, & de faire des libations sur la sépulture ; on trouve en effet des patères & des vases de terre ou *prefericuli*, quelquefois même des simpules de même

___
(1) Valere Maxime, libro II. cap. VI.

matière. On devoit employer les baumes & les liqueurs odoriférantes dans la sépulture des gens riches ; c'est ce qu'il est permis de présumer d'après l'inspection de plusieurs petits pots de verre & de terre qu'on a trouvés dans plusieurs Tombeaux, ainsi que quelques bouteilles, les uns & les autres de ces objets des mêmes formes, ou à peu près, que ceux destinés de nos jours à contenir les onguens & les baumes. La superstition faisoit mettre quelquefois des Amulètes & de petites figures en bronze des Dieux lares ou penates dans les Tombeaux ; on en a effectivement trouvé quelques-unes qui y étoient renfermées.

Ce que je viens d'exposer, est tout ce qu'on peut recupérer d'après les monumens touchant la sépulture des anciens Marseillois. Je vais tâcher de développer quels sont les lieux qui étoient destinés à cet usage.

Les Marseillois ne se sont pas toujours servi des mêmes endroits pour enfévelir leurs Morts ; ce fait est constaté par le nombre considérable de Tombeaux, d'Urnes cinéraires, d'Ossemens & de Lampes trouvés promiscuement dans des endroits très-éloignés les uns des autres. Ils avoient des emplacemens publics destinés à cet usage : il étoit néanmoins permis à des particuliers de consacrer pour leur sépulture, ou celle de leurs parens & alliés, des terrains situés dans les champs dont ils étoient possesseurs. On trouve effectivement quelques Tombeaux épars dans le territoire de Marseille ; ce qui justifie mon opinion à cet égard. Les Romains étoient dans le même usage ; la quantité de monumens ou sépulchres des Familles Romaines, difpersés sur les chemins de la campagne de Rome, dont nos voyageurs vont encore admirer les vestiges, font une preuve existante de cette coutume (2). Quant aux lieux publics destinés dans Marseille à la sépulture, la quantité d'objets funèbres qu'on a extrait de leurs emplacemens, nous les dévoilent assez. Il est impossible de vérifier en quel temps on cessa de se servir des uns pour faire usage des autres ; c'est pourquoi je me contenterai de les citer, sans entrer dans cette discussion.

La Plaine St. Michel, anciennement le champ de Mars (3), a servi de sépulture aux Marseillois. Les Religieux Minimes ont encore un des Tombeaux qui furent enlevés de ces lieux ; ils en avoient autrefois un plus grand nombre, qui ont disparu par le laps des temps.

Les terrains sur lesquels on a ouvert le chemin d'Aix, étoient également destinés à la sépulture : cet *Ossuarium* ou Cimetière, comprenoit toutes les hauteurs sur lesquelles sont situés le moulin, les maisons devant le Séminaire du Sacré-Cœur, les terrains occupés par ce Séminaire, les Infirmeries nouvelles ou Lazaret, & venoient aboutir devant la porte de la Joliette. On a trouvé dans ces lieux, & on y trouve encore des Tombeaux en quantité (4).

L'ancien Cimetière des Accoules, situé dans les

---

(2) Voyez les Gravures que Piranese a données de ces monumens dans son ouvrage intitulé *Roma antiqua*.
(3) Ruffi, Hist. de Marseille.
(4) On en a trouvé tout récemment en 1771, près la maison du Sieur Fauchier.

terrains

terrains vis-à-vis desquels se trouve aujourd'hui le Palais ; les descentes de la rue de la Roquette à la rue de Negrel, lieux qui étoient très-anciennement hors la Ville, ont également été destinés à l'usage des sépultures, avant l'établissement du Christianisme. Il en est de même de l'emplacement sur lequel sont situées les rues du Tubaneau, du Poids de la Farine, de l'Arbre, une partie du grand Cours, jusqu'à la Place Maronne.

La partie des terrains situés au nord de l'Eglise Cathédrale, peuvent être regardés comme ayant été destinés anciennement à la sépulture ; ces emplacemens étoient à portée du Temple de Diane, & il étoit quelquefois permis à des particuliers, de se faire ensevelir par dévotion dans ces lieux. Quoique ces exemples soient rares, il est cependant certain qu'ils ont eu lieu ; & les vestiges d'anciens monumens funèbres trouvés dans ce local, suffisent pour nous en convaincre.

De tous les lieux que nous venons de citer, celui qui paroît avoir été le plus en usage pour la sépulture, c'est celui situé hors la porte d'Aix ; mais les deux plus remarquables des Cimetières ou Ossuaires Marseillois, sont sans contredit celui qui étoit situé à l'embouchure de la rivière d'Huveaune, lequel a existé jusques au commencement du douzième siècle, où l'on voyoit nombre de mausolées & de sépulchres, que l'avarice des Marseillois fit détruire pour en construire des Édifices privés. Cet Ossuaire comprenoit toute la Plaine, depuis la rivière jusques au monticule de Mont-redon, & s'étendoit jusques sur le sommet des montagnes

N

qui bordoient ces vallons (5). Ce Cimetière étoit sans doute celui dont on se servoit du temps de Valere Maxime, puisqu'il étoit nécessaire d'y transporter les Cadavres avec des voitures ; parce qu'il étoit trop éloigné de la Ville : *Corpora ad sepulturæ locum plaustro devehuntur* (6). Les autres Cimetières étoient trop voisins de la Ville pour être sujets à cet inconvénient.

L'Ossuaire Marseillois dont il me reste à parler, est tout aussi remarquable, & d'une étendue également considérable ; il étoit situé au commencement de la Forêt sacrée, il comprenoit depuis l'Arsenal, tous les terrains du quartier Paradis, du Champ major, de la Rive-neuve, toute la lisière de la montagne de la Garde, les hauteurs de la Citadelle Saint Nicolas, & se terminoit aux Infirmeries vieilles. Ce dernier Ossuaire fut long-temps commun aux Chrétiens & aux Payens ; c'est de ses vestiges que l'Eglise de St. Victor fut décorée de cette prodigieuse quantité de Tombeaux enrichis de Sculpture, dont la plupart existent encore. C'est même sur partie des terrains qu'il renfermoit, que cette Abbaye fut bâtie ; la fameuse Grotte auprès de laquelle le corps du Bienheureux Victor, Martyr de Marseille, fut enseveli, étant située dans ce Cimetière, donna lieu aux premiers Chrétiens d'y déposer les précieuses dépouilles de ce saint Citoyen ; lorsque le célèbre Jean Cassien

---

(5) Ruffi, Hist. de Marseille, tom. 2. pag. 313. Guesnay, *Provincia Mass. ac reliqua Phocensis annales*, pag. 80. Le grand Cartulaire de l'Abbaye Saint Victor.

(6) Val. Max. *loco citato*.

vint fonder, en 410, l'Abbaye de St. Victor, il ne lui fut pas difficile d'obtenir une portion du vaste terrain qu'occupoit ce Cimetière. Il choisit de préférence le lieu de la sépulture de Victor & de ses Compagnons Alexandre, Felicien & Longin, qui devoient déjà être en grande vénération parmi les Fidèles de Marseille.

Ce Cimetière continua probablement à servir long-temps pour le même usage : on établit dans son Enclos, une de ces Chapelles destinées par la primitive Eglise, à rendre les Cimetières encore plus respectables, & dont les Prêtres étoient commis à la garde & à la conservation des Sépulchres : elle fut nommée l'Eglise de St. Pierre de Paradis. La dévotion des Fidèles les porta à en élever d'autres dans la même enceinte, par succession de temps ; elles furent connues sous le nom de Ste. Croix & de Notre-Dame de Paradis.

Les Chapelles de St. Pierre de Paradis & de Notre-Dame de Paradis me fournissent l'occasion de former per quelques conjectures assez vraisemblables sur le lieu appellé Paradis, où probablement les premiers Chrétiens de Marseille souffrirent le Martyre.

La Chapelle de S. Pierre de Paradis est ainsi appellée (6), selon Ruffi, parce que dans son Eglise on avoit enseveli des Martys, des Confesseurs & des Vierges. Fulco, Vicomte de Marseille, l'avoit faite rebâtir dans l'année 1000 ; elle avoit déjà ce nom avant cette époque, & la Chapelle de Notre-Dame bâtie en

(6) Ruffi, Hist. de Marseille, pag. 179. tom. 2.

1212 dans le même quartier, prend 212 ans après, le même surnom de Paradis, sans cependant que les corps des Martyrs y reposent, comme dans celle de St. Pierre.

L'Empereur Louis l'Aveugle donna, en 904, au Monastère de St. Victor, tout ce qu'il possédoit dans le quartier de Paradis (7) ; ce qui prouve que 96 ans avant le bienfait de Fulco, le quartier étoit déjà connu sous le nom de Paradis.

Ce quartier, ainsi que je l'ai remarqué, faisoit partie d'un des anciens *Ossuarium* ou Cimetières des Marseillois. Les Tombeaux, tant Chrétiens que Payens qu'on a trouvés en bâtissant l'Arsenal, ceux trouvés pareillement au local qu'occupent aujourd'hui les magasins des Bernardines ; ceux qu'on a découverts en bâtissant en Rive-neuve, & qu'on découvre encore dans tous les emplacemens de ce quartier, qui vont aboutir à St. Victor, justifient ce fait.

Les Tombeaux étoient hors des Villes chez les Grecs, & les Romains adoptèrent d'eux cet usage. Notre Ville, dans les premiers siècles du Christianisme, terminoit son enceinte du côté du Port, aux environs de la Place neuve, les Sépulchres placés dans les terrains de Rive-neuve & du Champ major, n'avoient rien de mal-sain. Nos Pères avoient rapporté de la Grèce, les mêmes coutumes & les mêmes rits de leur Métropole : on nommoit assez communément en Grèce les Cimetières, les Champs Elisées, au lieu de les nommer Sépulchres, ainsi que faisoient les Romains ; il n'y a

_____
(7) Ruffi, Hist. de Marseille, tom. 2. pag. 170.

nul doute que cette dénomination ne fût en usage dans notre Patrie. La Ville d'Arles qui avoit adopté nos cultes, conserve encore un ancien Cimetière qui a retenu le nom d'*Elis camp* (Elisei campi).

Le mot Cimetière est plus moderne, quoiqu'il vienne du Grec; il signifie *Dormitorium*, lieu de repos : il fut adopté dans la suite par les Chrétiens, qui nommoient les Morts *Dormientes*. L'Eglise se sert encore de cette expression, mais avant que de nommer le lieu de la sépulture *Cimetière*, il est naturel de penser que les Chrétiens de Marseille, qui furent les premiers de l'Occident, changerent le nom de Champs Elisées en celui de Paradis. Selon la Théologie Payenne, les Champs Elisées étoient destinés aux gens vertueux après leur mort. Les Chrétiens nommèrent ces lieux le *Paradis*, conformément à leur croyance. La quantité de Fidèles qui souffrirent le Martyre dans Marseille, dès l'établissement du Christianisme, dut contribuer à cette dénomination, & peut être même ce fut là l'unique raison qui fit nommer par les Marseillois les Champs Elisées, le *Paradis*. C'étoit la coutume des Payens & des Hébreux, de faire les exécutions dans les lieux destinés à la sépulture (8). Les Marseillois avoient sans doute le même usage, ils l'ont conservé bien long-temps. On faisoit les exé-

---

(8) Le Calvaire à Jérusalem étoit en même-temps un Cimetière, & le lieu du supplice : *Et cùm pervenisset ad locum qui dicitur Sextertius, quarto ab urbe milliario, se tradidit Carnificibus* (Possidonius in vitâ Sancti Cypriani). Cet endroit nommé *Sextertius* à Rome, étoit destiné à la sépulture : *Hinc Esquilina porta Romæ ducitur ad sextertium, ubi certus erat locus sepultorum ad corpora pauperum aut sceleratorum vilium quæ comburenda, aut canibus projicienda* (Lipsius).

cutions dans le Cimetière des Accoules, dans le temps que notre Patrie avoit dans son sein le Tribunal de l'Inquisition. Les condamnés par les Tribunaux séculiers subissoient également leurs supplices au même lieu (9) ; & ce n'est que depuis l'agrandissement de cette Ville, la bâtisse des Chapelles des Pénitens du St. Esprit & de Notre-Dame de Paix, que le Cimetière des Accoules n'a plus servi à cet usage, & qu'on a établi le Marché pour le lieu du supplice.

Cet usage d'exécuter les malfaiteurs dans les champs destinés à la sépulture, reconnu en vigueur dans Marseille, doit donc nous déterminer à regarder le quartier de Paradis, comme un endroit arrosé du sang des premiers Chrétiens ; la Chapelle de S. Pierre de Paradis, dans laquelle, selon Ruffi, il reposoit une quantité de corps de Martyrs, de Confesseurs & des Vierges, n'étoit qu'une de ces Chapelles que la primitive Eglise avoit coutume de bâtir dans les Cimetières, & dont les Prêtres étoient destinés à la garde & au soin des sépultures (10).

On ramassoit, avec soin, les restes précieux des Martyrs qu'on plaçoit dans ces Eglises ; ce qui explique le passage de Ruffi, & sembleroit même

_____

(9) Ruffi, Hist. de Marseille. Hist. des Evêques de Marseille.
(10) On lit dans la Décretale de St. Innocent, Pape, à Decentius Evêque, l'an 416, que le Pape envoyoit le ferment aux Prêtres des Eglises de la Ville, mais non point à ceux des Cimetières. Il y avoit aussi des Chapelles & des Bâtimens aux Cimetières. *Fleuri, Hist. Ecclés.* Anatolius, Patriarche de Constantinople, en 452, ordonna Prêtre d'un Cimetière, Aetius, Archidiacre. (*Ibidem*) Grégoire III, en 741, ordonna que le Sous-Diacre oblationnaire fourniroit du Palais Patriarchal, le luminaire & les oblations aux Eglises des Cimetières.

indiquer que le nom de rue Sainte qu'on a donné à la rue qui aboutit à St. Victor, vient moins de ce qu'elle conduisoit dans un lieu de sainteté, que de ce qu'elle étoit située sur un terrain qui contenoit dans son sein les dépouilles des premiers Fidèles : *Via Sancta.* C'est ainsi qu'on nomme à Lyon la rue ou le chemin des Martyrs, l'endroit de leurs supplices.

Dans l'ancienne Eglise on nommoit *Paradisus*, les grandes places qui étoient devant les Eglises, à la partie orientale ; nous avons transformé ce nom en celui de Parvis (11) : c'est ce que nous attestent les témoignages des Auteurs. Romanus, dans sa description de la Basilique Ratienne, chap. 49, note 1, s'explique en ces termes : *Dicimus Paradisum nihil aliud esse, nisi locum ante Basilicam*. Browerus nous fournit une autre autorité, chap. 6. liv. 2. des Antiquités de Fulde: *Vernerus, &c. fecit Paradisum in orientali parte Ecclesiæ.*

Le grand Pastoral de Paris, liv. 20, Charte 31 de l'an 1221, contenant la donation d'une moitié de maison : *Dedimus ei, dimidiam domum sitam in Paradiso*. On enséveliffoit les morts dans ces lieux ; la Chronique du mont Cassin, chap. 9, au sujet de l'Empereur Otthon, dit : *Mortuus est & Romæ in Paradiso, id est, in atrio Ecclesiæ B. Petri Apostoli sepultus est, anno Domini 983.* » Et au liv. 3. ch. 26 :
» & en icelle place encore nommée Paradis, Elgatia,
» femme du Duc Robert, a voulu être inhumée. »
(Voyez Ducange dans son Glossaire Latin, au mot

(11) Dictionnaire étimologique au mot *Parvis.*

Paradisus, où il est prouvé qu'on enterroit dans ce lieu).

Ce mot *Paradis*, pour signifier le lieu de la sépulture des Fidèles, peut justifier l'Ordre de St. Benoit d'une incrimination que les Historiens ont fait à ses Religieux d'avoir abusé de la crédulité des peuples, en vendant, à leurs bienfaiteurs, des places dans le Paradis, pendant les siècles d'ignorance. On voit en effet plusieurs Chartes qui attestent ces ventes. Il s'agissoit, sans doute, d'une place pour la sépulture dans le lieu appellé le *Paradis* de leur Monastère, & non dans la gloire céleste.

Je crois avoir assez fait connoître quels étoient dans Marseille les lieux destinés à la sépulture ; les preuves que je puis rapporter en faveur de mon opinion, sont communes à tous ces lieux : elles consistent en des témoignages vivans que nous présentent journellement les Tombeaux, les Épitaphes, & autres monumens funèbres qui ont été trouvés, & qu'on trouve encore de nos jours, en fouillant ces terrains. Indépendamment de cette preuve, il est quelques-uns de ces lieux qui ont un témoignage de plus en leur faveur ; c'est qu'ils sont encore destinés en partie au même usage. Tel est le restant de l'emplacement du Cimetière des Accoules ; d'autres réclament en leur faveur, les anciennes Chartes de l'Abbaye St. Victor : tels sont celui de l'embouchure d'Huveaune, & des quartiers de Paradis ; mais sans m'arrêter davantage sur des faits suffisamment prouvés, je vais désigner quels étoient les emplacemens sur lesquels étoient anciennement situés des Édifices publics, dans lesquels on a trouvé des Fragmens d'Antiquité.

Les

MARSEILLOIS.

Les terrains sur lesquels étoit situé le Temple de Diane, doivent d'abord fixer notre attention. Ils étoient d'une étendue beaucoup plus vaste que la partie de ces mêmes terrains aujourd'hui occupés par la Cathédrale; c'est ce qu'il est naturel d'inférer de la tradition de l'Eglise de Marseille, constamment soutenue jusqu'à nos jours. Cette tradition appuyée par des monumens reparés à dessein, d'âge en âge, nous apprend que le Lazare & sa pieuse Famille, lors de leur arrivée à Marseille, se logerent dans le peristile d'un petit Temple abandonné, situé devant le portique du grand Temple de Diane: *Antè porticum Templi Dianæ* (12). C'est en cet endroit que Marie Magdeleine commença la première prédication de l'Evangile au peuple de Marseille, qui alloit & venoit du grand Temple. Cet Édifice nous est précisément désigné par une Chapelle que la piété de nos Pères érigea en l'honneur de la Magdeleine sur le même emplacement, pour marquer leur gratitude envers cette Sainte, & en perpétuer à jamais la mémoire. Cet Édifice plusieurs fois tombé en ruine, & plusieurs fois réédifié sur le même local, & toujours en l'honneur de la Magdeleine, est une preuve constante de l'intention de nos Pères, pour conserver la mémoire du même événement (13).

(12) *Officium Beati Lazari.* Légende de Jacques de Vorage, dans la vie de la Magdeleine.

(13) Cette Chapelle existoit de temps immémorial, lorsqu'elle fut rebâtie en 1220, & depuis en 1613. En citant la tradition de la prédication de l'Evangile par le Lazare, je ne prétends ni la soutenir, ni la rejetter: qu'elle soit appuyée sur la vérité, ou qu'elle soit due aux siècles d'ignorance, je le laisse

Un morceau de Sculpture en Bas-relief, qui ornoit anciennement cette Chapelle, repréſentoit Ste. Magdeleine environnée d'Auditeurs devant le portique d'un Temple. Ce Bas-relief eſt nommé dans les titres du douzième ſiècle, *Petra imaginis*, & *lapis imaginis*.

D'après ces obſervations, il faut donc conclure que le portique du Temple de Diane ſe terminoit bien près du carrefour des treize coins, où eſt ſituée la Chapelle de la Magdeleine.

Mais ce qui prouve encore plus la vaſte étendue des Édifices relatifs au Temple de Diane, c'eſt la quantité de marbres, de colonnes, de chapiteaux & de fragmens qu'on trouve, ou qu'on a trouvés à des diſtances conſidérables de la Cathédrale.

On ne peut aſſurer ſi le Temple de Minerve occupoit une vaſte étendue de terrain; il étoit ſitué où ſe trouve la rue des Conſuls: cet emplacement, ainſi que ceux qui ſont attenans, ont ſouffert de grands changemens, parce que leur pente vers le Port, étant trop rapide, on tranſporta des terres pour les combler; ce qui rend les fouilles très pénibles. La plupart des maiſons bâties ſur ce local ayant leurs fondemens ſur les terrains tranſportés, il eſt rare, lorſqu'on vient à les réédifier, de trouver les moindres Fragmens d'Antiquité; cependant, dans

---

à diſcuter; mais quelle opinion qu'on veuille adopter, il n'en réſultera pas moins, que, quand même cette tradition auroit été controuvée, elle ſerviroit toujours à nous donner connoiſſance du local où étoit ſitué le Temple de Diane. Cette tradition ſera aſſez ancienne, pour qu'elle eût été arrangée d'après l'inſpection du local, & la certitude des veſtiges du Temple de Diane, lorſqu'on bâtit la Chapelle de la Magdeleine.

MARSEILLOIS.

le dernier siècle, en bâtissant la maison du Médecin Peiruis, on découvrit les vestiges du Temple de Minerve, la Statue de cette Déesse, celle de Jupiter, des marbres, des colonnes ; mais ce Particulier ne pouvant fouiller sur les terrains voisins, crainte de faire écrouler les maisons qui y étoient situées, se contenta de faire des recherches sur sa propriété.

Une partie de la Place de Lenche, l'emplacement actuel de l'Abbaye St. Sauveur, sur lesquels étoient situés le Temple d'Apollon, les prisons publiques, le Prétoire, & par succession de temps un Arsenal, ont procuré la découverte de quelques monumens, & nous fourniroient peut-être encore d'autres morceaux précieux, si on fouilloit avec soin, sur-tout la partie de la Place de Lenche, la plus prochaine de l'Abbaye, qui est toute sur d'anciens décombres jettés pour adoucir la pente.

Sans prétendre désigner quels étoient les Edifices publics renfermés dans les plus anciens quartiers de Marseille, tels que St. Jean & Cavaillon ; ce qu'il seroit impossible de pénétrer, ni même de conjecturer (14), il est à présumer cependant que la Ville vieille devoit en renfermer plusieurs : c'étoit anciennement la partie la plus habitée & la plus vivante de Marseille ; nos Vicomtes y avoient eu un Palais ; mais les monumens qui y ont été trouvés, se réduisent à un petit nombre, & ne sont, pour la plupart, que des objets destinés à

---

(14) Marseille est divisée en quatre quartiers ; les plus anciens sont S. Jean & Cavaillon ; Blanquerie & Corps-de-Ville sont en partie situés sur des agrandissemens successifs.

l'ufage des Particuliers, tels que les petites Idoles ou Dieux Pénates, les uftenfiles, & très-fouvent des monnoies.

Telles font les obfervations que j'ai cru devoir faire avant d'expofer aux yeux du Lecteur les morceaux de Sculpture trouvés dans Marfeille. Ces légers indices m'ont paru néceffaires à leur explication.

PLANCHE X.

N°. 1. FRagment de Bas-relief en marbre blanc, repréfentant un facrifice aux Dieux lares: on y voit le Bufte de la Divinité protectrice de la Famille, placé fur un pieu. Les flammes devant lefquelles font placées trois figures, devoient être fur un Autel ou fur les Foyers domeftiques, lorfque le Bas-relief étoit en entier. Les airs de tête qui font à peu près les mêmes & les traits de reffemblance empreints fur ces figures, font voir que les perfonnes qui avoient offert le facrifice, ou fait quelque libation qui avoit donné lieu à ce Bas-relief, étoient trois Frères. Leur fituation femble être celle de trois perfonnes qui fe font une promeffe folemnelle & refpective dont ils prennent à témoin leur Divinité tutélaire.

Les habillemens de ces figures font Gaulois, ou du moins tels que le décrit Dom Bernard de Montfaucon (15), la Tunique à longue manche, & la Chlamyde ou Manteau par-dessus, agraffé sur l'épaule, une ceinture aux reins, les cheveux longs & le bonnet phrigien sur la tête. Ce Bas-relief fut trouvé aux environs de la Cathédrale, & a été long-temps placé sur le mur d'une maison de la rue de la Foire qui appartenoit à la Famille de Gasnay ; il en a été enlevé depuis long-temps : j'en ai récupéré le Dessein dans les porte-feuilles d'un Artiste (16) de cette Ville, qui s'étoit plû à former une collection de tout ce qu'il avoit trouvé de bon goût.

L'opinion de M. de Peyresc sur ce Bas-relief, est consignée dans un manuscrit de ce savant Provençal ; qui se trouve dans le cabinet du Roi sous le n°. 9932. Selon M. de Peyresc, ce monument représente les trois Anges envoyés pour annoncer l'embrasement de Sodome & de Gomorre. Le P. Montfaucon (17), qui connoissoit le manuscrit de Peyresc, semble adopter cette opinion ; il ne m'appartient pas de critiquer de pareils maîtres : je me bornerai seulement à observer que la figure du Dieu Lare qui est en Buste, est cause de l'erreur de ces deux Antiquaires, qui l'ont prise pour la femme de Loth, changée en Statue de sel. Les Anges, en annonçant l'incendie des Villes coupables, n'annoncerent pas le malheur qu'essuyeroit la curieuse femme de Loth ; le Bas-relief ne seroit tout au plus que les Anges, considérant les Villes

_____
(15) Antiquité expliquée, tom. 1.
(16) Le Sr. Nicolas, Peintre. Cet Artiste, amateur des Antiquités, avoit dessiné avec les soins les plus exacts, tout ce qui concernoit sa Patrie.
(17) Montfaucon, Antiq. expliquée, tome 3 du supplément, pag. 50.

après l'événement. D'ailleurs, la Statue d'une femme seroit-elle avec la barbe ? On reconnoît le Buste d'une des Divinités terminales qu'on plaçoit sur des gaines; les mammelles sont à la vérité bien marquées dans Montfaucon ; mais je puis assurer qu'à juger de l'exactitude du Sr. Nicolas en dessinant ce monument, par celle que j'ai constamment remarqué dans ceux qui existent encore, & qui avoient été dessinés par cet Artiste, il n'y a nul doute que celui en question ne marquoit pas ces prétendues mammelles avec autant de force (18). Une autre preuve que Montfaucon rapporte d'après Peyresc, en faveur de leur opinion commune, c'est un autre Bas-relief gravé dans la même Planche. Montfaucon ignore d'où Peyresc l'avoit tiré; il présume que c'est d'Arles. Dans ce second Bas-relief, trois jeunes gens coiffés de même que ceux de notre monument, sont sur un mur ; la figure d'une Statue à peu près semblable à la nôtre, est sur le fonds: ils sont entourés de flammes, & cette flamme sort également par trois ouvertures en forme de voûte au bas du mur. C'est encore, selon Peyresc, le même trait historique de la Bible : on pourroit dire également, les trois Enfans dans la Fournaise, & avec plus de vrai-

---

(18) M. de St. Vincent, dans le cabinet duquel se trouve ce monument, m'a assuré que les mammelles étoient très-fortement exprimées dans le Bas-relief: mais malgré cette expression, comment concilier la métamorphose de la femme de Loth en statue de sel, avec le Buste en question posé sur une gaine. La situation des prétendus Anges, & l'ensemble du Bas-relief se refusent à cette idée. Le P. Montfaucon voyoit sans doute avec de bons yeux: il s'étoit familiarisé avec tous les genres d'Antiquités ; mais dans le cours d'un ouvrage aussi long & aussi détaillé que celui dont il a enrichi la République des Lettres, est-il surprenant de déférer par fois à l'avis des autres, sans trop examiner, sur-tout lorsque les talens de l'observateur semblent mériter cette confiance.

Aux depens de Mr Maitre d'Aigalades Tres.Gl. de France

semblance ; mais ce second Bas-relief ne représente que des personnes dans la Salle des bains appellée (19) *Laconicum*. Les prétendues embrasures ne sont que les ouvertures des fourneaux. La description que Pline le jeune fait de sa maison de *Laurentum*, sert à confirmer ce sentiment ; en décrivant les bains, il dit, " auprès de là, est une étuve pour se parfumer, & " ensuite le fourneau nécessaire au service du bain. "

N°. 2. Autel antique, qui a servi long-temps de Fonts Baptismaux à l'Eglise Paroissiale de St. Laurent ; il n'en reste plus aujourd'hui de vestiges. Cet Autel paroît avoir été destiné au culte de Cybèle. Le Sphinx & le Lion qui soutiennent cet Autel, étoient des Emblèmes propres à cette Déesse ; le Lion marquant la force, on représentoit Cybèle dans un char attelé par deux de ces terribles animaux ; & le Sphinx désignant la surabondance (20), étoit propre à représenter la fertilité de la terre. Rien ne nous assure que Cybèle eût des Temples dans l'enceinte de la Ville de Marseille ; mais elle en avoit dans un endroit de son ancien territoire, dans le lieu appellé les Pennes, qui étoit autrefois entièrement couvert de Pins. Ces arbres étoient particulièrement consacrés à cette Déesse. Le Bas-relief trouvé dans ces quartiers, aujourd'hui placé sur la porte de la Paroisse des Pennes, l'atteste d'une façon non équivoque. Ce marbre étoit un vœu, dont Navius Januarius s'acquittoit envers la Déesse ; & les mystères

---

(19) Le *Laconicum* étoit la Salle à suer. Quoi de plus naturel, que de placer en ce lieu un Dieu Thermes !

(20) Pluche., Hist. du Ciel, tom. 1, pag. 49 & 50.

de son culte qu'on célébroit aux Parnes (21), ainsi qu'on peut le remarquer par l'Inscription qui y est gravée, portant ces mots :

MATRIS DEVM
MAGNAE IDEÆ PALATINÆ EIVSQ. M.
RELIGIONIS AD PARNOR
NAVIVS IANVARIVS.

ce qui prouve que le culte de Cybèle étoit adopté par les Marseillois, & sert à confirmer que l'Autel dont il est ici question, devoit être consacré à cette Divinité qui avoit le surnom de Palatine, de grande Déesse, &c.

PLANCHE XI.

LA Statue représentée dans cette Planche, se trouve placée sur la Façade d'une maison située à la rue des grands Carmes : la tradition constamment soutenue d'âge en âge, nous apprend que cette maison étoit la demeure de Titus Annius Milon, & la Statue, celle de ce fameux Romain.

Milon ayant suscité dans Rome des factions dangereuses, en briguant le Consulat, le Sénat, par ces

---

(21) Parnes, montagnes de l'Attique, au-dessus d'Eleusis & d'Acharnœ.

considérations

considérations, se détermina à nommer Pompée seul Consul, avec pouvoir d'élire lui-même un Collegue. Durant ces brigues, Milon tua Clodius, tribun du peuple, 52 ans avant J. C.; il fut accusé & condamné à venir en exil dans Marseille, malgré l'excellent plaidoyer que Ciceron prononça pour sa défense. C'est au sujet de ce plaidoyer, que Milon s'écria, après l'avoir lu : *O Cicero, si sic egisses, barbatos pisces Milo non ederet !* pour marquer par là le doute qu'il avoit que Ciceron eût prononcé ce discours, tel qu'il le lui avoit envoyé.

La tradition de Marseille, qui attribue à Milon la Statue représentée dans cette Planche, a souffert des contradictions vers le milieu du dernier siècle, auquel temps, selon ce que rapporte Ruffi [22], il s'éleva une dispute littéraire parmi les Savans de cette Ville, dont les uns prétendoient que la maison & la Statue étoient celles du Bienheureux Victor, Soldat & Martyr de Marseille, & les autres persistoient à l'attribuer à Milon. Il y a apparence que cette dispute se passa en paroles; car quelques recherches que j'aye faites dans les Bibliothèques de Marseille & de la Province les plus fournies de livres relatifs à l'Histoire du pays, je n'ai rien trouvé d'écrit à ce sujet, & nous n'avons que le monument lui-même pour décider laquelle des deux opinions est la plus probable, & doit être adoptée. Je vais tâcher d'éclaircir ce point par quelques réflexions qui me paroissent naturellement se présenter, pour justifier la tradition, qui attribue cette Statue au Citoyen

(22) Histoire de Marseille.

Romain, que le meurtre de Clodius fit exiler à Marseille.

La Statue est représentée à nud ; c'étoit une coutume adoptée par les Payens, plutôt que par les Chrétiens, qui n'usoient de cette méthode que dans les Bas-reliefs représentant l'Histoire du Martyre des Saints, dans lesquels il étoit quelquefois nécessaire de représenter au vrai les souffrances qu'ils avoient endurées. Dans les premiers siècles de l'Eglise [temps auquel la piété des Fidèles auroit élevé ce monument à la mémoire du saint Citoyen], on mettoit constamment l'auréole ou cercle lumineux sur la tête des Statues des Bienheureux. Cette marque glorieuse ne se trouve point sur la tête de la Statue en question ; la console qui la soutient, est décorée de feuilles d'achante, & d'une tête de Louve, qui ne se ressentent point de l'impéritie des ouvriers des premiers siècles de l'Eglise. D'ailleurs la tête de la Louve est un Emblème particulier aux Citoyens Romains [23], & convient conséquemment à Milon ; & nullement à St. Victor qui étoit Marseillois. On peut objecter peut-être que la Statue étant sous un Baldaquin, se trouve pour lors dans une Niche, & que c'est la coutume des Chrétiens de placer ainsi les Effigies de ceux qui ont mérité le Ciel, en récompense de leurs vertus ; mais les mêmes costumes étoient en usage chez les Romains : ils plaçoient les Effigies & Statues de

---

(23) La Ville de Rome adopta cet Emblème par allusion à la Louve qui allaita les deux Jumeaux, Remus & Romulus, Fondateurs de cette Capitale : on voit des Médailles Romaines, avec cette Fable gravée au revers.

leurs Ancêtres dans des Niches pratiquées aux vestibules de leurs maisons ; nous ne sommes qu'imitateurs, & non inventeurs dans cette façon de placer les Statues.

Le Baldaquin en arabesque, peut fournir une autre objection ; bien de personnes se persuadent que ce genre d'ornement vient des temps gothiques ; je renvoie ceux qui pourroient suivre cette opinion, aux monumens renfermés dans les ouvrages de Montfaucon, de Caylus, & dans le Recueil des Antiquités d'Herculaneum, publié par ordre de Sa Majesté Sicilienne, ainsi qu'aux Œuvres gravées de Piranèse, pour la partie de Rome antique ; ils verront que l'invention des Filigranes & des Arabesques, n'est pas plus due aux Goths qu'à nous, puisque ce n'est qu'une imitation des Anciens, que les Goths arrangerent à la vérité avec moins de goût.

Victor, selon les actes de son Martyre, & la tradition contredite mal-à-propos par l'Historien [24] des Evêques de Marseille, étoit Soldat : on ne voit

[24] L'Historien des Évêques de Marseille a singulièrement vu un Evêque dans Victor ; il se fonde sur ce que dans les actes du Martyre, le St. interpellé de sacrifier aux Idoles, répond au Magistrat : « je sacrifie tous les jours pour le » salut de l'Empereur & de la République, *quotidie macto.* » Il est surprenant qu'un Prêtre qui s'est servi du nom d'un Evêque respectable, pour faire paroître cette Histoire, n'ait pas donné l'interprétation naturelle à ces paroles : j'offre, comme Chrétien, tous les jours le Sacrifice de l'Hostie sans tache, & je la prie de convertir & de conserver le Souverain & l'Etat. Le Prêtre n'a-t-il pas toujours offert le Sacrifice, pour & au nom de tous les Assistans ? *Pro quibus tibi offerimus, vel qui tibi offerunt hoc Sacrificium.* Victor, sans être Evêque, ni même dans l'Ordre de la Prêtrise, pouvoit dire en ce sens, *quotidie macto.* D'ailleurs, le motif pour lequel il fut arrêté, venoit, selon les actes de son Martyre, de ce qu'il avoit refusé de persécuter les Chrétiens, emploi des Militaires dans ces temps.

aucune marque de l'état militaire dans cette Statue. La maifon fur la façade de laquelle eft placé ce monument, n'eft qu'un refte d'une plus vafte maifon; ce qui annonce encore mieux la demeure d'un riche Citoyen Romain, plutôt que celle d'un militaire fans rang dans les Troupes. *Miles*, difent les actes du Martyre de St. Victor, & non *Tribunus infignifer*, & autres qualifications des emplois fupérieurs & inférieurs de l'état militaire, que nous retrouvons tracées fur diverfes épitaphes des temps où vivoit Victor [25]. Pour être convaincu que la maifon fur laquelle eft placé le monument en queftion, n'eft qu'un veftige d'un plus grand Édifice; il n'y a qu'à l'obferver avec la plus légère attention. La porte d'entrée, & celle de la boutique actuellement ouverte, font comprifes fous un feul arceau antique, qu'on découvre encore tenant toute la largeur de la façade telle qu'elle eft de nos jours. Malgré qu'on ait fubftitué aux Fenêtres anciennes d'autres plus modernes, elles n'ont point été mifes aux mêmes places, & les premières fubfiftent encore, quoique bouchées; elles font exactement du coftume en ufage dans les Edifices Romains, tel qu'on le voit dans quelques ruines à Nîmes, & tel que je l'ai vu en dernier lieu à Aix fur un Edifice bâti par les Romains, à côté d'une des tours du Palais. On a détruit cet Edifice en 1771, pour agrandir les prifons; les fenêtres qui y étoient marquées, étoient de la même ftructure que celles de la maifon de Marfeille, attribuée à Milon.

[25] Les Infcriptions de Vienne en Dauphiné, font remplies de ces titres.

La Statue & les ornemens qui l'accompagnent, ne se trouvent point placés au milieu de l'Edifice ; ce qui prouve qu'il devoit avoir originairement une plus vaste étendue : d'ailleurs la fenêtre ancienne qui est marquée au côté gauche de la Statue, termine la largeur de la façade actuelle ; ce qu'il n'est pas naturel de présumer avoir été fait ainsi dès le principe. Le mur de séparation de cette maison avec la maison voisine, pour peu d'épaisseur qu'il eût eu, auroit empêché d'ouvrir le volet de cette fenêtre, & l'on sait de quelle épaisseur étoient tous les murs chez les Anciens.

D'après toutes ces observations, on peut aisément juger que la Statue dont il est ici question, doit plutôt être attribuée à Milon qu'à St. Victor, rien n'étant en faveur de cette dernière opinion. La Console sur laquelle est posée cette Statue, est de la dernière conservation ; la Statue me paroît avoir été plusieurs fois restaurée : le Baldaquin a été en partie enlevé. J'en ai recupéré un dessein plus exact, pris par un Artiste de cette Ville qui vivoit dans le dernier siècle ; c'est celui que j'ai fait graver.

Pendant le séjour que Milon fit à Marseille, il sut s'y faire des amis ; si nous en croyons l'Historien Ruffi : ces amis firent dresser, après sa mort, un Cénotaphe en sa mémoire. Le savant Scaligèr étant venu à Marseille en 1583, assure avoir vu le Tombeau de Milon dans la maison de M. de Saumaty : c'étoit probablement ce Cénotaphe [26] ; car Milon ne mourut

---

[26] Ce Cénotaphe existoit encore en 1696, au rapport de Ruffi, Hist. de Marseille, tom. 2. pag. 313.

point à Marseille, & rien ne nous donne à croire que son corps eût été transporté de la Calabre, où il fut tué pendant les guerres de César & de Pompée. Quelques informations que j'aye pris des Héritiers de la maison de Saumaty, je n'ai pu récupérer aucun vestige de ce Cénotaphe, ni savoir l'endroit où il étoit situé. Il paroîtra sans doute bien étonnant qu'un *Citoyen Romain*, proscrit par ordre du Sénat, ait obtenu les honneurs d'une Statue dans le lieu de son exil, & sur-tout dans une Ville que les Romains tenoient alors sous leur dépendance. Je conviens que c'est un des plus forts argumens qu'on puisse opposer à la tradition Marseilloise; mais cette tradition ne nous apprenant point que la Ville de Marseille lui eût decerné cet honneur, on peut le regarder plutôt comme un monument de l'amitié de quelque particulier, ou de la vanité de Milon lui-même, que comme un monument public; & je ne vois pas que le Sénat Romain se fût gendarmé de ce que Milon ou ses amis eussent fait placer cette Statue, qui pouvoit être regardée comme un simple portrait de famille.

Voilà tout ce que je trouve en faveur de la tradition que je ne prétends pas garantir de tout doute; de pareils monumens dont l'Histoire n'a d'autres fondemens, laissent toujours à désirer que la lumière se fasse.

Aux depens de M.r Réaudeau Receveur G.l
des fermes du Roy a M.rs de L.ac. de P. et Sculp. de la d.te ville

PLANCHE XII.

LES deux premiers Fragmens de Bas-reliefs contenus sur cette Planche, ont été trouvés dans les terrains de l'ancien Cimetière, auprès de l'Abbaye St. Victor; ils sont actuellement incrustés dans les murs de cette Abbaye, sur la place au-devant de l'Eglise supérieure.

Le premier de ces morceaux est en marbre ; il représente une femme assise, ayant le voile relevé sur la tête, & vêtue d'une longue Tunique à manches courtes, suivant le costume grec, le bras orné d'un bracelet. En dessous de la chaise sur laquelle elle est assise, on apperçoit un petit génie aîlé, dans l'attitude d'un enfant à genoux. Derrière le siège est une autre figure de femme debout, le coude appuyé sur le dossier du siège, comme une personne qui est dans le chagrin, la tête penchée sur sa main. Les habillemens de cette seconde figure, sont également une Tunique à manches courtes, la coiffure négligée. La place que cette figure occupe dans le Bas-relief, présente naturellement l'idée d'une esclave, ou d'une suivante. Un génie aîlé, d'une taille plus grande que le premier, est au-devant de la principale figure ; ce génie est dans l'attitude de quelqu'un qui regarde avec amitié.

Ce Fragment de Bas-relief, qui, malgré sa mutilation, conserve encore de belles parties, doit être rapporté, si je ne me trompe, aux beaux siècles des Arts dans notre République. Il devoit probablement faire l'ornement du Tombeau d'une Mère de famille, qui, en mourant, avoit chargé quelque Domestique de confiance, du soin de ses enfans, & leur avoit particulièrement recommandé de suivre ses conseils. En effet, la principale figure montre de la main ce Domestique au plus grand des génies, & ce dernier paroît dans la douleur : c'est le moment de la dernière instruction maternelle, que l'Artiste avoit voulu représenter.

N°. 2. Fragment de Bas-relief en marbre. Ce morceau est extrêmement mutilé ; on peut tout au plus conjecturer qu'il représentoit une chasse de bêtes féroces; on y distingue la tête d'un cheval, partie de la figure d'un Cavalier, la hure d'un Sanglier, & les vestiges d'une figure d'enfant, dans l'attitude de quelqu'un qui vient de tomber, ou qui tâche de se relever. Ce monument rassemble quelques parties de bon goût ; c'étoit peut-être un *Ex-voto*, en reconnoissance de ce qu'un enfant avoit été préservé (27), par l'assistance d'un Cavalier, du danger auquel l'avoit exposé la rencontre d'un Sanglier.

N°. 3. Le Bas-relief suivant fut trouvé en cette Ville, & de là transporté à la maison de campagne d'un Particulier qui en décora le dessus de la porte d'en-

---

(27) Les *Ex-voto* étoient autant en usage parmi les Payens que parmi nous. Ils s'acquittoient de cet acte de religion de diverses manières, par des Inscriptions, des Bas-reliefs placés sur les murs, dans le portique & dans l'intérieur des Temples, par des Piédestaux, avec Inscription, des Statues, au bas desquelles étoit gravée la Dédicace de l'*Ex-voto*, qui terminoit souvent par les lettres V. S. *Votum solvit.*

trée,

Aux depens de Mr. Le Marquis de Glandeves Niozelles

trée, selon le manuscrit du sieur Nicolas, qui avoit recueilli les desseins de quelques-uns de nos monumens. On y voit une femme & un homme qui se donnent mutuellement la main droite ; la femme est assise sur une espèce de Tabouret : la figure d'un petit enfant, montrant de la main les deux autres figures, facilitent naturellement l'explication du Bas-relief, qui doit représenter la fidélité nuptiale que se jurent deux Epoux ; ce qui a donné lieu à la naissance d'un enfant. Ce Bas-relief devoit être un vœu fait à cette occasion. Toutes les figures de ce Bas-relief n'ont d'autres vêtemens qu'une draperie : le costume & les airs de tête paroissent grecs. Je n'ignore pas que ces peuples représentoient les derniers adieux entre le mari & la femme, sur le Tombeau de celui d'entr'eux qui décédoit le premier, dans la même situation que les figures sculptées dans notre Bas-relief ; la personne assise sur un lit, étoit toujours le Défunt, & la personne debout, celle qui avoit survécu ; mais le Bas-relief que je rapporte n'ayant aucune Inscription sépulchrale, m'a fait soupçonner que ce devoit être un *Ex-voto*. Le Dessein en est assez correct, mais le bras du petit enfant le dépare par sa défectuosité.

PLANCHE XIII.

LE Fragment de Bas-relief en marbre blanc, représenté sous le n°. 1 de cette Planche, a été trouvé dans Marseille, & a long-temps resté incrusté sur la Forteresse de Notre-Dame de la Garde, au bout du mur qui est au commencement de l'escalier. Ce morceau me paroît être un Fragment d'un Autel ; la bizarrerie de sa construction, ne donne qu'une idée confuse de l'usage auquel il devoit être destiné : un édifice & des caractères singuliers laissent à désirer leur interprétation. J'ai montré ces caractères à des personnes versées dans la connoissance des langues anciennes, je n'ai obtenu aucun éclaircissement ; je soupçonnerois volontiers qu'ils sont Phéniciens ; par le rapport que j'ai observé entr'eux, & des caractères empreints sur diverses Médailles Phéniciennes qui m'ont été communiquées. Cette opinion me paroît d'autant plus probable, que l'ancienne Marseille, par le moyen de son Commerce maritime, avoit de grandes liaisons avec la Phénicie, & sur-tout avec les Habitans de Tyr & de Sydon. Seroit-il surprenant que quelque particulier de cette Nation eût fait sculpter dans le costume de son Pays, le monument que je décris, à l'occasion d'un vœu à une des Divinités, à qui les Marseillois avoient dédié des Temples (28)? Si nous avions l'explication des caractères, peut-être nôtre conjecture se vérifieroit-elle? J'obferverai que ce Fragment, que j'avois examiné attentivement, n'étoit pas fans mérite, par la dextérité avec laquelle le cifeau avoit été conduit dans les différens contours. Il fert actuellement de Bénitier au bout de la montée du Pont-levis; mais il eft totalement dégradé.

N°. 2. Le Bas-relief en marbre blanc, défigné fous ce chiffre, eft conforme à celui rapporté fous le n°. 3 de la Planche précédente; il n'en diffère prefque pas, fi ce n'eft par le Chien. Ce fymbole étoit particulièrement employé pour les morts (29); ce qui donne encore des préfomptions pour croire ce fecond Bas-relief un ornement d'un tombeau; mais le défaut d'Infcription, & le lieu où il a été trouvé, favorifent encore plus ma conjecture, pour le croire un *Ex-voto* de la part de deux Epoux.

Ces Bas-reliefs n'étoient fi communs dans Marfeille, que parce que cette Ville regardoit Diane comme la Divinité tutélaire de la République, & qu'elle lui avoit confacré le premier & le principal de fes Temples. Les Payens nommoient Diane la chafte Déeffe, à laquelle ils attribuoient plufieurs fonctions qui la faifoient également nommer la triple Déeffe. Sous les diverfes dénominations de Diane, Phœbé, Hécate, Proferpine & Lucine, elle préfidoit en cette dernière

---

(28) Les petits Autels votifs étoient en ufage chez les Payens; on en a trouvé des quantités dans les décombres des anciens Temples.

(29) Trimalcion faifant faire fon Tombeau de fon vivant, eut foin d'ordonner d'y repréfenter fa Chienne. *Petron. Satyric.* chap. 71.

qualité aux accouchemens. Les dévots parens des nouveaux nés, devoient naturellement lui faire des offrandes, & décorer ses Temples d'*Ex-voto*, en reconnoissance des heureux accouchemens ; & comme la fécondité étoit une suite de la fidélité conjugale, les Marseillois mettoient, dans ces *Ex-voto*, des figures, qui, par leurs actions ou leurs attitudes, ainsi que par les attributs qui les accompagnoient, désignoient ces vertus sociales.

Ce Bas-relief grec avoit été trouvé aux environs de la Cathédrale ; c'est précisément dans cet endroit, que le Temple de Diane étoit situé : ce qui vient à l'appui de ma conjecture.

Notre Compatriote M. Olivier, de l'Académie de cette Ville, qui s'est rendu célèbre par son Histoire de Philippe de Macédoine, avoit ce morceau en son pouvoir. J'ignore entre les mains de qui il a passé depuis le decès de ce Citoyen.

PLANCHE XIV.

LE Tombeau en marbre blanc, représenté sous le n°. 1 de cette Planche, est un des plus précieux morceaux qui existent encore dans Marseille. L'époque de sa construction se trouve déterminée par l'Épitaphe Latine qui y est renfermée ; les noms de *Titus*, de *Tannonius* & de *Valeriana*, sont Romains, & décident conséquemment que ce monument fut érigé

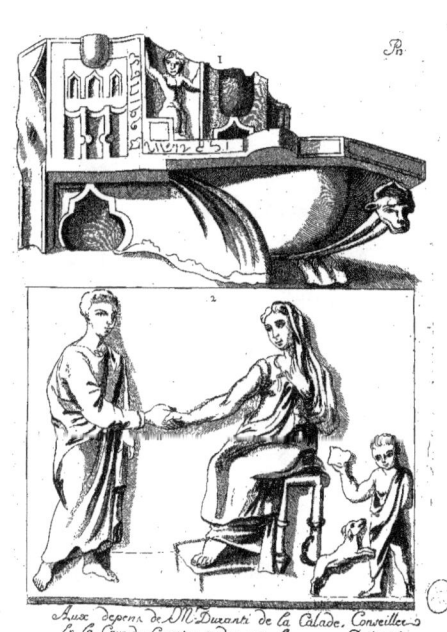

Aux depens de M. Duranti de la Calade, Conseiller en la Cour des Comptes, aydes et finances d'Aix

MARSEILLOIS. 125

dans les temps de la Domination Romaine. J'obferverai à cette occafion, que la grande quantité de noms Romains qui fe trouvent fur la plupart des Épitaphes trouvées dans Marfeille, me fait foupçonner que ce peuple avoit formé quelque établiffement dans notre Ville. On ne peut guère interpréter autrement cette multitude de noms Romains, à moins qu'on n'ait recours à la Colonie d'Aix, dont la proximité pouvoit procurer aux Habitans la facilité de venir s'établir à Marfeille.

Le monument dont il eft ici queftion, eft dû à l'amour de *Tannonius*, & de *Tita Valeriana* pour leur fils *Titus Tannonius*, qui vécut cinq ans, fix mois & fix jours, ainfi qu'on peut le remarquer dans l'Épitaphe, laquelle porte les mots fuivans, avec les abréviations telles qu'elles font dans la Gravure. Je les fupprime ici pour la commodité des perfonnes qui ne font point accoutumées au ftile lapidaire des Anciens.

DULCISSIMO TITO INNOCENTISSIMO
DIIS) FILIO TANNONIO QUI VIXIT, (MANIBUS
ANNOS V. MENSES VI. DIES VI. TANNONIUS
TITA VALERIANA PARENTES FILIO
CARISSIMO ET OMNI TEMPORE
VITÆ SUÆ DESIDERANTISSIMO.

Ce morceau de Sculpture fut enlevé du Cimetière public de Paradis, par les Comtes de Provence, qui furent Souverains de Marfeille. Ils le placerent dans un de leur Palais qui étoit tout auprès du quai de Riveneuve. Ils s'en servirent pour décorer la Salle à manger (30). C'est de ce local, que le Tombeau du jeune Tannonius fut transporté pour servir d'ornement à la Fontaine de l'Aumône, à laquelle il sert actuellement de bassin. Les curieux vont encore admirer ce monument : malgré la dégradation qu'il a essuyé par le laps de temps, il est encore digne d'attention.

N°. 2. Face latérale du même Tombeau ; le goût & la sagesse avec lesquels le feston & les rubans sont jettés, m'ont paru dignes d'être conservés ; ils sont précisément dans le goût, que nos Artistes tâchent de faire revivre sous le nom de la *Grecque* : il seroit bien mieux nommé le vrai genre ; car toutes les fois qu'on a tenté de s'en écarter, on s'est jetté dans un goût d'ornement presque gothique, & toujours bizarre, lequel n'a souvent servi qu'à favoriser l'impéritie, qui sous les auspices de la mode, n'étoit assujettie à aucune régularité, & osoit effrontement le disputer aux mains les plus habiles, à conduire le ciseau, le crayon ou le pinceau. Qu'on daigne se rappeller cette production éphémère, connue sous le nom de *Barroque* ; elle avoit tellement étendu son empire, qu'il s'en fallut de bien peu que les Arts relatifs au Dessein, ne revinsent au point où ils étoient dans les siècles d'ignorance & de barbarie, sans le sage réglement de l'Académie Royale, qui proscrivit enfin ce genre, avec l'ignominie si justement méritée.

(30) Ruffi, Hist. de Marf. Ce Palais étoit où se trouve actuellement le Domaine des Bernardines : le Roi René l'avoit habité sur ses derniers jours ; il y fit même son Testament dans la Salle verte qui étoit en face de l'Abbaye St. Victor.

No. 3. Bas-relief en marbre blanc, représentant une Barque à la voile ; la construction est ancienne, & a du rapport avec celle des Barques représentées sur la colonne trajane qui est à Rome. Notre Bas-relief est un vœu nautique qui avoit été apposé dans le Temple de Diane ; une tempête devoit avoir donné lieu à cet *Ex-voto*, car les vagues sont représentées sur ce Bas-relief, dans une grande agitation. On ne peut douter que ce monument ne soit dès les siècles du Paganisme ; le bâton augural qu'on y voit sculpté, en est une preuve convaincante. Ce morceau de Sculpture orne l'Autel de St. Lazare dans l'Eglise Cathédrale, & se trouve placé au-dessus du Pilastre contigu à la porte de la Sacristie. Il a été probablement récupéré dans les vestiges du Temple de Diane, qui étoit sur ce local. Le rapport qu'on trouva entre cette Barque, & celle sur laquelle la tradition nous apprend que St. Lazare arriva dans cette Ville, fit croire à ceux qui récupérerent ce marbre, que c'étoit sans doute l'événement de l'arrivée du Saint Evêque, qu'on avoit voulu représenter, & on n'hésita pas à s'en servir, pour décorer l'Autel de ce Saint Apôtre des Marseillois, sans faire attention au bâton augural, qui est une marque certaine du Paganisme.

Envain voudroit-on objecter que ce Bas-relief fut fait en même temps que la Chapelle ; si cette opinion étoit vraie, on trouveroit quelque autre morceau de Sculpture en dessus du Pilastre, qui sert de pendant à celui sur lequel est placé le Bas-relief en question ; mais on n'y trouve rien de tout. Les ornemens de cet

Autel, font presque tous recupérés de l'antiquité, à l'exception des Statues & de quelques Bas-reliefs dont la grossière structure montre assez que ces parties ont été faites pour suppléer aux endroits qu'on n'avoit pû remplir par des morceaux antiques; lorsqu'on réédifia cet Autel, vers le milieu du 15.ᵉ siècle. Ce qui confirme d'ailleurs cette conjecture que ce Bas-relief est un vœu nautique, c'est qu'il en existe dans Marseille un autre, représentant un pareil vœu avec une Inscription au bas, dont je ferai mention dans le cours de cet ouvrage.

Les vœux nautiques étoient en usage chez les Romains; c'est par de pareils monumens, qu'ils marquoient leur reconnoissance envers les Divinités auxquelles ils s'étoient voués pendant leurs voyages. On trouve encore à Rome un superbe monument en ce genre, à *Santa Maria della Navicella*, à qui ce monument a fait donner ce surnom: la Barque y est posée sur un piédestal isolé. Ficorini, dans son ouvrage intitulé *Roma antiqua*, page 89, est d'avis que c'est un *Ex-voto*.

PLANCHE

PLANCHE XV.

LE Candélabre du n°. 1, a été trouvé en cette Ville, en creusant les caves d'une maison de la rue de l'Aumône; un Fondeur en fit l'acquisition, & le garda long-temps par curiosité : M. Bellon l'acheta de ce Fondeur, & s'en défit en faveur de M. Michel, dans le cabinet duquel se trouve aujourd'hui ce Bronze singulier.

Les Anciens avoient coutume de répéter sur leurs ameublemens & leurs ustensiles de ménage, la figure de leurs Divinités (31). Celle qui forme ce Candélabre, est dans le goût & le costume des figures étrusques & gauloises, rapportées par M. de Caylus dans son Recueil des Antiquités.

Il me paroît que c'est le Mars des Gaulois, que l'Artiste avoit voulu représenter; c'est à quoi on doit rapporter une entaille qui se trouve au côté gauche de la figure au-dessous de la ceinture. Cette entaille devoit avoir un glaive, ou telle autre arme incrustée ; ce qui avoit du rapport avec la Divinité de la guerre. Cette figure est assez bien conservée, malgré sa grande antiquité; le bronze est de belle matière; les habillemens découpés dont cette figure est vêtue, font naturellement observer qu'il n'est aucun costume si ancien,

(31) Voyez le Recueil des Antiquités d'Herculaneum, & celui de M. de Caylus.

R.

dont on ne retrouve des traces chez quelque Nation moderne. Les Suisses ont conservé les découpures dans les habits ; & les fraises autour du col, ont fait long-temps la parure de plusieurs Nations, & de la nôtre en particulier.

Le peu de Monumens Marseillois que nous possédons dans le costume étrusque, me font présumer qu'il n'étoit point adopté par nos Ancêtres, & que les morceaux relatifs à ce costume, trouvés dans cette Ville, sont dûs aux Toscans, que le commerce de Marseille attiroit dans son Port ; (hauteur $\frac{1}{2}$ pied jusqu'à l'écrou).

N°. 2. Ce petit bronze représente un Prêtre de Jupiter, jouant de la sarbacane. M. le Comte de Caylus en a donné cette explication dans le 5ᵉ. volume de son Recueil, Planche 117. Ce savant Antiquaire tenoit ce morceau de M. Germain, ancien Chancelier du Consulat de France, qui lui remit cette figure, ainsi que plusieurs autres objets antiques trouvés à Alger. M. le Comte de Caylus crut que la figure du Prêtre de Jupiter appartenoit également à cette dernière Ville, & n'hésita point de la lui attribuer ; cependant M. Germain, dans le cabinet duquel j'avois vu ce morceau long-temps avant que M. de Caylus l'eût décrit, m'a assuré, avant & après cette description, qu'il avoit acquis ce Bronze des Ouvriers qui travailloient à des excavations dans les quartiers de Marseille, nommés vulgairement *les Curetteries*, où l'on trouva en même temps plusieurs Médailles à la tête de Diane. M. de Caylus avoit sans doute oublié ces particularités, ou M. Germain avoit négligé de l'inftruire. Je reclame cette Antiquité, comme un bien de famille qui nous étoit enlevé, & je n'héfite pas de le placer dans ce Recueil, comme un monument Marfeillois, d'après une affertion fi autentique (32).

N°. 3. Statue de bronze, repréfentant la Déeffe Minerve, trouvée à la rue des Confuls, en creufant les fondemens de la maifon du fieur Peiruis, Médecin, vers le milieu de cette rue. Cette Statue fut mutilée par les ouvriers; felon ce que rapporte Ruffi (33); elle fut découverte avec une Statue de Jupiter, parmi divers débris d'un Édifice affez vafte, qui étoit le Temple de Minerve, puifque cette Statue y occupoit la principale place, à ce qu'il y a lieu de préfumer de la plus grande décoration & des ornemens des veftiges qui étoient auprès de cette figure; ce fut le fentiment de tous les connoiffeurs, lors de cette découverte. Le fieur Prat qui a donné un manufcrit fur Marfeille, eft de cet avis. Cette Statue eft peut-être la même que celle à qui Caraumandus offrit un Carcan d'or, lorfqu'il feignit voir en fonge cette Déeffe, qui lui commanda de lever le fiège de Marfeille (34). Ce Caraumandus étoit un Chef ou Roi des Gaulois, voifins de Marfeille; il fe lia avec diverfes contrées de ces barbares pour affiéger cette Ville; la généreufe réfiftance des Marfeillois fut pouffée juf-

---

(32) Ce Bronze parut d'un travail fi extraordinaire à M. de Caylus, qu'il ne pouvoit concevoir comment il avoit été fabriqué à Alger; auffi en rapportoit-il la compofition à quelque Artifte étranger à ces climats.
(33) Tom. 2. pag. 315. Hift. de Marfeille.
(34) Juftin, Liv. 43.

qu'à l'héroïsme, même de la part des personnes du sexe, qui coupèrent généreusement leurs cheveux pour faire des cordes, afin d'armer les Navires & les arcs des Guerriers, selon ce que rapportent quelques Auteurs (35). Cette résistance fit concevoir à ce Prince l'idée de se tirer en politique d'une entreprise si hasardée, & de se sauver du reproche que les Nations Gauloises liées avec lui, n'auroient pas manqué de lui faire; ainsi mettant ses intérêts d'accord avec sa gloire, il négocia sans doute secrétement la paix avec les Marseillois, & eut ensuite recours à un artifice dont le peuple & les sots ont de tout temps été les dupes. Il feignit de voir en songe la Déesse Minerve qui lui commandoit de vivre en paix avec les Marseillois; l'Armée le crut; la paix fut conclue, & Caraumandus fut droit au Temple de la Déesse: à l'aspect de sa Statue, il s'écria qu'il reconnoissoit celle qui lui étoit apparue en songe. Il manquoit ce dernier trait de supercherie, pour se mettre à l'abri des soupçons d'une soldatesque entreprenante; & ce Prince, bon politique, y mit le dernier sceau, en faisant publiquement offrande d'un Carcan d'or (36) à cette Statue. Ce métal venoit probablement des Coffres forts des Marseillois, qui, dans la détresse où ils se trouvoient, s'en servirent plus utilement que de leurs armes. Quoique nul Auteur n'ait prêté ces vues à Caraumandus, on peut le juger sur son songe, sans risque de se tromper.

N°. 4. Médaillon de terre cuite, trouvé dans un

(35) Vegece, *de re milita.*, lib. 4. cap. 9. Frontin, lib. 1. cap. 7.
(36) Pausanias in Phoc.

MARSEILLOIS.

Tombeau, sur le terrain appartenant à M.me Corail, au-dessous du Glacis de la Citadelle St. Nicolas. Ce petit morceau est un chef-d'œuvre en son genre ; il paroît avoir été doré ; le laps du temps a fait disparoître la dorure ; il n'en reste que quelques filets dans les plis de la draperie. La délicatesse & le coulant des contours, la beauté des traits & le fini, donnent une grande idée de la façon de modéler des anciens Marseillois : le Tombeau dans lequel cette Antiquité fut trouvée, étoit sans ornement & sans Inscription ; mais le costume de la coiffure & des habillemens de la figure contenue sur ce petit Bas-relief, qui est de la même grandeur que la Gravure, me le fait rapporter aux temps grecs. M. Corail le fils, au pouvoir de qui se trouve ce joli monument, charmé de contribuer à tout ce qui pouvoit intéresser la Patrie, a bien voulu me le communiquer, ainsi que tout ce qui avoit été trouvé dans la propriété de M.me sa mère, avec une confiance & une politesse qui méritent de ma part un témoignage public de reconnoissance.

La figure seroit-elle celle de Diane, que les Anciens représentoient souvent avec des boucles flottantes sur les épaules ? Dans ce cas, ce Médaillon seroit une Amulette. Seroit-ce un de ces petits portraits en terre cuite, nommés *Imagunculæ*, que les Romaines donnoient à leurs amans, dont parle Ciceron (37) ? Dans ce cas, il faut supposer que le Citoyen dont le cadavre avoit été mis dans le Tombeau en question, avoit voulu être inhumé avec le portrait de sa maî-

(37) Lettre à Atticus.

tresse ; mais la coiffure de la figure est dans le costume grec, & rien ne nous assure que l'usage des Imaguncules ait été adopté par le beau sexe, ailleurs qu'à Rome. Les Familles Romaines qui s'étoient établies à Marseille, avoient peut-être contribué à mettre nos Citoyennes dans leur costume à cet égard. Nos mœurs furent prodigieusement alterées, lorsque notre Ville fut devenue la conquête de César, & les vices de Rome durent de nécessité porter de furieuses atteintes à l'austère vertu dont nos Citoyennes avoient fait jusqu'alors profession.

De même que les Marseilloises pouvoient avoir adopté des Romaines l'usage des imaguncules, il est également probable que les Citoyens Romains, habitans en cette Ville, eussent introduit l'usage des Bulles que les affranchis portoient au col, & sur lesquelles étoient représentées les Effigies de leurs Patrons. Notre Médaillon seroit-il une de ces Bulles? On voit sur son revers, une élévation qui présente un petit espace creux intérieurement, où l'on pouvoit avoir aisément mastiqué un anneau : le Médaillon paroît avoir été doré ; ce qui forme tout autant de présomptions pour croire que c'est une Bulle d'affranchi. On peut objecter à cette opinion, que le Buste est celui d'une femme, & que le sexe étoit chez les Romains dans une tutelle perpétuelle, & ne pouvoit conséquemment affranchir. Caton, cité par Tite Live (38), nous

---

(38) *Majores nostri nullam, ne privatam quidem rem agere fœminas sine autoritate voluerunt ; in manu esse parentum, fratrum, virorum.* (*Titus Livius, lib.* 34.)

Aux depens de M.r Boyer de Fonscolombe C.o.re de L'acad. de Peinture de Mars.lle

confirme la tutelle des femmes Romaines ; Cicéron, dans son oraison *pro Murena* (39), vient à l'appui de cette autorité. Si les femmes ne pouvoient jamais être libres chez les Romains, cette loi ne fut pas toujours intacte ; elle souffrit des exceptions en faveur des Vestales, par un privilège de Numa Pompilius, renouvellé par Auguste. La loi *Papia Popéa*, affranchit de la tutelle les femmes qui avoient donné trois fois des marques de leur fécondité. Livie & Octavie furent affranchies de tutelle, par un privilège particulier ; mais comme Marseille ne souffrit aucune altération dans ses loix & qu'elle resta autonome après sa prise par César, on ne peut tirer des loix Romaines, aucune conséquence contre elle. D'ailleurs, quand même cette loi de la tutelle perpétuelle des femmes auroit été reçue dans Marseille comme dans Rome, il ne s'ensuivroit pas que les personnes du sexe ne pussent avoir le droit de Patronage par hérédité, & dans ce cas faire porter leur Effigie à leurs affranchis.

La terre glaise dont ce morceau est fabriqué, est de la même qualité que celle dont on fait de nos jours la fayance dans Marseille.

[Hauteur 1 pouce & 4 lignes, largeur 1 pouce].

_____

(39) *Mulieres omnes propter infirmitatem confilii, majores in tutorum potestate esse voluerunt.* (*Cicero pro Murena.*)

PLANCHE XVI.

N°. 1. Bronze représentant le Buste de Mercure, sur une gaine, dans le goût qu'on représentoit les Dieux Thermes chez des Anciens *Dii Thermini*. Cette figure qui n'étoit que le double de la Gravure, ne peut point avoir servi au même usage que les Statues ordinaires des Dieux Thermes; elle est d'ailleurs posée sur un globe; ce qui auroit empêché de la placer solidement. Il me paroît que ce Bronze n'est autre chose qu'une de ces figures que la dévotion des particuliers faisoit offrir à leurs Divinités tutélaires, & qu'on suspendoit dans les Temples en *Ex-voto*, ou qu'on conservoit dans les cabinets domestiques, nommés *Lararii*, où étoient les Statues des Dieux Lares.

N°. 2. Fragment d'une Statue en bronze, de grandeur héroïque, représentant Jupiter. Cette statue fut trouvée, en même temps que celle de Minerve, à la rue des Consuls, en creusant les fondemens de la maison du Médecin Peiruis, selon ce que rapporte Ruffi dans son Histoire de Marseille (40); elles étoient dans les vestiges d'un ancien Édifice; (c'étoit le Temple de Minerve). Les Marseillois rendoient un culte à Jupiter. Victor, Martyr de Marseille, sous Dioclétien & Maximien, l'an 303, refusa de sacrifier à une de

(40) Tom. 2. pag. 315.

ses Idoles, suivant les Actes de son Martyre. Le vœu d'Octavius Paternus à Jupiter Dolichene, qui fut trouvé dans le Port, & dont je ferai mention dans le cours de cet ouvrage, étoit probablement placé auprès de la Statue de Jupiter, qui étoit dans le Temple de Minerve ; le peu de distance de la rue des Consuls au Port, dut faciliter le transport pour le jetter dans l'eau, dans quelqu'une de ces révolutions dont j'ai parlé dans le Discours Préliminaire. C'est encore aux soins du Sr. Nicolas, que nous devons la conservation du Dessein de cette figure.

N°. 3. Urne canelée d'albâtre oriental, trouvée dans les terrains de l'ancien Cimetière, auprès de St. Victor. C'étoit un vase cinéraire, car elle étoit remplie de cendres, mêlées avec quelques petits ossemens. Cette Urne fut placée dans l'Eglise supérieure de St. Victor, comme un objet curieux. Henri d'Angoulême, Grand Prieur de France, & Gouverneur de Provence, fut jaloux de posséder ce morceau parmi d'autres objets d'Antiquité, dont il avoit formé une collection. Il la fit enlever, & la plaça dans son cabinet ; mais à la mort de ce Prince, les Religieux de St. Victor reclamerent ce monument, & le Lieutenant du Sénéchal de Marseille, qui procédoit à l'Inventaire des Effets du Défunt, la leur fit restituer (41). Depuis ce temps, cette Urne a été placée dans l'ancien Crypte de la Magdeleine, dans l'Eglise inférieure de l'Abbaye, en une Niche pratiquée exprès dans le rocher. Comme cette Urne excitoit la curiosité de tous les connoisseurs

(41) Ruffi, Hist. de Marseille, tom. 2. pag. 132.

qui visitoient ces lieux, quelque imprudent fût cause qu'elle a été mutilée ; & pour empêcher qu'elle ne fût totalement dégradée, on l'a enfin placée dans la grotte où est la Statue de la Magdeleine ; la grille de fer qui ferme cette grotte, la met à l'abri de tout événement : elle a près de deux pieds de hauteur.

L'albâtre passoit chez les Anciens pour avoir plusieurs vertus en Médecine ; ils s'en servoient généralement à faire des vases pour les liqueurs & les parfums : c'est pourquoi tous les vases destinés à cet usage, étoient nommés vases d'albâtre. Les serpens qui servent d'anses à l'Urne que je viens de décrire, pouvoient bien y avoir été sculptés dessus, en l'honneur d'Esculape, Dieu de la Médecine, relativement à la superstition qui attribuoit tant de propriétés à l'albâtre. Ces reptiles étoient un des attributs de cette Divinité (42) ; le Fragment de la Statue d'Esculape, conservé dans l'Hôtel-de-Ville d'Arles, est entouré d'un serpent. On adoroit même à Epidaure Esculape, sous la forme de cet animal.

N°. 4. Le morceau antique représenté sous ce n°., est un de ces Cailloux roulés dans les rivières, sur lesquels il paroît qu'on a très-anciennement écrit des Inscriptions en relief, dont M. de Caylus a donné plusieurs exemples (43). Celui-ci est rapporté à la Planche 39 du 6e. volume de son ouvrage. Ce Caillou, selon ce savant » peut être attribué au Rhône, dans » lequel on en trouve une quantité du même genre ;

---

(42) Pluche, Hist. du Ciel, tom. 1, pag. 25. Les Images des Dieux de Duverdier, pag. 89.
(43) Caylus, Recueil des Antiquités, tom. 1, 2, 3, 4, 5 & 6.

» il porte une Inscription grecque, au milieu de la-
» quelle on voit une petite Barque à cinq rames, &
» du même travail que les lettres, c'est-à-dire, de re-
» lief : ce Caillou paroît avoir été travaillé dans Mar-
» seille, dans un temps très-reculé (44). » Après
cette description, M. de Caylus passe aux raisons qui
l'ont persuadé d'attribuer ce Caillou à Marseille. Je
rapporterai les propres mots dont il se sert.

» On lit distinctement au haut de la Pierre, MASSI,
» qui désigne, sans aucun doute, MASSILIA, Mar-
» seille ; à la droite de la Barque, on lit FO ; & au-des-
» sous de ces deux lettres, on a placé un K : ce qui ne
» peut signifier que PHOKAEON ; c'est le nom de Pho-
» cée, Ville d'Ionie, dont tout le monde sait que
» Marseille étoit une Colonie : à la gauche de la Bar-
» que ou de la Galere, sont des caractères effacés par
» le temps ; mais je soupçonnerois qu'ils expriment le
» mot IBRA, parce qu'on voit au-dessous de la Barque,
» ASVA. AVT, qui ne peuvent être que l'abrégé des
» deux mots, ASVLOS. AVTONOMOS : ainsi, selon
» cette Inscription, Marseille, Colonie des Phocéens,
» seroit nommée sacrée, inviolable, Autonome, (c'est-
» à-dire, gouvernée par ses propres loix). Cette der-
» nière qualité lui convenoit sans doute ; mais les deux
» premières ne se voient sur aucune de ses Médailles,
» ni dans aucun Auteur ; ce ne peut être ici qu'une
» pierre gravée par un Particulier, qui a voulu prêter
» à sa Patrie ces Épithètes honorables. »

Tel est le sentiment de M. de Caylus sur ce monu-

(44) Caylus, ibidem, tom. 6. pag. 130.

ment. J'admire autant qu'un autre, les talens & les lumières de ce savant Antiquaire ; mais, sans prétendre m'égaler à lui, j'ose cependant donner une explication plus naturelle de ce monument : elle détruit même les doutes que M. de Caylus avoit sur les prétendues Épithètes, de *sacrée* & d'*inviolable*. Cette Pierre n'est point, à mon avis, due à la pure fantaisie d'un Particulier ; c'est un monument public, autorisé du moins par le gouvernement. On sait que les Citoyens Romains furent distribués par Numa Pompilius, en divers corps de métiers (45). Les Romains s'étendant par leurs conquêtes, porterent ces établissemens dans les Provinces ; chaque Communauté d'Artistes ou de Métiers étoit désignée par le nom de Collége. Ces associations donnerent de la jalousie au Sénat, qui en supprima la plus grande partie sous le Consulat de L. Cecilius Metellus, & de Q. Marcius Rex. Claudius, Tribun du peuple, non seulement rétablit les Colléges proscrits, mais en établit de nouveaux. Jules César en détruisit encore un grand nombre. Auguste renouvella l'Édit de son Prédécesseur. Les factions que ces Colléges occasionnoient, mirent en considération Trajan, qui refusa d'en établir un d'ouvriers à Nicomédie (46). Alexandre Severe distribua de nouveau tous les métiers, sans exception, en différens Colléges, qui eurent chacun leurs Chefs, leurs Statuts, leurs Privilèges.

[Je ne suis entré dans cette disgression, que pour prouver l'existence de ces associations] ; ceux qui étoient

---

(45) Plutarque, *in vitâ Numæ*, pag. 71, *editio regia*, 1624.
(46) *Trajanus apud Plinium*, *libro* 10, *epist.* 43.

incorporés dans quelqu'une d'entr'elles, portoient une marque caractéristique de leurs professions. M. Calvet, premier Professeur de Médecine en l'Université d'Avignon, & Correspondant de l'Académie Royale des Inscriptions, nous a fait connoître la marque distinctive de ceux du Collége des Utriculaires (47) de Cavaillon, dans son ingénieuse Dissertation imprimée à Avignon chez J. J. Niel, 1766. La lecture de cet ouvrage m'a donné l'idée de l'explication du monument Marseillois désigné sous ce n°. Je n'hésite plus aujourd'hui à l'attribuer au Collége des Dendrophores, que l'on sait avoir été institué à Marseille, d'après l'Inscription trouvée dans les caves de St. Sauveur. Cette Pierre ainsi sculptée, n'étoit qu'une marque commune à tous les ouvriers de cette profession du Collége de Marseille (48). Rien n'étoit plus propre en effet à caractériser des Charpentiers & des Constructeurs, qu'un Navire encore sur la quille & sur le chantier; car les prétendues rames ne sont que des étançons. Ce Caillou devoit être enchassé dans quelque cercle de métal, pour être suspendu au col du Dendrophore qui le portoit.

Quant aux lettres grecques qu'on trouve en relief, leur explication est toute simple, si l'on daigne consulter le Dialecte Ionien; [& l'on ne sauroit remon-

---

(47) Utriculaires, faiseurs d'outres, dont on se servoit pour passer les Fleuves & établir des Ponts. Les Utriculaires étoient eux-mêmes Bateliers, c'est-à-dire, qu'ils conduisoient les outres sur les rivières.

(48) Les Dendrophores revenoient à nos Charpentiers & Constructeurs: on a trouvé dans les caves de St. Sauveur, une Inscription qui fait mention de leur Collége. Voy. la Diss. de M. Olivier dans le recueil de l'Acad. de Mars. 1727.

ter à une meilleure source, lorsqu'il s'agit des Inscriptions d'une Colonie d'Ioniens ; car on devoit de préférence parler & écrire en Ionien à Marseille.] D'après ces principes, il faut lire MASSI. FOGV. K. ASVA. AVT. ; ce qui est l'abréviation de MASSILIA. FOGVA. KAI. ASVA. AVTONOME, c'est-à-dire, MASSILIA. LVCIDA ET QVIETA AVTONOMA. *Marseille, brillante & paisible Autonome.*

Les lettres FOGV. sont l'abréviation de FOGVA ; qui vient de FOGVO, *je brûle, je luis* ; le K est mis pour la conjonction &. *KAI*. ASVA. pour AGVA. *quieta*. Les Ioniens écrivoient souvent *Sigma* ou *Zeta* pour *Gamma* : on trouve même de pareils exemples dans Hésiode.

Toutes ces Épithètes n'ont rien que de convenable à la République de Marseille, & les Dendrophores n'étoient peut-être pas les seuls qui eussent cette dévise sur leurs Tesseres ou marques de leurs professions. (Plus grande largeur de l'ovale, 21 lignes ; hauteur 1 pouce 4 lignes ; épaisseur 5 lignes).

Le procédé dont on usoit pour parvenir à marquer en relief les lettres sur les Cailloux roulés, étoit fort simple : on sera peut-être bien aise de connoître l'industrie des Anciens, pour parvenir à cette opération. On choisissoit pour cela des Cailloux de nature calcaire, sur lesquels les acides mordent facilement ; on dessinoit par-dessus les lettres avec de la cire, & on répandoit ensuite la liqueur acide sur le Caillou ; les parties induites de cire n'étant point accessibles à l'acide, acquéroient du relief, tandis que celles qui

Aux depens de M.r le Baron de la tour d'aigues Co.ller au Parlement
Ba.te de Lac de P. et Sculp: de Marseille

MARSEILLOIS.

étoient à découvert, souffroient, par l'effet de cette liqueur, autant de diminution que l'Artiste désiroit, en continuant plus ou moins l'opération. C'est à M. le Comte de Caylus, que nous devons cette découverte, & je ne saurois, sans injustice, lui en ravir l'honneur.

PLANCHE XVII.

N°. 1. J'AI souvent regretté dans le cours de cet ouvrage, les beautés que la négligence des Graveurs enlève aux monumens. Cet inconvénient est plus ordinaire en Province que dans la Capitale ; les Artistes d'un mérite distingué qui s'y trouvent en grand nombre, sont plus à même d'exécuter avec fidélité la Gravure des Monumens antiques. Celui que je décris sous ce n°. m'engage naturellement à ces réflexions. Quoique mutilé, il présente encore des parties dignes d'attention, & qui ne sont pas rendues avec assez d'expression dans la Gravure.

Ce Bas-relief en marbre, ornement de quelque sépulture, est actuellement au pouvoir de M. Michel, Honoraire de l'Académie de Peinture. Ce monument a été trouvé à la rue de Negrel, avec d'autres du même genre ; ce qui prouve que ce terrain étoit hors la Ville ; les remparts ont effectivement passé autrefois par la roche des Moulins, où étoit située la grande Horloge (49). Les rues de la Roquette & de Négrel font conféquemment des agrandiffemens ; & les terrains fur lefquels elles font fituées, pouvoient fervir de fépulture; l'ancien Cimetière des Accoules devoit comprendre toute cette vafte étendue.

Une femme vêtue comme une perfonne de confidération, eft affife gravement ; une Efclave lui préfente un coffre ; au-deffus des figures eft une couronne de laurier, avec le mot ODEMOS, c'eft-à-dire, POPVLVS. Entre la couronne & les figures du Bas-relief, on lit ces mots : ARTEMOVN APOLLONIOV IKESIOV DEGVNAIKA, c'eft-à-dire, ARTEMONAM APOLLONII ICESII VXOREM ; ce qui fignifie que le peuple a érigé ce monument à Artemône, femme d'Apollonius Icefius. Ce Bas-relief nous dévoile un ufage adopté dans la grande Grèce ; c'eft celui des couronnes accordées au nom des Citoyens, à ceux qui fe diftinguoient, ou par leurs talens, ou par leurs vertus (50). Les Marfeillois avoient confervé cet ufage national, & ce monument en eft une preuve. [Hauteur 3 pieds 1 pouce ; largeur un pied 4 pouces 6 lignes.]

N°. 2 & 3. Ces deux numéros préfentent les deux faces d'un cornet à jouer aux dez ; dont Ruffi a fait mention dans fon Hiftoire de Marfeille [51]. Selon ce que rapporte cet Auteur, ce monument fut trouvé dans un jardin de M. de Léon [52] ; il étoit fait d'un

---

(49.) Cet emplacement eft aujourd'hui dans l'enceinte de la nouvelle bâtiffe de l'Hôtel-Dieu.
(50) M. de Caylus a donné les Gravures de plufieurs de ces couronnes.
(51) Tom. 2, pag. 314.
[52] Ce jardin étoit fitué aux environs de la rue Ste. Barbe.

gros

gros os de bœuf. La partie désignée par le n°. 2, représente une corne ou un cornet à bouquin, renfermé dans une sorte de niche d'une Architecture toute bizarre. La partie désignée par le n°. 3, offre la figure d'Harpocrate, Divinité du silence ; un oiseau est sur son épaule droite : c'est sans doute une chouette que l'Artiste avoit voulu représenter. Cet oiseau étoit un des attributs de Minerve, Déesse de la prudence, & convenoit parfaitement pour Emblème à l'Effigie d'Harpocrate, pour marquer qu'il est prudent de se taire.

Harpocrate tient le doigt index de la main droite sur la bouche, & de l'autre main il tient une espèce de sceptre, terminé par une pomme de pin ; sa tête est ornée d'un bonnet. Dans le cornet que je viens de décrire, on trouva trois osselets, qui, selon Ruffi, paroissoient n'être point naturels, mais imités avec une pierre qu'il nomme fusible [53] ; ils étoient marqués de chaque côté de nombres & chiffres anciens : je les ai fait graver sous le n°. 4.

On retrouve presque toujours des traces de la plupart des usages de l'Antiquité, dans les Nations & les Villes qui datent des temps les plus reculés. Le jeu des Osselets est encore en usage à Marseille parmi les Eco-

---

[53] On croyoit à la fusibilité des Pierres, du temps que Ruffi écrivoit ; les progrès de l'Histoire naturelle, en nous guérissant de bien de ridicules & d'erreurs, nous ont appris que la prétendue Pierre fusile étoit un Granit très-commun dans bien de Provinces, & sur-tout en Provence, où le lieu de *Calas* en offre une carrière très-riche. Le merveilleux des colonnes de la Cathédrale de Marseille, de l'Abbaye de St. Victor, de la Piramide d'Arles, & des colonnes d'Ainay, à Lyon, doit disparoître à l'aspect des carrières les plus voisines de ces Villes où l'on trouve la même qualité de Granit, que celle employée pour ces monumens, dont toute la beauté doit se réduire aux proportions & aux masses.

liers ; c'est ce qu'ils nomment le jeu du *Gourdou* : un des côtés est désigné par le nom de *Chin* ; un autre, par celui de *Traou* ou *Supoun* ; un troisième, par celui de *Gibo* ; le quatrième, par celui de *Senieur* ; & lorsque l'Osselet reste droit, c'est pour lors ce qu'ils nomment faire *Gourdou*. Lorsque tous les Osselets sortent différens, on dit faire *Rey*, c'est-à-dire, Roi. On ne voit pas beaucoup de différence entre la manière de jouer le jeu des Osselets, pratiquée par les Anciens, & celle conservée par la jeunesse Marseilloise. Ce jeu que les Romains appelloient *Ludum Talorum*, est d'origine grecque. Homère, dans son Odissée, livre premier, raconte que les Amans de Penelope jouoient aux Osselets devant la porte du Palais d'Ulisse. Les Romains nommoient un des côtés *Senio* ; ce qui revient au *Senieur* : un autre côté étoit nommé *Canis* ; les enfans disent *Chin*, c'est-à-dire, *Chien* : un autre côté étoit désigné par le mot de *Supum*, c'est le *Supoun*. Lorsque les Osselets étoient différens, ce coup que les Grecs nommoient *Basileous*, étoit nommé *Basilicus* par les Romains ; ce qui revient au *Rey*, ou Roi de nos enfans.

Le Cornet que nous venons de décrire, est bien conforme à la description que Juvenal [54] a fait de ces instrumens de jeu. Selon lui, les Cornets étoient ronds en forme de petits tours, plus larges en bas qu'en haut.

[54] *Juvenal*, Satyr. 8.

PLANCHE XVIII.

LE Marbre désigné par le n°. 1, est le dessus d'un Tombeau; il est au pouvoir de M. Michel, Honoraire de l'Académie de Peinture de cette Ville: il fut trouvé à la rue de Negrel. Ce quartier, ainsi que nous l'avons observé ailleurs, se trouvoit très-anciennement hors de l'enceinte de la Ville. Une femme y est représentée debout; ses habits marquent une personne de considération; elle a par-dessus la tunique: cette espèce de manteau que les femmes grecques portoient, & dont les Romaines firent usage d'après les premières, sous le nom de *Palla*, ou *Amiculum*, lequel étoit frangé [55].

Cette figure est entre deux piédestaux; on voit sur celui qui est à droite, un coffre; & sur l'autre, une ventouse qui ressemble à un bouclier des Maures, avec un de ces pots nommés *Olla* par les Anciens. Au bas, du côté droit, sont deux jeunes personnes, dont l'une tient un chien: cet animal étoit souvent représenté sur les Bas-reliefs destinés à l'ornement des sépultures; l'autre jeune personne tient un pot semblable à celui qui se trouve sur le piédestal. On trouve à gauche la figure d'une personne d'un âge un peu plus avancé; ce qu'on distingue par la grandeur de sa taille: elle

[55] Furgault, Recueil d'Antiquités Grecques & Romaines, page 273.

tient d'une main une Spatule, & de l'autre une Phiole semblable en tout, à celles où nous renfermons encore de nos jours les liqueurs balsamiques. Les trois figures sont habillées d'une Tunique à courtes manches, & par-dessus une autre Tunique, descendant jusqu'aux genoux : c'étoit une espèce de Rochet, dont les modernes Citoyennes de la Grèce se servent encore sous le nom d'*Antheri*. Cet habillement leste convenoit aux jeunes personnes, & a probablement donné lieu à l'origine des habits courts ou mantelets, qui ne sont que des demi-robes, se terminant aux genoux, dont les personnes du peuple se servent encore à Marseille, à Salon, & en divers endroits de la Provence.

Le monument que je décris, est orné dans le fronton d'une couronne funèbre, en usage chez les Grecs. On lit au haut l'Inscription suivante :

MELITINEN DEMETRIOV ERMOGEN DE IATROV DE GVNAIKA.

c'est-à-dire, *Melitinam Demetrii Ermogenisque & Medici Uxorem*. Melitine, fille de Demetrius, & femme d'Ermogene, Médecin.

Cette Épitaphe explique les attributs répandus sur le monument ; on avoit cru honorer la mémoire de Mélitine, en traçant sur son Tombeau les marques de la profession de son mari. Cette profession étoit en grande vénération à Marseille, & on s'y rendoit de

MARSEILLOIS.

tous côtés pour étudier la Médecine dans sa célèbre Académie, qui avoit produit en ce genre de savans maîtres, dans les personnes de Demosthene, de Crinas, & de Carmis ou Carmidas. Le second de ces Médecins avoit mérité les honneurs d'une Statue de la part du public, pour avoir fait reconstruire les murs de Marseille sa patrie, qui avoient été ruinés par le siège de César. Pline dit qu'il donna cent sesterces pour cette dépense. D'après des témoignages si honorables pour la Médecine, il ne faut point être surpris que l'épouse d'un homme de cette profession eût obtenu une sépulture distinguée. Marseille ancienne, en honorant tous les genres de talens, entretenoit le patriotisme, & bannissoit par là l'esprit de prétention, qui n'est que trop souvent le partage des richesses entassées sur l'ignorance. On ne voyoit point, dans les temps florissans de notre République, ses Citoyens argumenter sur la prééminence des professions également honnêtes & honorables. *Tempora mutantur, & nos mutamur in illis.* Montfaucon, Planche VII, tom. V du supplément, cite un des marbres d'Oxford, qui est du même costume que celui-ci. [Hauteur, 3 pieds, 7 pouces, 6 lignes; largeur, 2 pieds.

N°. 2. Marotte en bronze, qui doit avoir servi dans le Laraire [56] de quelque Particulier. Cet attribut étoit propre à Momus, que les Grecs, ainsi que les Romains faisoient fils du sommeil & de la

---

[56] Les Laraires étoient des cabinets où les maîtres du Logis tenoient les Effigies des Dieux Lares, ou Divinités Domestiques. Ces reduits étoient plus ou moins décorés, selon les richesses & la dévotion du Possesseur.

nuit. C'est pour cela que la figure de la Marotte a les yeux fermés. Le nom de Momus vient du Grec Momos, *reproche*, parce que, selon la mythologie, Momus étoit la Divinité de la raillerie ; par ses traits satyriques, il pouvoit reprocher tout ce qu'il vouloit : les Dieux n'étoient point exempts de ses reproches ; il leur reprocha, par exemple, de n'avoir pas fait l'homme avec une petite ouverture à la poitrine, afin de pouvoir discerner ce qui se passe dans son intérieur.

N°. 3. Le Bronze marqué de ce chiffre, est encore un de ceux destinés aux Laraires ; il représente Mars & Minerve. J'avois d'abord cru que c'étoit la garde d'un glaive ; mais outre son épaisseur, qui a près de 6 lignes, j'ai observé que la partie qui devoit servir de passage à la lame pour être emmanchée à la poignée, auroit été trop foible pour soutenir le poids ; d'ailleurs elle vient en diminuant pour se terminer en pointe ; ce qui m'a décidé à croire que c'étoit un clou à vis qui servoit à fixer cette espèce d'Amulette sur un piédestal, afin de pouvoir le placer parmi les Lares.

Ce morceau est au pouvoir de M. Michel ; il a été trouvé dans des ruines, ainsi que le précédent.

Le n°. 4. représente le revers du n°. 3 : on y voit des palmes, attributs communs aux deux Divinités, Mars & Minerve.

PLANCHE XIX.

LE monument désigné sous le n°. 1, est dans l'Eglise inférieure de Saint Victor, à côté de l'Escalier qui est vis-à-vis de la Chapelle de St. Mauront : c'est un Fragment d'un Bas-relief en marbre, sur lequel sont représentées des personnes qui sortent d'un édifice ressemblant à un portique. Leurs habillemens sont tous dans le même costume ; la Tunique & la Chlamyde ou Manteau ; elles ont des brodequins pour chaussure : la figure du milieu tient de la main gauche un bonnet dans le goût de ceux des Gaulois ; elle représente une personne plus âgée que les autres sculptées sur ce Bas-relief ; ces dernières sont sans barbe ; deux d'entr'elles tiennent un rouleau : ce sont sans doute de ces tablettes roulées de *Papyrus*, dont les Anciens se servoient pour écrire, & telles qu'on en a trouvé dans les ruines d'Herculaneum (57).

Il me paroît que l'Artiste avoit voulu représenter des Philosophes ou des Savans dans le lieu destiné à leur exercice, qui étoit orné de portiques chez les Grecs. L'Académie de Marseille étoit trop renommée, pour n'avoir pas été décorée dans le même goût (58).

(57) Voyez le Recueil des Antiquités d'Herculaneum.
(58) Voyez la dissertation sur l'ancienne Académie de Marseille, par M. Olivier. Marseille, chez Boy, 1727. Elle se trouve dans le premier Recueil de l'Académie des Belles-Lettres de cette Ville.

Ce Bas-relief, tout mutilé qu'il est, donne une assez bonne idée de l'intelligence des Artistes, dans les temps où cet ouvrage fut exécuté. Il a été probablement enlevé de l'ancien Cimetière, pour orner le Tombeau que les Moines de St. Victor disoient être celui de quatre Freres, du nombre des sept Dormans. Je laisse aux critiques à éclaircir l'histoire de ces sept Freres, & comment quatre d'entr'eux ont été ensevelis à St. Victor. [59]. Je me contenterai d'avouer que le monument n'ayant aucun rapport avec les sept Freres Dormans, il est à croire qu'il fut incrusté dans l'état où il se trouve aujourd'hui, dans ces siècles d'ignorance & de barbarie, où la disette & l'impéritie des ouvriers obligeoit de se servir des moindres Fragmens pour décorer les lieux saints. On dégradoit même très-souvent des Édifices profanes pour cet effet.

N°. 2. Dom Bernard de Montfaucon, & M. de Ruffi [60] ont cité le monument indiqué par ce numéro. C'est un de ceux qui font le plus d'honneur aux Artistes Marseillois; il fut trouvé vers l'an mil six cent cinquante-trois, & retiré du fond des eaux, par le pur effet du hasard, qui le fit embarrasser à un de ces grappins avec lesquels on enleve les immondices le long des quais. Le maître de la machine à curer le Port, fit présent de ce marbre au célèbre Poëte Balthasar de Vias, qui l'envoya à M. le Comte de Brienne. Enfin, selon ce que rapporte Montfaucon,

[59] Selon la tradition, le Pape Urbain V apporta leurs ossemens de Rome, & en fit don à l'Abbaye.
[60] Montfaucon, Antiquité expliquée, tom. 1. pag. 50. Ruffi, Hist. de Marseille, page 214.

MARSEILLOIS.

il est au pouvoir du Duc de Wirtemberg, qui l'a fait placer dans son *Museum*.

Ce marbre représente un Guerrier dans l'attitude de quelqu'un qui tient une haste de la main droite; & de la gauche, quelque chose ressemblant à un rouleau. Monfaucon avoue ne pouvoir décider quel est cet objet, parce qu'il n'a aucun caractère distinctif.

Le Guerrier est posé en pied sur un Taureau passant, & une Aigle avec les aîles éployées, est placée sous le ventre du Taureau. On lit au bas du marbre:

DEO DOLICHENIO
OCT. PATERNVS EX IVSSV. EIVS PRO SALVTE
SVA ET SVORVM.

ce qui désigne qu'Octavius Paternus fit élever ce monument votif au Dieu Dolichène, par son ordre, (c'est-à-dire, après quelque vision ou quelque songe, ou au retour d'un voyage), en reconnoissance de la protection de ce Dieu, qui l'avoit tiré lui & les siens de quelque danger. Le Dieu Dolichène n'étoit autre que Jupiter, qui étoit adoré sous ce nom dans une Isle de l'Archipel, nommée anciennement *Icaria*, ensuite *Nicaria*; elle étoit aussi nommée *Ichthyoessa* [61]: enfin Dolichène ou Delichène, à cause du culte de l'Idole de Jupiter Delichène, qui y étoit particulièrement adorée.

La Famille des Paternus, dont le nom est inféré

[61] Bertrand, Dictionnaire de Geograph. ancienne, au mot *Icaria*.

dans les fastes des Consuls Romains, & dans les Familles Consulaires de Flavius Ursinus, devoit avoir une singulière dévotion à Jupiter Dolichène ; car Monfaucon cite plusieurs monumens votifs, élevés à cette Divinité, par divers particuliers du même nom de Paternus (62). Ce monument trouvé dans le Port de Marseille, avoit été probablement placé dans le Temple de Minerve (63), Jupiter n'ayant point de Temple particulier dans cette Ville. La Statue héroïque de ce Dieu, trouvée dans les ruines du Temple de Minerve, doit faire présumer qu'il avoit un culte dans ce même Temple. Monfaucon a fait graver ce monument comme une Ronde-bosse ; Russi l'a présenté comme un Bas-relief : ils se servent néanmoins l'un & l'autre du mot Statue pour le désigner ; cependant l'Abbé Marchetti qui fait mention de ce monument (64), n'emploie que le nom générique de marbre ; ce qui semble plutôt désigner un Basrelief. Je me suis décidé à le faire graver en Rondebosse, pour suivre en cela Monfaucon. Lorsqu'on marche sur les traces de pareils maîtres, on est justifié, si l'on s'égare.

(62) Monfaucon, Antiquité expliquée, tom. 1, article Jupiter, pag. 50.
(63) Ce Temple étoit où est située la rue des Consuls, ainsi que je l'ai déjà remarqué.
(64) Marchetti, explication des usages & coutumes des Marseillois, pag. 167.

PLANCHE XX.

Nº. I. LE Bas-relief défigné fous ce Nº., eft incrufté fur la façade de la maifon du Sr. Paradis, Négociant, fituée fur la placé de Lenche, à côté de l'Abbaye de St. Sauveur, au coin de la rue de Radeaux.

Ce monument préfente un Fragment de figure vêtue d'une tunique, tenant une corne d'abondance; à côté eft une autre perfonne vêtue comme quelqu'un d'un rang inférieur, qui tend la main à la prémiere; un chien eft placé au milieu. Ces deux figures font pofées fur une efpèce de focle, où eft fculpté en relief, un Bateau dans lequel on apperçoit les veftiges de deux figures, dont l'une eft à demi-corps, & l'autre ne montre que la tête. On lit au bas de la Plinthe l'infcription fuivante :

VALISINIVS MAR CARII ANEON VSID.

Ce monument eft un vœu nautique, qui avoit probablement été dépofé dans le Temple d'Apollon, lequel étoit fitué fur le même terrain où eft aujourd'hui l'Abbaye St. Sauveur; ce qui me fait adopter cette opinion, c'eft qu'il fut trouvé en creufant les fondemens de la maifon, fur la façade de laquelle il eft actuellement placé; & cette maifon, ainfi que je l'ai obfervé, eft contiguë à l'Abbaye. L'infcription me paroît devoir être expliquée en ce fens :

V ij

VALISINIUS MARCI CARII ANNONÆ VOTO SOLUTO LIBERÈ DICAT.

Valifinius, fils de Marcus Caris, après avoir accompli fon vœu d'une diftribution de vivres, a dédié ce monument de fon plein gré.

L'impéritie des ouvriers, les prononciations différentes, ont de tout temps occafionné des fautes d'orthographe de la part des artiftes; les exemples en font très-communs dans le ftyle lapidaire de l'Antiquité: Aneon, pour Annonæ, doit être de ce genre. Annona, dans l'Antiquité, fignifie toutes fortes de provifions de bouche (65). Voilà pourquoi une des figures tient une corne d'abondance.

La lettre L, *Liberè*, étant très-mutilée dans le Basrelief, a été comme raccourcie par la dégradation du monument; on s'en apperçoit même à l'infpection de cette lettre, & il n'y a nul doute qu'elle n'eft reffemblante à un I, que par la caufe que j'ai déduite.

La famille de Marcus Caris, étoit une famille Marfeilloife. Les infcriptions rapportées par Ruffi & par Guefnay (66) font mention d'un Marcus Caris Maximinus & d'un Marcus Caris Pacatus. Le Citoyen de cette même famille, qui fit élever le monument dont il eft ici queftion, devoit être quelque Navigateur, qui avoit fait vœu de diftribuer des provifions, s'il échappoit aux dangers qu'il avoit couru fur fon Vaiffeau; ou peut-être encore quelque Négociant, dont le Navire étoit en retard, qui avoit promis aux

---

(65) Montchablon, Dictionnaire d'Antiquité.
(66) Hift. de Marfeille, Guefnay, *Provinciæ Maffilienfis ac Reliquæ Phocenfis Annales.*

Dieux la distribution ANNONÆ, si ce Navire revenoit du voyage : cet usage des vœux nautiques étoit mis en pratique dans Marseille, ainsi que je l'ai observé, en rapportant un monument du même genre, consigné dans la 14ᵉ. Planche de cet Ouvrage, sous le Nº. 3.

Nº. 2. Quoique le Bas-relief indiqué par ce chiffre, n'ait point été trouvé dans Marseille, je n'hésite pas d'en faire honneur à cette Ville. Le Village des Pennes, auquel il est dû, a fait partie du Domaine de notre ancienne République. Il est si près des limites actuelles de notre terroir (67), qu'il peut servir à constater le culte que les Marseillois rendoient à Cybèle. D'ailleurs, les cérémonies relatives à cette Divinité étant établies sur le modèle de celles du Mont-Ida, dans les forêts duquel le principal de ses Temples étoit bâti, seroit-il surprenant que les Marseillois eussent choisi de préférence le lieu des Pennes pour lui dresser des Autels? Tout concourt à appuyer cette opinion indépendamment du monument en lui-même. Les forêts des Pennes sont toutes de bois de Pin ; & ces arbres étoient particulièrement consacrés à la Mère des Dieux.

Ce Bas-relief en marbre est aujourd'hui incrusté sur la porte de la Paroisse du Village des Pennes. Il est d'une conservation parfaite.

Il représente un Lion au pied d'un Pin, auquel

---

(67) Les Marseillois avoient formé plusieurs établissemens aux environs de cette Ville, entre autre MARITIMA, que l'on dit être le *Martigues*. Quelques personnes doutent que ce soit l'ancien *Marignane*, dans lequel de ces deux endroits, où ait été établie la Colonie Marseilloise, elle se trouvoit, pour ainsi dire, aux portes du Village de Pennes.

font attachées des cymbales, une flutte ancienne & une espece de sistre triangulaire; un soc de charrue est appuyé sur l'arbre, ce soc est en sautoir avec un bâton de Berger, au bout duquel se trouve la thiare ou bonnet Phrygien; au haut du Bas-relief est un édifice fortifié qui paroît être sur une montagne: c'est probablement la représentation du fameux Temple du Mont-Ida dans l'Isle de Crête. Tous les ornemens dont est décoré ce Bas-relief, sont relatifs au culte de Cybèle; les instrumens sont les mêmes dont on se servoit lors des mystères de la grande Déesse. Le Pin lui fut particulièrement consacré en mémoire du Berger Atys, que les Poëtes disent avoir été aimé de Cybèle, & changé par elle en Pin après sa mort. Le Lion étoit également un des attributs de la Déesse; & le bâton pastoral, ainsi que le bonnet Phrygien sont placés ici par allusion à Atys, qui étoit Berger & Phrygien de nation. On trouve au bas du monument l'inscription suivante:

MATRIS DEUM MAGNÆ IDEÆ
PALATINÆ EIUSQ. M. RELIGIONIS AD
PARNOR NAVIUS IANVARIVS.

EIVSQ. est ici mis pour *Ejusque*, M. pour *Mysteriis*, PARNOR pour *Parnorum* (*montes*) ou *Parnoritas*. Parnes étoient des montagnes de l'Attique au-dessus d'Eléusis; c'étoit peut-être sur ces montagnes que ceux d'Eléusis célébroient les mystères de la grande Déesse. Navius Januarius, qui avoit fait élever le monument que je décris, y ayant été initié, avoit conservé de la dévotion pour ces lieux. D'après ces observations, je crois pouvoir traduire l'inscription en ce sens :

Navius Januarius a élevé (ou consacré) ce monument à la Mère des Dieux la grande Déesse du Mont-Ida, Palatine, & aux mystères de son culte, qu'on célèbre aux montagnes des Parnes, (ou chez les habitans des Parnes). Cybèle étoit nommée *Idea*, par allusion au Mont-Ida : les noms de grande Déesse & de Mère des Dieux, lui étoient également donnés par les Payens; quant au surnom de Palatine, il est dû aux Romains, parce qu'ils lui dédièrent une des chapelles du Temple de la Victoire, qui étoit sur le Mont Palatin, dans le Palais Sénatorial : c'est ce qu'atteste Tite Live, *Ipsamque, Deum Matrem è Greciâ advectam in Palatium pertulere, & in Templo Victoriæ collocarunt*, &c.

N°. 3. Le Bronze, sous ce numero, représente une tête de Cheval. On apperçoit au bas du col les trous par lesquels il étoit attaché à un bâton. Ce petit monument est fait avec soin, & les règles de l'art y sont exactement observées : on distingue encore l'habileté de l'Artiste à dessiner la nature, malgré la vétusté & le vert-de-gris qui a corrodé la matière. Ce morceau qui a été trouvé dans notre territoire, au quartier de St. Loup, est au pouvoir de M^r. Michel, Honoraire de l'Académie de Peinture.

M^r. le Comte de Caylus, dans son recueil d'Antiquités, tome 2, planche XCV, numero IV, cite un pareil monument, dans lequel on reconnoît également la place des clous que ce Savant dit avoir servi à arrêter cette tête sur un bâton. Il avoue ne pouvoir décider quel en étoit l'ufage. Une autre Planche de l'Ouvrage de Mr. de Caylus nous donne la figure d'une feconde tête de cheval, (en cryftal.) Cette derniere eft également creufe & remplie de matiere gypfeufe, qui paroît avoir fervi pour la fixer quelque part. Toutes ces têtes de chevaux pourroient bien avoir une même origine. Elles auront peut-être fervi de marque diftinctive à des Officiers inférieurs de la Cavalerie, chez les Grecs & les Romains : je croirois plus volontiers encore qu'elles étoient clouées au bout d'un bâton que devoient porter les courriers nommés par les Grecs *Hemerodromes*, & que les Romains qui fuivirent leur exemple à cet égard, nommèrent *Vérédaires* du mot latin *Veredarius*, qui fignifie un *cheval léger*.

Croire que le monument dont il eft ici queftion, fut une efpece de bâton de commandement pour ceux qui dirigeoient dans l'Hyppodrome & le Cirque, les courfes des chevaux, ce feroit aller contre la vérité : Marfeille ancienne n'ayant jamais fouffert dans fon fein aucune forte de fpectacles, felon le témoignage des Auteurs (68).

(68) Valère Maxime, *Plautus in Caffiod. Alexander ab Alexandro*, Erafme, &c.

PLANCHE

VALISINIVS · MARCARIIM·FONTIVFID·

MATRIS DEVM
MAGNÆ IDEÆ PALATINÆ
EIVSQ M. RELIGIONIS AD PARNOR
NAVIVS
IANVARIVS

Aux depens de M. S. G.

PLANCHE XXI.

LE tombeau représenté sous le N°. 1, est en marbre blanc. Il fut trouvé aux environs de la Cathédrale, qui avoit autrefois un cimetière très-vaste, décoré de plusieurs vestiges d'Antiquité, parmi lesquels se trouvoit ce Monument. Notre célèbre Compatriote Pierre Puget, qui, par la supériorité des talens dans la sculpture, mérita le surnom de Grand, ayant été chargé de faire exécuter les fonts-baptismaux de cette Eglise, crut ne pouvoir mieux les décorer qu'en plaçant ce tombeau pour leur servir de bassin. Il est en effet encore destiné à cet usage.

Je n'entreprendrai point de faire l'Éloge de ce morceau; il suffit d'avoir rapporté qu'il fixa l'attention du Puget. Ce Monument a servi probablement de sépulture à un Magistrat dans les temps de la Domination Romaine. Il y est représenté assis sur son tribunal au moment qu'il rend la justice à des plaideurs qui sont dans l'attitude de personnes qui défendent vivement leur cause. On voit aux pieds du tribunal & d'une des figures représentées aux extrêmités du Monument, de petites tablettes liées qui étoient peut-être destinées à contenir les pièces des procédures. Je croirois plus volontiers que ce sont des paquets de verges, ou *Fasciculi*, marques du pouvoir de plusieurs Magistrats, entr'autres, des Préteurs dans les Villes soumises à la Domination Romaine. Ces Magistrats avoient les mêmes marques d'honneur que les Consuls de Rome, la robe prétexte, la chaise curule, les licteurs & les faisceaux au nombre de deux seulement : peut-on méconnoître dans les Bas-reliefs sculptés sur notre Monument, tous les attributs caractérisques de la Préture des Villes ?

N°. 2. Le Tombeau désigné par ce numero, est dans l'Eglise inférieure de St. Victor. Il a été retiré de l'ancien cimetière de Paradis, pour y déposer les ossemens de Ste. Eusebie, Abbesse du Monastere des Cassianites (69). Ce monument représente encore un acte de Magistrature ; on y remarque la cérémonie de l'affranchissement. A l'une des extrêmités, le Maître adressant la parole au Préteur, & à l'autre les Esclaves à genoux, & le Préteur la baguette levée. L'affranchissement chez les Romains fut introduit sous le Règne de Servius Tullius, qu'une raison de politique détermina à porter cette loi, afin de fortifier ses États, en multipliant les Citoyens. La cérémonie de l'affranchissement se pratiquoit de diverses manieres ; la plus ordinaire est celle représentée sur notre monument. Elle fut introduite l'année d'après l'expulsion des Rois, par Publius Valerius Publicola, lorsqu'en récompense de ce qu'un Esclave avoit découvert la conspiration de la jeunesse Romaine en faveur des Tarquins, il lui donna la liberté. Cet affranchi fut dès-lors appellé *Vindex*, ou *Vindicius*. C'est de-là que

---

(69) Aujourd'hui St. Sauveur.

planche 21

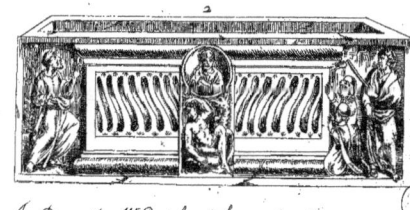

Aux Depens De M.r Patel, lieuten.t G.l civil en la Senechaussée Des
Academies De Marsille
D.F

cette cérémonie fut appellée *Vindicta* (70). Le Maître menoit son Esclave devant le Préteur à qui il disoit : *Hominem hunc liberum esse volo*; « je veux que cet » homme là devienne libre ». Le Préteur adressant la parole à l'Esclave, lui disoit, *Aio te liberum esse more Quiritum*, « je te dis que tu es libre selon l'usage des » Romains »; il lui donnoit en même temps un petit coup de la baguette *Vindicta* sur la tête, & dans le moment l'Esclave devenoit maître de ses volontés.

L'Italie conserve encore des traces de cette cérémonie dans l'usage où sont les Inquisiteurs & les grands Pénitenciers des Eglises de Rome, de porter une baguette dont ils frappent les pénitens pour les absoudre, & marquer par là que l'absolution les affranchit de la servitude du Démon.

Notre monument paroît être l'effet de la reconnoissance des affranchis envers leurs patrons; on voit effectivement dans un médaillon la figure d'un homme vêtu comme un Magistrat, tenant un rouleau de *Papyrus* d'une main. J'avoue que la figure qui est au bas, dans une attitude gênée, & accompagnée d'un griffon, m'a paru une allégorie inexplicable, à moins qu'on n'ait voulu représenter l'état de contrainte dans lequel se trouvoit l'homme en servitude.

(70) Perse, Sat. 5.

PLANCHE XXII.

N°. 1. Tombeau Romain en marbre blanc, qui se trouve renfermé dans la grotte de la Chapelle de la Magdeleine à St. Victor ; des amours occupés à forger des armes, décorent ce monument ; un médaillon posé sur une aigle, & soutenu par deux génies aîlés, forme l'ornement du milieu ; on y voit Remus & Romulus allaités par une Louve. Cet emblême de la République Romaine étoit souvent répété sur les objets d'utilité & d'agrément ; on le trouve empreint sur le revers d'une médaille, ou As Romain, de petit module.

Le sujet traité dans notre monument devoit être du goût des Romains ; la fameuse galerie Justiniani possédoit un tombeau en tout semblable à celui-ci [71]. Des amours occupés aux mêmes opérations, & le même médaillon sur le milieu, font supposer que cette composition ainsi répétée, devoit être une imitation de quelque modèle dans un genre supérieur. C'est ainsi que nos savans Artistes modernes ont souvent mis avec raison de la gloire à imiter les chef-d'œuvres des habiles maîtres.

Ce morceau de sculpture, quoique dégradé par sa grande vetusté, présente cependant de belles parties,

---

(71) Planche 101 de la *Galeria Justiniana*.

que le souterrain dans lequel il est renfermé, ne permet pas de voir dans tout leur jour. Il avoit incontestablement servi à la sepulture de quelque Citoyen Romain.

N°. 2. Autre tombeau Romain en marbre blanc, conservé dans l'Eglise inférieure de St. Victor; il sert de couronnement à l'Autel de St. Mauront dont il renferme les ossemens. Ce monument est un des plus beaux de ceux qui se trouvent dans cette Abbaye. Il représente des centaures de l'un & de l'autre sexe, attelés à des chars, faits suivant l'ancien Costume Romain, qui ressembloient plutôt à des brouettes qu'à des voitures commodes. Ces centaures sont conduits par des amours; on voit dans un des deux chars la victoire, la palme à la main; & dans l'autre, deux personnes de sexe différent; sur le milieu, deux captifs enchaînés à un palmier, surmonté d'un médaillon, dans lequel on lit l'épitaphe suivante:

D. M.

IVLIÆ. QVINTINÆ

COSSVTIA HYCLA

MATER FILIÆ

PIISSIMÆ.

Aux Dieux Manes de Julia Quintina, fille très-

pieuse [72], *Cossutia Hycla*, *sa mere*. Deux génies aîlés, tels qu'on représente les Anges, soutiennent d'une main le médaillon, & de l'autre une Palme. Tous ces objets sont rendus avec toute la délicatesse d'un ciseau conduit par des mains habiles ; mais je ne conçois pas pourquoi des attributs, qui devoient être uniquement destinés à caractériser la sépulture de quelque conquérant, se trouvent ici placés pour décorer le tombeau d'une personne du sexe ; il faut l'avouer, on a vu de tous temps des artistes de mérite sacrifier le bon goût & la vérité au caprice des ignorans qui les emploient. Combien d'anachronismes nos Peintres & nos Sculpteurs ne font-ils pas, en se prêtant à placer dans les sujets historiques relatifs à la religion, des saints personnages, qui n'ont vécu que long-temps après l'époque représentée sur le tableau, ou le Bas-relief ? Un artiste instruit devroit se faire une délicatesse de profaner ainsi les talens. La peinture & la sculpture sont deux arts faits pour suppléer d'une manière particulière à l'écriture ; ils produisent même un effet plus sensible & qui frappe également les savans & le vulgaire le plus stupide. Si ceux qui exercent ces arts, nous induisent en erreur, ils sont aussi répréhensibles qu'un Historien qui avanceroit des faussetés. Ils commettent même une faute plus grave, lorsque leurs productions sont relatives à la Religion. Les contre-vérités en ce genre, fournissent aux incrédules & aux sectes ennemis de notre croyance, des prétextes pour nous ridiculiser.

[72] Il s'agit ici de la piété filiale, du respect envers les parens, que les Romains rendoient par le mot *Pietas*.

planche 22

Aux Depens de M.r Escalon ancien Echevin

Les noms de *Julia Quintina* & de *Coffutia Hycla* sculptés sur le tombeau que je viens de décrire, sont Romains, & désignent assez que ce monument doit être rapporté aux temps de la domination de nos vainqueurs.

PLANCHE XXIII.

Les N°. 1 & 2 de cette Planche, présentent deux Pilastres dans le genre des Grotesques. Ils ont été enlevés des ruines d'édifices situés auprès de la Cathédrale, qui étoient probablement des vestiges de l'ancien Temple de Diane, ou d'autres constructions, qu'on avoit décoré dans le temps aux dépens de ce Temple. Le bon goût dans le choix des ornemens, leur sage distribution, l'exactitude du dessein, tout annonce l'habileté de l'Artiste qui avoit exécuté ces précieux morceaux; ceux qui dirigeoient l'exécution de l'Autel dédié à St. Lazare dans l'Eglise Cathédrale, lorsque dans 15°. siècle on fit réédifier cette Chapelle, frappés sans doute des beautés qu'ils rencontrèrent parmi ces vestiges, crurent ne pouvoir mieux les employer qu'en les destinant à orner l'Autel, tous ceux qui n'étoient point dégradés.

Ces monumens sont en marbre blanc statuaire, & méritent l'attention de tous les connoisseurs, qui les ont toujours reputés antiques : on voit en effet, que dans le temps où les Artistes n'étoient pas même capables d'atteindre le genre médiocre, il auroit été impossible de leur faire exécuter les beautés répandues dans ces morceaux. Cette idée s'offre naturellement à l'aspect des figures Gothiques, dont l'Autel est orné ; elles se ressentent toutes du mauvais goût & de l'impéritie des Sculpteurs, tandis que les autres parties antiques saisissent le spectateur, & lui rappellent avec plaisir les beaux siècles des arts dans la Grece & dans Rome.

N°. 3. Colonne de l'ordre composite, qui se trouve dans le jardin potager de M. le Prévôt de l'Eglise de Marseille ; elle est dans de belles proportions, & annonce la grandeur & la magnificence de l'édifice qu'elle décoroit. Je crois que cet endroit étoit l'ancien Baptistaire de la Cathédrale, qui avoit été orné des débris du Temple de Diane ; on trouve en effet, aux environs, des tronçons d'autres colonnes également canelées & dans les mêmes proportions ; ces tronçons sont en marbres orientaux, tandis que la colonne qui subsiste en entier est toute de pierre de taille, à l'exception de l'astragale qui est en marbre blanc statuaire ; ce qui fait présumer qu'en construisant le Baptistaire, on avoit ramassé indifféremment toutes les colonnes qu'on avoit pu recupérer ; car, si elles eussent été destinées de principe à orner ce lieu, elles auroient été faites incontestablement, ou toutes de marbre, ou toutes de pierre, sur-tout dans un édifice octogone, ainsi qu'on peut le remarquer par les arceaux qui restent ; ce genre d'architecture exigeant de nécessité l'uniformité. Le S^r. Clérisseau, habile Dessinateur de

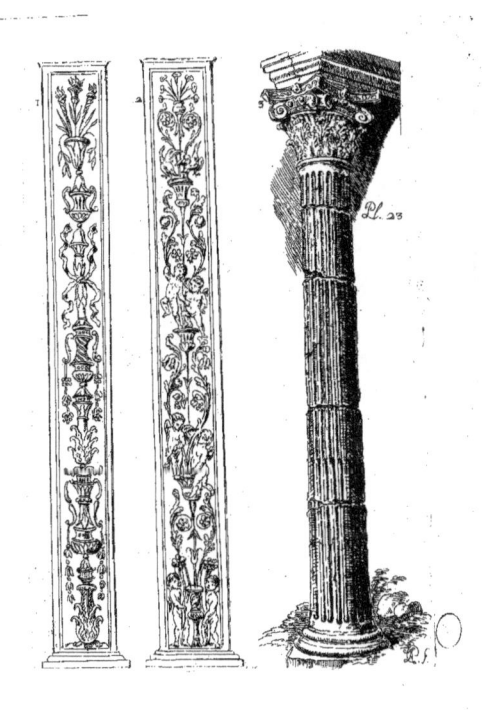

monumens antiques, dont les ouvrages en ce genre font avec raison estimés des amateurs, s'attribua la découverte de ces ruines, & en fit une pompeuse description dans les feuilles Périodiques de Marseille. Ruffi, dans son histoire de cette Ville, avoit fait mention de cet Edifice avant lui ; & tous nos Concitoyens instruits le connoissoient. Le Sr. Clerisseau auroit pu s'éviter la peine de le leur annoncer comme une découverte. Cet Artiste hasarda même de décider que c'étoit une des chapelles du Temple de Diane ; son court séjour dans cette Ville ne lui permit pas d'en lire l'histoire, ni de prendre les renseignemens nécessaires ; il n'auroit point adopté un sistème formellement contredit par les Chartes de la Cathédrale ; s'il eût pris cette précaution, il auroit appris, qu'une ancienne Eglise subsistoit dans les terrains de la Prévôté, avant qu'on construisît celle qui existe de nos jours ; qu'un mur à côté de l'orgue, est un vestige de cette ancienne Eglise ; & pour lors, il seroit convenu avec nous, que la prétendue chapelle du Temple de Diane, n'étoit autre chose que le Baptistaire (73) de la Cathédrale, qui avoit été décoré avec des Colonnes antiques recupérées du Temple plus anciennement placé sur le même terrain.

(73) La place qu'occupoit cet Edifice, dénote assez son usage : les Baptistaires étoient anciennement tous placés *hors des Eglises ; les Cathédrales ou Eglises mères*, étoient seules en droit d'en avoir. On voit encore de fameux édifices en ce genre, à Rome, à St. Jean de Latran, à Pise, à Florence & dans d'autres villes d'Italie : sans sortir même de notre Province ; le Baptistaire de la Métropole d'Aix, est une preuve de ce que nous avançons.

Y

PLANCHE XXIV.

LA Colonne de marbre blanc dans le genre des Grotesques, désignée par le N°. 1, décore l'Autel dédié à St. Lazare dans l'Église Cathédrale, ainsi que les pilastres représentés dans la planche précédente. On reconnoît dans ce Monument les indices certains de l'antique ; c'est encore un des morceaux trouvés dans les vestiges d'édifice qui étoient aux environs de l'Eglise actuelle ; les figures & les fruits dont cette Colonne est ornée, ont de tout temps fixé l'attention des connoisseurs.

N°. 2. Frise en marbre blanc recupérée des mêmes vestiges que le Monument précédent : elle est dégradée par quelques fractures ; mais malgré cette défectuosité, il n'y manqueroit qu'un peu plus de relief, pour en faire un morceau achevé : on s'en est servi pour un des Pilastres de la chapelle de St. Lazare, dans l'Eglise Cathédrale.

Je n'ai fait graver sous le N°. 3, qu'un des deux cintres antiques recupérés des mêmes vestiges que les morceaux précédens ; comme ils sont en tout parfaitement ressemblans, cette répétition devenoit inutile.

C'est dans le plus beau genre de proportion & dans le meilleur goût dont l'art de la Sculpture soit susceptible, que ces morceaux sont exécutés ; richesse & choix d'ornement, délicatesse du ciseau, noblesse de l'ensemble ; tout arrête les regards du connoisseur.

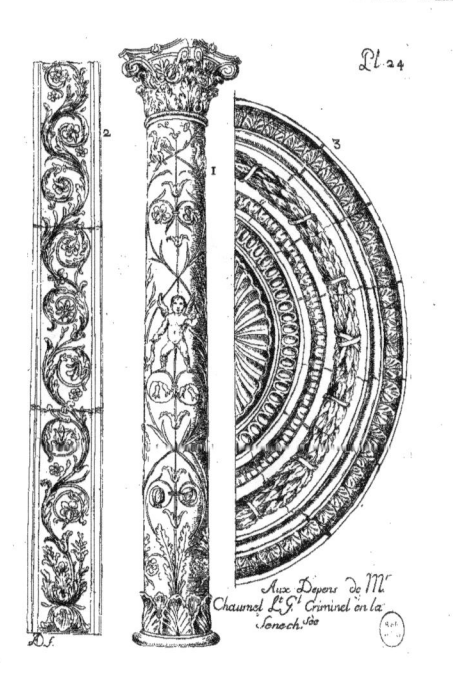

MARSEILLOIS. 171

Ces Monumens font en marbre blanc ; c'eſt dommage qu'ils aient été un peu racourcis dans le bas par les ouvriers qui les tranſpoſerent, lors de la conſtruction de la chapelle de St. Lazare, où ils ſont placés ; ce qui ôte une légère partie de l'agrément.

PLANCHE XXV.

N°. 1. Buſte de Jupiter Sérapis en bronze, trouvé en 1704, à 16 pans de profondeur dans la terre, en creuſant les fondations de la maiſon du ſieur Mouliéres, au bout du Cours de Marſeille ; ce Buſte étoit à la diſtance de 3 pans d'une voûte ſervant autrefois à une fontaine près les anciens remparts. Le deſſein de ce Monument m'a été communiqué par Mr. Gravier. Monſieur ſon père qui poſſédoit toutes les connoiſſances relatives à la Science de l'antiquité, n'avoit pas négligé de ſe procurer une copie de ce bronze ; il avoit écrit au bas les particularités de ſa découverte. Ce témoignage ne doit point être ſuſpect ; les beautés de ce Buſte ſe font aſſez remarquer ; & je crois inutile de les détailler.

N°. 2. Bronze repréſentant la Déeſſe Minerve, dans le Coſtume Grec ; on y reconnoît des traces de rapport entre ce Coſtume & celui des Egyptiens. On ſait que ces derniers furent les premiers inventeurs des beaux Arts. C'eſt d'après les connoiſſances que les Grecs puiſèrent chez eux, qu'ils parvinrent à ce degré de perfection, qui fixa l'admiration de l'univers. Ce Monument avoit été au pouvoir de Mr. l'Abbé Boule ; j'ignore entre les mains de qui il a passé depuis le decès de ce curieux. C'est à Mr. Gravier à qui je dois également la connoissance du dessein de ce bronze ; ce Citoyen m'a affirmé qu'il étoit une suite des découvertes faites à la rue des Consuls.

N°. 3. Figure d'un Dieu Marin, en bronze ; elle est dans le Cabinet de Mr. Gravier ; d'après l'assurance qu'il m'a donnée que ce Monument étoit renfermé dans un tombeau trouvé à Marseille, je me suis décidé à l'insérer dans ce Recueil. Il est très-naturel de trouver dans une Ville de commerce maritime, des Idoles représentant les Divinités des eaux ; cette figure, ainsi que les deux indiquées par les N°. précédens, devoient être destinées à orner des Laraires, ou a être suspendues en *exvoto* dans les Temples ; leurs dimensions étant trop petites, pour qu'on puisse leur attribuer d'autres usages. La place que la dernière occupoit, confirme que c'étoit un Lare ou Pénate.

N°. 4. Amulète en bronze, représentant un Priape, & une main dont le pouce est passé entre le doigt index & le medium, signe dont l'indécence étoit très-propre à assortir la figure principale de cette Amulète. Ces mains que quelques antiquaires ont nommé *impudiques*, étoient d'un grand usage chez les Payens, ainsi que la représentation du Dieu Priape, par les parties du sexe masculin. Ils les regardoient comme des préservatifs du genre de ceux que les Latins nommoient *Fascini* ; les jeunes filles, & même les garçons les portoient au col.

MARSEILLOIS. 173

Si nous envisageons cet usage, relativement à nos mœurs actuelles, nous ne trouverons en lui que le comble de l'extravagance, de la superstition & d'une lubricité dégoûtante, autant qu'affichée ; mais est-il possible que des Nations éclairées eussent autorisé cet usage, s'il eût présenté des idées de pure obscénité! Je ne puis me persuader qu'il ait jamais été permis de braver ainsi la pudeur. Il est plus naturel de croire que les peuples policés chez lesquels ces Amulètes étoient adoptées, n'avoient en vue que la fécondité des deux sexes, pour la propagation de l'espèce ; ce qu'ils regardoient comme une faveur des Dieux, auxquels ils croyoient témoigner par-là leur reconnoissance, & s'assurer de leur protection, pour être préservés de la stérilité & de l'impuissance ; c'est à ces vues qu'on doit rapporter la fameuse procession que les Matrones Romaines faisoient annuellement dans le mois d'Août, dans laquelle elles portoient la figure des parties honteuses. Les mains impudiques, telles que celle de notre Monument, peuvent avoir été introduites dans Rome, sous le règne de Caligula ; qui donnoit la sienne à baiser, fermée de cette manière, ainsi qu'on le voit dans Suétone (74). Ce bronze est encore au pouvoir de Mr. Gravier, & a été trouvé dans le terroir de cette Ville.

(74) Sueton. in Caligula cap. 56.

PLANCHE XXVI.

J'Ai avancé dans le discours préliminaire que l'Abbaye de St. Victor avoit été réédifiée plusieurs fois, aux dépens des Edifices profanes, mutilés à cet effet, ou de leurs vestiges épars en divers endroits de la Ville. Les fragmens d'Architecture renfermés dans cette Planche, sont un témoignage certain en faveur de cette opinion. La quantité de chapiteaux & de bases de diverses proportions, qui décorent le Péristille nommé le Cloître, est aussi nombreuse que ces objets sont bizarres : je me suis décidé à ne faire graver que ceux qui m'ont paru les mieux traités, ou les plus singuliers, relativement au goût ; ces compositions capricieuses feroient douter de leur antiquité, si nous n'en trouvions de tout aussi ridicules dans les divers ouvrages des Antiquaires. Le seul Recueil des Antiquités d'Herculaneum, peut nous convaincre que, si les anciens suivoient les règles des arts, ils s'en écartoient aussi quelquefois (75), chaque siècle a vu éclorre des productions où les Artistes n'ont consulté que leur caprice. Notre Nation, de nos jours même, au milieu des chefs-d'œuvre des Bouchar-

---

(75) C'est ce qui a donné lieu au genre connu sous le nom de grotesque. Mr. Lacombe dans son Dictionnaire des beaux Arts définit ce genre, des ornemens de pur caprice, variés, de figures d'animaux, de feuillages, de fleurs, de fruits &c. D'après cette définition, on reconnoît aisément que nos chapiteaux sont dans le genre des grotesques.

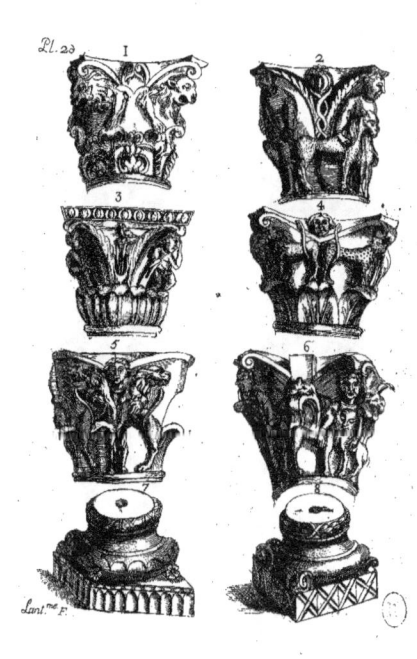

don, des Pigalle, des Couſtou, des Saly, des Vanloo, des Pierre, & de tant d'autres célèbres Maîtres, étale des compoſitions dans le genre nommé le *Barroque*, auquel on pourroit appliquer avec raiſon, le paſſage d'Horace.

> Humano capiti cervicem pictor equinam
> Jungere ſi velit, & varias inducere plumas,
> Undique collatis membris, ut turpiter atrum
> Definit in piſcem mulier formoſa ſuperne;
> Spectatum admiſſi riſum teneatis amici (76).

Si les productions de ce genre paſſent à la poſtérité, elles jetteront dans le doute ceux qui les compareront aux célèbres morceaux dûs au même ſiécle. Tous les chapiteaux du Cloître de St. Victor, malgré leur ſingularité, conſervent néanmoins des veſtiges de l'ordre Ionique, & encore plus du Corinthien ; ce qui conſtitue l'ordre compoſite mis quelquefois en uſage par les Marſeillois. Les chapiteaux de la Colonne de l'Egliſe inférieure de St. Victor, ceux des ſix Colonnes de l'Egliſe Cathédrale, tous reconnus antiques, ſont des preuves certaines que l'ordre Corinthien étoit le plus en vigueur dans Marſeille (77), les cintres de la Chapelle dédiée à St. Lazare, dans la

---

(76) Horatius, de arte Poetica.
(77) Un Citoyen auſſi éclairé qu'eſtimable, dans une diſſertation dont il fit part au Public en 1771, a conſeillé à ceux qui s'occupoient à des recherches hiſtoriques ſur Marſeille, d'aller recuperer en Ionie, les coſtumes des Marſeillois. ,, Leur Ville étoit une Colonie de Phocéens ; elle devoit ,, avoir conſervé les uſages de la Métropole, & puiſque Marſeille ne

Cathédrale, recuperés des veſtiges du Temple de Diane, viennent également à l'appui de cette vérité.

Tous les éclarciſſemens qu'on peut tirer des ſix chapiteaux contenus dans cette Planche, depuis le N°. 1 juſqu'à N°. 6, ſe réduiſent aux refléxions précédentes, ils ne ſont ſuſceptibles d'aucune explication, ils ſont tous en pierre de la carriere blanche du Cap couronne; c'eſt de cet endroit que les Marſeillois ont de tous les temps extrait les pierres pour leurs édifices.

Les deux baſes N°. 7 & 8, ſont en marbre blanc, ce ſont les ſeules de bon goût, parmi le grand nombre qu'on trouve dans le periſtille de S. Victor, elles donnent une aſſez bonne idée de l'intelligence dans le choix des ornemens, de la part des Artiſtes qui les ont travaillées.

PLANCHE XXVII.

Les Chapiteaux contenus dans cette Planche, ſont encore du nombre de ceux qui décorent le Cloître de l'Abbaye de St. Victor, & du même genre

„ poſſède aucun monument, qui puiſſe nous conduire à la connoiſſance
„ de la vérité, réclamons les coſtumes ioniens, *c'eſt un bien de famille*
„ *qu'on peut récuperer ſans injuſtice* „. Tel a été le raiſonnement de ce
Citoyen, auquel nous oſons oppoſer ce Recueil; quoique peu important,
il juſtifie notre Ville de la diſette des Monumens; & quant au coſtume
ionien, rien ne prouve qu'il eût été ſeul adopté par nos pères: tout prouve
au contraire; que le coſtume Corinthien étoit plus en uſage chez eux. Ainſi
nos Concitoyens ont ſous leurs yeux des titres qu'ils iroient vainement chercher ailleurs.

que

que ceux de la Planche précédente, c'est à-dire, en grotesques.

Celui du N°. 1. est en pierre du Cap couronne; il est des plus singuliers, & prouve ce que j'ai avancé dans le Discours Préliminaire, que ces chapiteaux n'avoient point été faits de principe, pour décorer ces lieux ; en effet, peut-on voir un objet plus disparate avec la chasteté monastique, & un édifice consacré à la Religion chrétienne ? Des monstres dont on étale à découvert les parties viriles en érection ne peuvent avoir été primitivement destinés qu'à orner quelque édifice profane & très-profane ; c'est le sentiment de Vignole, que les chapiteaux qui étoient ornés de figures d'animaux, devoient être destinés à décorer les Temples (78).

Le Chapiteau du N°. 2. est un des plus curieux & des mieux travaillés ; on y reconnoît l'habileté de l'Artiste à conduire son ciseau ; il est en marbre blanc & très-bien conservé malgré sa grande vétusté : il est tout composé d'entrelassement de feuilles de refend en volute, posées en sens opposé. Ce genre de chapiteaux, présente une sorte de richesse d'ornement, qui n'est pas indifférente, quoique infiniment au-dessous des beautés du vrai chapiteau corinthien, dans ses exactes proportions.

Les N°s. 3. 4. & 5. sont encore des grotesques différentes de celles de la Planche précédente ; mais

---

(78) Architecture de Vignole pag. 113, édition in 4°. MDCCLX. Paris chez Jombert, où il cite deux Chapiteaux antiques, dont un tiré du Temple de Jupiter à Rome.

Z

fur lefquelles on ne peut former aucun raifonnement. Elles fervent tout au plus à indiquer les variétés de ce genre, & à prouver la bizarrerie du goût.

N°. 6. Tombeau en marbre blanc, trouvé dans Marfeille, & tranfporté dans la Sacriftie de l'ancienne Eglife de l'Obfervance, où il a probablement fervi de réfervoir au lave-mains. Ce tombeau qui étoit dans le coftume Romain en godrons, n'exifte plus depuis long temps. Ce n'eft pas le feul objet que nos concitoyens ont négligé de conferver. Il femble qu'on fe foit au contraire attaché à faire difparoître tout ce qui pouvoit être un titre honorifique pour la Patrie.

PLANCHE XXVIII.

N°. 1. FRagment de Frife en marbre blanc, trouvé dans la mer, au-deffous de la Tour de la Prévôté; où l'on avoit fait une jettée de divers veftiges, pour garantir cette tour de l'effet que produifoient les vagues en venant fe brifer contre fes fondemens. C'eft de ces veftiges que furent tirés les beaux morceaux de marbre noir antique, dont eft plaqué le fond de la Chapelle de notre-Dame de Paix, dans l'Eglife des Accoules. La Frife que je décris, eft bien entendue & dans le goût des ornemens de l'ordre corinthien; les circonvolutions des feuilles de refend font bien amenées.

N°. 2. La plupart des chapiteaux antiques trouvés en différens temps dans Marseille, étant dus à l'ordre composite ou au corinthien, j'ai cru devoir faire graver un de ceux qui servent actuellement de borne ; il pourra faire connoître le genre de ceux des grandes colonnes de l'Eglise inférieure de St. Victor, & de nombre d'autres épars en divers endroits de la Ville ; j'obferverai qu'ils étoient en général dans de belles proportions, & en marbre blanc tel que celui-ci.

N°. 3. Tombeau actuellement situé fur la place de l'Eglise de St. Victor ; il est en marbre blanc : son couvercle est remarquable par sept têtes de lions qui tiennent à de larges baguettes ; les côtés font ornés de sculptures faisant l'effet des écailles de poisson. Ce genre d'ornement se rencontre souvent dans les monùmens grecs, tout comme dans ceux qui sont dus aux Romains (79). La figure en buste qui est placée dans le Médaillon, paroît être celle d'un Magistrat ou d'un homme de lettres ; ce qui est désigné par le rouleau de *Papirus*, que cette figure tient dans la main ; le costume m'a paru Romain.

(79) Voyez Montfaucon, Antiquité expliquée.

RECUEIL
DES ANTIQUITÉS,
ET
MONUMENS MARSEILLOIS,
Qui peuvent intéresser l'Histoire & les Arts.

TROISIEME PARTIE.

Les objets destinés pour les Cérémonies Réligieuses & ceux en usage dans le Domestique.

Parmi les monumens renfermés dans cette troisieme partie, les Lampes tiennent en quelque sorte le premier rang ; tant par la quantité trouvée dans Marseille, que par la singularité de quelques-unes.

Je me suis borné à faire graver celles qui offroient des variétés, soit par le galbe, soit par les ornemens ou les figures. On a coutume de regarder ces monumens comme des objets funèbres. Le plus grand nombre de nos concitoyens les nomme lampes sépulchrales; quelques-uns sont persuadés de leur inextinguibilité dans les tombeaux, tant qu'elles n'ont point été accessibles aux impressions de l'air. Cette dernière opinion, fruit de la crédulité de ceux qui aiment le merveilleux, répugne trop à la saine raison & à la bonne Physique, pour mériter d'être combattue sérieusement. Quant à la première, il est certain que les Grecs, ainsi que les Romains, étoient dans l'usage de déposer des lampes dans les sépulchres; mais leur utilité ne se bornoit pas à cet usage chez l'un & l'autre de ces peuples: ils se servoient de lampes dans les maisons, & en décoroient les Temples. Pausanias nous apprend, qu'il y avoit à Athènes, devant la Statue de Minerve, une lampe d'or, dont l'huile qu'on y avoit une fois versée, duroit toute l'année: il falloit que ce vase fut d'une grandeur étonnante, pour produire cet effet. Les Grecs & les Athéniens sur-tout, avoient coutume d'allumer des lampes les jours de Fête dans les Temples. Ils honoroient particulièrement de cette manière Minerve & Vulcain; les Fêtes de ces Divinités étoient nommées pour cette raison, *Lampadophories*. Le fameux proverbe grec, *cela sent la lampe*, pour désigner un ouvrage de littérature qui avoit coûté beaucoup de veilles à son auteur, nous est une preuve de l'usage domestique des lampes chez cette Nation. On disoit à Rome ; j'ai perdu mon huile & ma peine, lorsqu'un ouvrage après beaucoup de soins, ne recevoit pas le suffrage du Public.

Les Romains se servoient également de lampes dans les Temples ; & aux Kalendes de chaque mois, ils en mettoient un grand nombre devant leurs portes & à leurs fenêtres.

Le Recueil d'Antiquités Romaines intitulé : *Museum Romanum*, nous donne la connoissance d'un grand nombre de ces monumens destinés à l'un & à l'autre usage.

La majeure partie des lampes chez les Grecs, comme chez les Romains, étoit en terre cuite, & à un seul lumignon. C'est de ce genre que sont presque toutes celles trouvées dans les tombeaux.

Celles destinées pour les usages domestiques ou pour les Temples, étoient plus souvent de bronze; quelque fois même d'argent, rarement d'or · elles étoient communément ornées d'un pied & d'une anse pour la commodité du transport, avec une cavité par-dessous, pour venir s'adapter au pignon des candelabres sur lesquels on les posoit dans les repas, comme dans les Temples. Celles consacrées à ces derniers lieux, avoient souvent des chaînes, ou des brochettes, pour être suspendues avec plus de facilité: ces deux dernières qualités de lampes avoient un nombre indéterminé de lumignons, selon la fantaisie du possesseur ou de l'Artiste qui avoit été employé à ce travail.

Les Marseillois, Colonie des Grecs, soumis ensuite aux Romains, eurent conséquemment le même usage que ces peuples, en ce qui concerne la façon de s'éclairer. Les lampes qui ont été trouvées dans leur ville, en sont une preuve. La plupart de ces monumens sont de terre cuite & rarement en métal. Les premières ont presque toutes été trouvées dans des lieux destinés à la sépulture.

Parmi les monumens de cette troisième partie, les instrumens de Sacrifices, les objets destinés au culte religieux, & ceux d'un usage familier, m'ont paru mériter d'être conservés ; & quelque peu intéressans que puissent paroître des hydries, de simples vases, des bouteilles, des pots de verre & des clefs d'une structure unie, qui peuvent avoir une parfaite ressemblance avec ceux de ces objets en usage de nos jours, j'ose croire que c'est une raison de plus pour en conserver la mémoire ; leur vue peut servir à nous convaincre que nous n'avons pas toujours été inventeurs, mais plus souvent imitateurs des choses les plus simples. Il est d'ailleurs des formes & des proportions dont on n'a pas mieux fait de s'écarter. L'artiste & l'homme de goût, ont lieu de s'instruire en les voyant ; & ce qui n'attire pas même les regards des gens indifférens, est souvent mis par eux à profit ; ils procurent ainsi de nouvelles ressources aux arts utiles, par la comparaison de nos progrès avec ceux des générations qui nous ont précédé, ces connoissances forment un point essentiel de l'histoire; & je n'ai pas cru devoir enlever à ma patrie, rien

de

de ce qui pouvoit servir à prouver le goût, l'adresse & les lumières de ses anciens habitans, relativement aux arts (80) : Si dans cette partie du Recueil, il y a des gravures, qui ne présentent pas des objets propres à fixer également l'attention de tous les lecteurs, il y en a aussi en revanche qui doivent produire cet effet par l'exactitude du dessein & l'élégance des formes. Ces reflexions doivent naturellement naître à leur aspect, & servir à prouver d'autant plus jusqu'à quel point de perfection les arts étoient portés dans Marseille ancienne.

PLANCHE XXIX.

LA Lampe gravée sous le N°. 1. est en terre cuite : elle est remarquable par ses ornemens, & sur-tout par la figure d'un âne accroupi qui est représenté sur le milieu. Je crois inutile de chercher l'explication de cet emblême ailleurs que dans le caprice de l'artiste. Cette lampe a été trouvée dans les terrains occupés par l'Arcenal.

N°. 2. Lampe trouvée dans les mêmes terrains : elle est en terre cuite, & de la forme la plus ordinaire à celles trouvées dans Marseille. Ces deux morceaux étoient au pouvoir de Mr. Olivier, de l'Académie.

(80) *Non sunt contemnenda quasi parva, sine quibus magna constare non possunt.* Hieron... ad Latam Epistola 7.

N°. 3. Lampe trouvée de nos jours avec plusieurs autres monumens tirés des tombeaux découverts dans la propriété de Madame Corail, sous le glacis de la Citadelle St. Nicolas : elle est unie, & n'a rien de remarquable dans sa partie supérieure ; le dessous au contraire présente une singularité qui m'a engagé à la faire graver : dans ce sens, il renferme sous le pied les caracteres suivans ANIΣΣEN ; ce qui me paroît être le nom de l'ouvrier. Cette lampe est des temps grecs, ainsi qu'on peut le remarquer par les deux *Sigma*, & par le mot ANIΣΣEN qui est Grec.

N°. 4. Cette lampe de terre cuite trouvée dans Marseille, au quartier des Tanneries, fut d'abord au pouvoir de Mr. Barral, un de nos concitoyens, dont le goût & les connoissances ne lui laissoient négliger aucun objet d'instruction ; l'amitié qui nous lioit l'engagea à se défaire de ce monument en ma faveur ; je l'ai eu long-temps dans mon Cabinet.

Mr. Calvet, premier Professeur de Medecine à Avignon, de l'Académie des Inscriptions, l'ayant vu, ainsi que plusieurs autres monumens, qui fixerent son attention, en rendit compte à Mr. le Comte de Caylus son ami. Ce Sçavant qui m'honoroit de sa correspondance, ayant jugé plusieurs morceaux de mon Cabinet, dignes de tenir place dans son *Recueil d'Antiquités*, je crus devoir les lui offrir. La lampe que je décris y est en effet insérée dans la XXVII. Planche, au tome 6. sous le N°. 4. Mr. de Caylus fait l'éloge des belles patines que renferme ce morceau ; mais il l'attribue aux Étrufques. J'avois négligé de lui en donner l'hiftorique ; & il jugea probablement fur la qualité de la terre cuite, qui eft totalement reffemblante à celle dont les vafes étrufques font fabriqués ; mais je puis affurer que ce morceau a été trouvé à Marfeille : Mr. Barral le tenoit du poffeffeur du terrain dans lequel il fut trouvé. Le lion étoit l'emblême des Marfeillois. Quoi de plus naturel que les ouvriers & les marchands, qui vendoient des lampes dans Marfeille, fiffent placer cet emblême pour ornement. Le doute qu'il pourroit y avoir fur la qualité de la terre s'évanouit, fi l'on daigne confidérer la quantité d'anciennes briques & d'ouvrages de poterie en terre de la même qualité, trouvés dans Marfeille. Les mines de terre glaife dont on les fabriquoit, exiftent encore au quartier de Séon. C'eft de là, ainfi que du Village de St. Zacharie, qu'on tire la matière propre à faire les briques de carrelage fi connus fous le nom de *moëlons de toumette*. Cette digreffion paroîtra peut-être trop longue, ne s'agiffant que d'une lampe ; mais on doit pardonner au zèle que j'ai eu de reftituer à la Patrie, un morceau qui a mérité les éloges d'un favant connoiffeur, tel que Mr. de Caylus.

N°. 5. Lampe en terre cuite trouvée au quartier de Paradis ; elle eft en tout femblable à nombre de pareilles lampes trouvées à Marfeille, dans les divers endroits deftinés à la fépulture ; elles ne différoient que par les proportions ; ces lampes font des premiers fiècles de l'Eglife, dans lequel temps, les

Fidèles avoient substitué le signe de notre salut aux emblêmes payens, en faisant poser la Croix ou le *Labarrum* de Constantin sur les objets d'usage parmi eux. Ce monograme qui signifie *pro Christo*, étoit bien propre à leur rappeller que toutes leurs actions devoient se rapporter à la Divinité.

N°. 6. Cette dernière lampe en bronze, fut trouvée avec une autre pareille, dans une des rues traversières derrière les Dominicains, près d'une maison appartenante à Mr. de Granier, à l'endroit où avoit été la Juiverie, ou un des quartiers habité par les Juifs, lorsqu'ils avoient des établissemens à Marseille. Ces lampes étoient entre les mains du sieur Fréjus, Chanoine de cette Ville. C'est d'après le dessein pris dans son cabinet, par le sieur Nicolas Peintre, que j'ai fait exécuter la gravure. Ces lampes avoient trois lumignons, & deux petites brochettes, qui servoient à les tenir en équilibre, & à les suspendre. Leur forme est aussi simple que commode.

N°. 7. Glaive à l'usage des Fantassins trouvé à Marseille. Mr. Gravier m'en a communiqué le dessein & les proportions, que Mr. son père, habile antiquaire, avoit eu soin de conserver lors de la découverte de cette armure. Sa conformité avec les glaives des Fantassins représentés sur divers bas-reliefs antiques, ne permet pas de douter de son usage.

N°. 8. Le monument désigné par ce numéro, est un vrai *Sigillum*, ou cachet antique. Il appartenoit à un personnage d'une famille répandue dans

Marseille. On doit lire les abréviations dans le sens suivant.

MARCI. COSSVTII. CHRESIMI.

Ce qui veut dire, que ce cachet est de *Marcus Cossutius Chresimus*. La famille *Cossutia* dont le nom est répété dans divers de nos monumens, devoit avoir une de ses branches établie en cette Ville ; le mot de CHRESIMVS, me paroît d'origine grecque, & conséquemment je croirois volontiers que celui de *Cossutius*, n'étoit qu'un nom adoptif, ensuite du Patronage ou de la clientelle, que la famille *Cossutia* exerçoit sur un particulier appellé CHRESIMVS. Ce morceau en bronze est au pouvoir de M. Gravier.

On connoît l'usage que les anciens faisoient de leurs sceaux, ou cachets. Ils n'étoient pas seulement employés à la sureté des moindres choses dans les familles ; (*Ciceron* dit que sa mère cachetoit jusqu'aux cruches vuides). Mais on s'en servoit encore pour assurer la bonne foi des contrats ; les parties contractantes, & les témoins apposoient également leurs sceaux à l'acte : de-là vient la formule qu'on lit dans quelques testamens des anciens Romains : *Qui huic meo testamento interfuistis, jubete signari* . . . & cette autre : *Testamentum manu meâ exaravi, meoque annulo obsignavi hisque testibus signandum, obtuli.*

PLANCHE XXX.

N°. 1. QUand on aime fa Patrie & les Arts, on doit être charmé de trouver des monumens qui puiffent leur faire honneur ; c'est le fentiment que j'ai éprouvé à l'afpect de celui que je décris. Il eft exécuté d'une manière à faire l'éloge des Artiftes Marfeillois, dans les temps où ce monument fut travaillé.

Ce crabe en bronze, fut probablement modélé d'après nature ; il eft parfaitement imité, & reffemble en tout à l'efpèce de ces cruftacées la plus commune fur les côtes de Marfeille, que nos pêcheurs nomment *FAVOUYO* ; ce qui feroit une raifon pour l'attribuer aux artiftes de cette Ville, fi nous n'étions convaincus d'ailleurs qu'il y a été trouvé depuis quelques années. Ce monument étoit digne de la place qu'il tient dans le cabinet de Mr. de Fauris de St. Vincent ; fon amour pour la Patrie, fes connoiffances littéraires, jointes au goût & à l'étude de l'antiquité, lui ont toujours fait rechercher les moyens de conferver à fes concitoyens, ce qui pouvoit intéreffer l'hiftoire de la Provence. L'ufage de ce crabe, qui eft creux en dedans, & dont la partie fupérieure fe relève par le moyen d'une charnière, n'eft pas difficile à expliquer ; il devoit probablement fervir à renfermer l'encens, ou quelque autre parfum, pour faire brûler dans les Sacrifices ; peut-être même étoit-il deftiné aux cérémonies relatives à Neptune. Ce ne feroit pas le premier monument, où par une allégorie bien simple, on eût défigné plus particulièrement la Divinité à laquelle il étoit confacré. On a de tous les temps marqué les attribus des Divinités fur les objets deftinés à leur culte ; & les productions de la mer devoient naturellement être appliquées à Neptune: quoique rien ne porte à croire que ce Dieu eût eu un Temple dans Marfeille, il pouvoit cependant y avoir eu un culte, par le moyen d'une de fes ftatues placée dans quelque chapelle des Temples de Diane, d'Apollon, ou de Minerve. C'eft ainfi que Jupiter, qui n'avoit point d'édifice qui lui fût particulièrement confacré dans Marfeille, y étoit cependant revéré (81) dans le Temple de Minerve, ainfi que le prouve la ftatue héroïque trouvée dans la rue des Confuls, parmi les ruines qui défignoient le Temple de la Déeffe de Arts, dont la ftatue en bronze fut également trouvée au même endroit & dans le même temps. Voyez les planches 15 N°. 3, & 16 N°. 2.

N°. 2. S'il eft des monumens intéreffans pour tous les genres de lecteurs, il en eft qui ne font capables que d'exciter en eux l'indifférence. La clef ancienne que je décris, eft véritablement de ce genre ; mais on ne doit rien négliger dès qu'il s'agit de faire connoître les arts, les mœurs & le coftume d'un peuple: ce qui paroît n'être que détail minutieux, tiré quelquefois à conféquence, & conduit à des découvertes

(81) Les Actes du martyre de St. Victor de Marfeille, difent qu'il fut conduit devant la ftatue de Jupiter. *Dom Ruinart*, *Actes des Martyrs*.

utiles. Toutes les anciennes clefs trouvées dans Marseille, sont à-peu-près de la même forme. Je n'ai fait graver qu'une de celles que j'ai en mon pouvoir; elle servira à faire connoître la façon de se fermer dans Marseille ancienne ; on ne devoit user que de loquets, car il auroit été bien difficile de faire courir les ressorts avec des clefs de cette forme. La plupart des peuples d'Orient ont encore en usage cette façon de fermer leurs portes ; & leurs clefs, selon le témoignage de plusieurs de nos compatriotes, qui en ont été témoins oculaires, ne diffèrent de la structure de celle-ci que par bien peu de chose.

N°. 3. Lampe en terre cuite, au pouvoir de Mr. de St. Vincent ; elle a été trouvée en cette Ville : il n'est guère probable qu'elle ait été destinée à l'usage des tombeaux : la figure en relief représentant un génie, qui porte en équilibre sur ses épaules, un bâton, au bout duquel sont suspendus deux paniers de fruit, semble désigner au contraire l'usage domestique. Ce morceau n'est pas un de ceux qui méritent le moins d'attention.

N°. 4. Urne cinéraire, trouvée en 1769 aux terrains par dessus la place de l'Abbaye St. Victor. Cette urne étoit au pouvoir de Mr. de Villeneuve-Tourrette, Chanoine de cette Abbaye ; elle avoit été trouvée avec nombre d'autres de la même forme cylindrique. Mr. Cresp, Commissaire de la Marine, est possesseur d'une toute semblable ; & j'en ai vu plusieurs mutilées, répandues sur le terrain où l'on a bâti les premières maisons de la rue Sainte. Elles

étoient

étoient remplies d'un terreau de qualité graffe & huileufe, & de quelques débris d'offemens ; ce qui ne laiffe aucun doute fur leur ufage. Elles avoient quatre à cinq pieds de haut. Je n'ai trouvé dans aucune collection de monumens, des urnes d'une pareille forme ; une particularité remarquable, c'eft qu'elles étoient conftruites en deux pièces ; la partie fupérieure, qui contient le gouleau, étoit adaptée à la partie inférieure par un petit bourellet pratiqué à l'endroit où fe terminoient les anfes ; la matiere qui lutoit les deux pièces, m'a paru gypfeufe ; & je crois que ce n'eft autre chofe que du plâtre blanc.

N°. 5. Lacrimatoire en verre, trouvé fur les terrains de la place St. Victor ; il eft de la forme la plus ufitée parmi ceux de cette matière, on en a trouvé une quantité prodigieufe, & on en trouve encore journellement. Valère Maxime a dit que les Marfeillois ne pleuroient pas leurs morts (82). Cet Auteur, qui a rapporté beaucoup de traits hiftoriques des temps antérieurs aux fiens, vouloit fans doute parler des premiers temps de la République de Marfeille ; car dans les fiècles poftérieurs, on pleuroit les morts dans cette Ville ; c'eft-à-dire, on faifoit affifter aux funérailles des perfonnes de louage, qui pleuroient à volonté, & dont les larmes précieufement recueillies dans ces petites bouteilles, étoient ainfi dépofées dans le lieu de la fépulture. Cet ufage eft prouvé par la quantité de lacrimatoires trouvés

---

(82) *Valerius Maximus* lib. 11.

dans les sépulchres. J'en ai eu jusqu'à douze en mon pouvoir : ils avoient presque tous été trouvés en construisant la place de St. Victor ; on enleva, à cet effet, plusieurs toises de terrain au-dessous desquels étoient une quantité considérable de tombeaux chrétiens & payens, mêlés ensemble. Tous les curieux se pourvurent en cette rencontre, de lacrimatoires, de préféricules, de lampes & de patères. L'usage de pleurer les morts par des serviteurs préposés, est encore en vigueur, parmi les Grecs de Smyrne, & de Foyeri, qui est l'ancienne Phocée d'où sont sortis les Marseillois. Voilà une raison de plus pour soupçonner l'autorité de Valère Maxime, ou du moins pour faire croire qu'elle n'est pas applicable à tous les âges de la République de Marseille.

N°. 6. Lampe en terre cuite, trouvée dans les terrains du quartier de Paradis ; elle a été pendant long-temps en mon pouvoir ; je m'en défis en 1763, en faveur de Mr. le Comte de Caylus, qui l'a rapportée dans le 6°. volume du Recueil des Antiquités, planche C, N°. 1. Rien de plus ingénieux que les réflexions de ce Savant sur ce monument, qu'il met dans la classe des antiquités Romaines, & qu'il croit être du genre des lampes funèbres. Selon lui, le génie pleurant dans un bateau représenté en relief, n'est qu'une allégorie relative à l'amour. « On ne peut
» attribuer (dit-il) cette composition qu'au tendre
» regret que l'amour a pu causer, & l'on voit sans
» peine combien cette expression, qui paroît simple

MARSEILLOIS.

« & même agréable, a reçu d'augmentation même
« depuis sa source grecque ». Si Mr. de Caylus avoit
été instruit que ce monument appartenoit à Marseille,
ainsi que j'en avois prévenu la personne chargée de
le lui envoyer, il n'auroit pas hésité de reconnoître
la même source dans un monument d'une ville grecque : j'avoue que la figure du génie que Mr. de
Caylus dit être la divinité de l'amour, ne m'a point
paru être représentée, pleurant ; je l'ai dessinée plusieurs fois avec attention, je l'ai examinée avec soin ;
j'avoue même que c'étoit celui des objets relatifs à
l'histoire des Arts de ma Patrie, qui attiroit le plus
souvent mes regards lorsque j'entrois dans mon
cabinet ; & je n'ai jamais vu dans ce relief qu'un
génie qui paroissoit être en contemplation dans
une situation de repos ; ce qui m'a toujours donné
l'idée d'une ame dans la barque de Caron, pour
le passage aux champs Elisées. Ce genre d'ornement
étoit bien relatif à l'emploi funèbre de cette lampe.

N°. 7. Lampe en terre cuite, trouvée en 1770,
au terrain de Madame Deydier de Curiol, près les
Reformés. Cette lampe étoit dans un tombeau en
briques, elle est simple & sans ornement. Je ne la
rapporte que pour conserver l'idée du galbe qui a du
rapport avec certaines lampes de fer encore en usage
parmi nous : au reste, dans le terrain où a été trouvée cette lampe, on a découvert des tombeaux en
différens temps.

PLANCHE XXXI.

N°. 1. & 2. Manches de couteaux en bronze, trouvés dans la Ville. Ils sont au pouvoir de Mr. Michel : le premier porte un caractère certain d'antiquité ; les feuilles d'achante, la tête d'un animal & le galbe, sont parfaitement traités ; quant au second, quoique moins précieux, il est cependant antique. La figure d'un esclave habillé d'une tunique courte (ce qui désigne sa condition), & les feuilles de refend qui ornent ce manche, sont d'assez bon goût ; au reste, ce dernier morceau fut trouvé en même temps que le précédent.

N°. 3. Patère en terre cuite, trouvée à St. Victor, en construisant la place devant l'Eglise. Les deux becs & l'endroit où elle a été trouvée, désignent assez son usage, qui devoit être celui des libations sur les sépultures, soit avec le sang des Victimes, du vin ou du lait.

Cette patère est en mon pouvoir ; sa forme singulière n'avoit été adoptée que par les seuls Marseillois. J'ai voulu m'en convaincre ; & j'ai parcouru attentivement tous les Recueils d'antiquité ; je n'en ai trouvé qu'une semblable dans le second volume de Montfaucon, page 144, plance LVIII, N°. 5. Ce Savant antiquaire déclare la tenir de la générosité de Mr. Lefournier, Réligieux de St. Victor lès-Marseille. Ce dernier l'avoit sans doute trouvée au même endroit que celle dont je suis possesseur. La qualité de terre glaise de cette patère est la même encore en usage dans toutes nos poteries. Quoique ce monument n'ait rien de remarquable pour la partie des Arts, il ne laisse pas que d'être intéressant à connoître, puisqu'il désigne un costume particulier à Marseille (83).

N°. 4. Vase en terre cuite, de la forme ordinaire de presque tous ceux trouvés dans Marseille ; ils diffèrent si peu entre eux, qu'il me paroît inutile d'en rapporter plusieurs. Les endroits où ils ont été trouvés, sont toujours ceux qui ont servi à l'usage des sépultures ; ce qui indique celui de ces vases. Ils étoient destinés à contenir les liqueurs pour les libations, telles que le vin, le lait, l'huile &c. Ce sont des vraies aiguières ; leur volume en général n'est pas bien grand, & leur hauteur ne passe pas demipied ; on en voit chez presque tous les curieux de Marseille ; on en trouve de sculptés sur des piédestaux chargés d'inscriptions sépulchrales. Je crois que ces aiguières sont de vrais préféricules, quoique bien des Auteurs pensent que ce que les Romains nommoient proprement (*Præfericulum*), étoit un bassin. Cependant le général le désigne par le nom de vase; & les Romains nommoient *vasa* toutes sortes d'ustensiles, soit en métal, en terre cuite, ou en verre, pour quelque usage sacré ou domestique qu'ils fus-

(83) Je me trompois lorsque j'avançois que cette forme de patère étoit particulière aux seuls Marseillois, j'ai reçu depuis peu une patère en tout semblable à celles trouvées dans cette Ville, elle m'a été envoyée de Malte.

fent deftinés : d'ailleurs le mot *præfericulum* vient de la prépofition *præ* (devant) & de *fericulum* (objet propre à porter quelque chofe) ; ainfi les préféricules étoient tous les vafes qui fervoient à porter d'avance les objets & les liqueurs fur les lieux où devoit fe faire le Sacrifice.

N°. 5. Urne en terre cuite, trouvée avec plufieurs autres femblables, lorfqu'on conftruifit la place de la partie de l'Arcenal nommée la Darce. Ces urnes avoient environ trois pieds de hauteur ; les proportions en font bien obfervées. Le terrain où elles ont été trouvées, faifoit partie du quartier de Paradis, & avoit conféquemment fervi de lieu de fépulture, ainfi que je l'ai obfervé.

N°. 6. Pot de verre repréfenté dans fa grandeur naturelle ; il a été trouvé dans un tombeau au terrain de Madame Corail, fous le glacis de la Citadelle. La quantité de petits pots femblables, trouvés dans les tombeaux Marfeillois, me fait préfumer que nos pères avoient la coutume de mettre dans les fépulchres, des liqueurs balfamiques ; ces petits vafes ne pouvoient fervir à d'autres ufages.

N°. 7. Simpule en terre cuite, trouvé près les infirmeries vieilles, avec des Patères unies. Le fimpule ou *fimpuvium*, fervoit aux Prêtres pour verfer du vin entre les cornes de la victime ; le Prêtre goûtoit le vin qui étoit dans ces vafes, le faifoit goûter aux affiftans, & verfoit enfuite le refte entre les cornes de la victime, avant que de la frapper. Ce vafe eft ici gravé à moitié de fes proportions. J'en

MARSEILLOIS. 199

ai vu un dans le cabinet du Collége de la Ville, qui diffère peu de celui-ci; j'ignore s'il a été trouvé dans le pays. Ces simpules en terre cuite, ne devoient point être employés dans les Temples, où il auroit été nécessaire d'en avoir de nouveaux à chaque instant, par la fragilité de la matière; j'oserois croire que ceux de ces vases destinés pour les Sacrifices des particuliers, sur les tombeaux des morts, étoient seuls en terre cuite, ainsi que les patères, & autres vases, par un principe d'économie, parce qu'on enterroit le tout dans la même fosse où étoit le cadavre, ou les cendres. L'endroit dans lequel on a trouvé notre simpule, & les patères qui étoient à côté, amenent naturellement ces réflexions, attendu qu'il faisoit partie des champs destinés à la sépulture.

Le monument désigné par le N°. 8. est un vrai problême, capable d'exercer tous les Antiquaires; il est susceptible de toutes les explications que l'imagination peut suggérer; mais il faut également convenir qu'on en est pas plus avancé dans la découverte de la vérité, relativement à son usage; tout ce qu'on peut assurer, c'est que ce genre de monument est particulier aux Marseillois; j'en ai eu jusqu'à quatre : le premier qui fut trouvé à Craulonguette en Camargue, sur les bords du Rhône, passa dans le cabinet de Mr. le Comte de Caylus. Le second fut entraîné par des filets de pêcheurs dans le golfe de Marseille, devant l'écueil nommé l'*Estel*, près la Major, je le cedai à Mr. le Duc de Picquigni, aujourd'hui Duc de Chaulnes. Ces deux premiers étoient peints de trois bandes coloriées de noir, de rouge & de jaune alternativement, & renfermoient des boules d'une pâte grife qui reffembloit à une pâte faite avec des cendres (84); les boules étoient en quantité inégale dans chacun de ces morceaux. L'intérieur du vafe étoit en creux, & recouvert de la même matière grife à l'épaiffeur de deux lignes en tout fens. Les deux autres monumens pareils que je conferve encore dans mon cabinet, m'ont été apportés de Corfe, où ils ont été trouvés dans la mer, au-devant de la ville d'Ajacio, qui eft l'ancienne *Alalia*. Je n'ai point ouvert ces derniers, mais je fuis affuré qu'ils ne contiennent point de petites boules, comme les autres ; on ne fent aucune vafcillation en les agitant, ni on n'entend aucun bruit.

Mr. le Comte de Caylus, rapporte dans fon 6e. volume du Recueil des Antiquités, planche 28 N°. IV, un monument femblable à ceux-ci ; il l'attribue aux étrufques, & le foupçonne d'être un vrai jouet d'enfant ; il dit qu'il a été trouvé à Martigues en 1762, à 300 pieds de profondeur dans la mer. Ce dernier morceau, comme tous les autres, eft piqué dans la partie inférieure qui lui fert de bafe, d'une quantité prodigieufe de trous, que Mr. de Caylus croit être une carie produite par le corrofif des eaux de la mer. Cette bafe dans tous ceux que j'ai eu en mon pouvoir, étoit noircie au point de reconnoître l'action du feu & de la fumée,

---

(84) Voyez une de ces Boules, gravées à côté du Monument dans la même Planche XXXI.

MARSEILLOIS.

qui avoit impregné de matières graisseuses & huileuses, les pores du vase.

D'après ces observations, je crois pouvoir conclure que ce ne sont point ici des hochets, ni aucune sorte de jouets d'enfans. Tous ces monumens sont de différentes proportions, & ne sortent point du même moule, ils étoient donc d'un usage multiplié: ils ont été tous trouvés dans des lieux qui ont appartenu aux Marseillois ou aux Phocéens leurs fondateurs. Les Romains donnèrent aux premiers toute la lisière du Rhône, jusqu'aux confins des Allobroges, après qu'ils eurent subjugué les Saliens & autres peuples Gaulois qui les inquiétoient; ils y établirent même des bureaux de douane (85), Craulonguette & la Camargue, étoient conséquemment de leur domaine. *Alalia* étoit une Colonie phocéene, sœur de Marseille (86), & Martigues est une Colonie Marseilloise, connue sous le nom de *Maritima*: voilà bien des témoignages certains de l'usage de ces objets parmi les Marseillois; & cet usage devoit être exclusif, puisqu'on n'a jamais trouvé rien de pareil ailleurs que dans leurs possessions.

Cet examen me conduit à exposer mon sentiment sur l'usage de ces morceaux en terre cuite, j'avoue que ce n'est qu'une hypothèse; mais elle a l'avantage d'être la plus vraisemblable.

Ces vases creux renferment une matière grise, analogue à de la cendre pêtrie avec des matières gras-

(85) Strabon Lib. 4.
(86) Herodote Lib. 1, cap. 162.

ses. La base est constamment piquée d'une quantité de trous où l'on reconnoît les traces de l'instrument & de l'action du feu, pour parvenir au degré de coction de ces pâtes, relative au point de la poterie du vase ; c'est toujours dans la mer ou dans un fleuve navigable, qu'on a trouvé ces objets. Je crois conséquemment pouvoir reconnoître en cela, les traces d'une superstition en usage parmi les Marseillois, qui sacrifioient peut-être quelque animal particulier, à Neptune & aux Divinités des eaux. Les cendres de ces animaux ou d'une partie de leurs intestins recueillies & pêtries dans des vases, de la forme de ceux dont il est question, étant ensuite mises sur l'Autel, dans le propre vase qui avoit servi de réceptale, acqueroient un nouveau degré de cuison par le moyen des piquures ou trous, & servoient ensuite à la superstition, dans la croyance d'apaiser la tempête, ou dans l'espérance d'obtenir un voyage heureux, en les jettant dans les eaux avec cérémonie, & la prière du dévouement lors du départ, ou pendant l'orage ; aussi je n'envisage ces objets, que comme de simples Amulètes, fruits de la superstition.

PLANCHE XXII.

N°. 1. Patère en pierre de Jade, trouvée dans les terrains des quartiers de la Major, en 1766. Ce monument est en mon pouvoir ; quoiqu'un peu mutilé sur les bords, je le regarde comme un des plus jolis morceaux trouvés dans Marseille ; il paroît avoir été travaillé au tour ; ce qu'on reconnoît au-deſſous, qui, n'ayant jamais été poli, a conſervé les rayes de l'outil. Ses proportions, la richeſſe de la matière, me font préſumer que cette patère étoit deſtinée à l'uſage domeſtique, ou à celui de quelque Temple, plutôt qu'aux libations dans les cérémonies funèbres, dans leſquelles on n'uſoit en général, que de patères en terre cuite, de la même forme que celle-ci ; mais dans des proportions moins recherchées. On ſe ſervoit rarement de patères à deux becs, comme celle de la planche précédente. La quantité des premières & le petit nombre de celles-ci trouvées dans les endroits deſtinés à la ſépulture, confirment cette opinion. On ſait que les patères n'étoient pas ſeulement en uſage dans les Sacrifices, mais que les particuliers, dont la dévotion les portoit à établir des Laraires dans leurs maiſons, tâchoient d'imiter en petit, dans ces réduits, toutes les cérémonies réligieuſes ; ils ſe procuroient toutes les Idoles auxquelles ils vouloient adreſſer leurs vœux, & tous les uſtenſiles & les vaſes néceſſaires à leurs cultes. Ils avoient conſéquemment des patères, & s'en ſervoient lorſqu'ils leur conſacroient des fruits, des mets, &c. qu'ils venoient poſer avec ſuperſtition dans ces petits vaſes, aux pieds des ſtatues des Lares. Notre patère paroît avoir été deſtinée à cet uſage, par quelque riche particulier. Il me ſemble (dit Mr. de Caylus), voir nos petits enfans lorſqu'ils font la chapelle (87). Rien de plus reſſemblant en effet, mais beaucoup plus ridicule dans des perſonnes d'un âge mûr. On a de la peine à ſe perſuader que ces grands perſonnages, pour la mémoire deſquels nous avons tant de vénération, euſſent de pareilles foibleſſes; mais tous les ſiècles fourniroient des volumes très-amples ſur l'hiſtoire des égaremens de l'eſprit humain.

N°. 2 & 3. Poids dont on a trouvé dans Marſeille, une quantité conſidérable de toutes les grandeurs proportionnelles à l'uſage. Je n'ai fait graver que celui-ci, parce qu'étant du plus grand module, il devient plus intéreſſant au coup d'œil. On voit d'un côté la double tête de Janus, & de l'autre un *Roſtrum* ou proue de vaiſſeau. Mr. de Caylus attribue l'invention de ce genre de poids aux étruſques; il dit dans ſon explication des vignettes du 6ᵉ. volume de ſon Recueil, que « ces monumens prouvent la
» tradition très-ancienne d'un Légiſlateur venu par
» mer, qui a civiliſé l'Etrurie, & confirment par
» conſéquent la répétition uniforme des événemens
» du plus grand nombre des peuples dans tous les
» ſiècles ». Le commerce des Marſeillois avec les Etruſques pouvoit leur avoir fait adopter leurs poids, à l'exemple des Romains leurs alliés, qui en avoient fait de même, ſavoir en quel temps leur uſage fut introduit dans notre Ville, eſt un objet qu'on doit mettre au rang des impoſſibilités; peut-être même que ces poids ne ſont ſi communs dans Marſeille, que parce que ſes marchands avoient ſoin de ſe pourvoir des

---

(87) Caylus, Recueil d'Antiquités tom. 6.

poids en usage chez les divers peuples, avec lesquels ils commerçoient, pour vérifier s'ils n'étoient point lezés par leurs correspondans, dans les envois qu'ils leur faisoient, ou qu'ils en recevoient ; tels à-peu-près nos commerçans modernes tiennent, pour la même raison, dans leurs comptoirs, des poids & des mesures de divers pays.

N°. 4. Autel en marbre blanc, trouvé en 1586 sur une des montagnes du terroir de Marseille, par un Bucheron (88). On le prit dans les temps, pour une urne cinéraire, parce que le foyer étoit rempli de plusieurs petits ossellets mêlés avec quelques cendres. La forme de ce monument, & l'usage auquel il fut ensuite destiné, démontrent que c'étoit un véritable Autel, & non une urne. Le Bucheron, qui l'avoit découvert, imaginant que c'étoit des ossemens de Saints qui se trouvoient dans le foyer, crut devoir le donner en présent au Prieur de Notre-Dame de la Bourgade (89), qui le fit servir de Bénitier à son Eglise. Sur quoi on peut remarquer, que si c'eût été une urne cinéraire, le vase ayant été pour lors trop profond, il n'auroit pu servir de Bénitier, parce qu'il auroit été nécessaire d'aller puiser l'eau-bénite au fond, ou la renouveller journellement, pour éviter la putréfaction ; au lieu que le foyer d'un Autel, n'ayant que quelques pouces de profondeur pour contenir

---

(88) Manuscrit de la Massiliographie, par Mrs. Prat & Durant. Ce manuscrit se trouve à la Bibliotheque du Collége de Marseille ; à celle de Mr. Chomel, Lieutenant Criminel, & à celle de Mr. Michel.

(89) Notre-Dame du Mont.

les charbons, donne naturellement l'idée de le faire servir de bénitier. Il n'y a d'ailleurs qu'à considérer le monument & les attributs des guirlandes, pour être convaincu que ce n'est qu'un Autel consacré à Cybèle, ou à telle autre Divinité à qui on attribuoit la protection & la conservation des productions de la terre. Les petits osselets que le feu n'avoit pas consumés, devoient être les restes de quelque victime, & non des ossemens humains. Le lieu où cet Autel fut trouvé, donne naturellement l'idée d'un culte dans les forêts. On sait que les montagnes des environs de Marseille, étoient anciennement toutes couvertes de bois, & faisoient partie de la forêt sacrée, dans laquelle il y avoit un culte établi (90). Quoi de plus simple que d'y rencontrer des autels ! Celui-ci est de bon goût dans sa noble simplicité.

N°. 5. Vase d'Albâtre, trouvé dans les quartiers de la Ville supérieure ; ses proportions, les ornemens & la manière dont il est traité, tout annonce l'intelligence de l'Artiste ; l'usage des vases d'albâtre, pour la table, & le service domestique relatif à la boisson & aux parfums, étoient si communs chez les anciens, qu'ils en étoient venus au point de les désigner tout uniment par le mot *Alabastrum*, Albâtre ; quoique ces vases fussent de diverses matières. Celui que je décris étoit destiné sans doute à cet usage ; il a été trouvé vuide, il étoit d'ailleurs trop petit pour contenir les cendres d'un corps humain ; & il est plus naturel de croire que c'étoit un vrai *Crater*

(90) Lucan in Pharsal.

MARSEILLOIS.

ou *Poculum* au service du buffet. Nos anciens n'avoient pas besoin de tirer de bien loin la matière première des vases d'albâtre ; nous en possédons en Provence, du côté de Gréoux, des Carrières, d'une très-belle qualité, qui le disputent aux albâtres d'Orient, qui sont en général les plus estimées, c'étoit au reste une sorte de superstition que l'usage des vases d'albâtre, par les vertus que la médecine leur attribuoit. Notre monument doit avoir resté bien long-temps dans la terre ; car il est fêlé en divers endroits & tout couvert de taches jaunes ; le pied est adapté avec un mastic, dans la composition duquel il entroit de la poussière de l'albâtre même. Ce pied paroît avoir été fait par le secours du tour ; le couvercle est moins perfectionné, que le corps du vase ; mais l'ensemble présente un objet d'une agréable composition. Ce morceau est en mon pouvoir. (Hauteur depuis le pied jusqu'au couronnement du couvercle, 8 pouces ; sans le couvercle, 5 pouces & demi ; diamettre du vase, 2 pieds).

N°. 6. Lacrimatoire en verre, d'une forme différente de celui contenu dans la planche 30, n°. 5. Les lacrimatoires en verre de cette forme, quoique moins ordinaires que les autres, ne laissent pas que d'être très-communs dans Marseille. On en a trouvé dans les divers endroits destinés à la sépulture. Celui-ci est un de ceux trouvés en 1752, au terrain de Madame Corail, sous le glacis de la Citadelle St. Nicolas. J'avoue qu'il n'y a pas, dans un pareil monument de quoi satisfaire la curiosité du Lecteur ; auſſi ne l'ai-je fait graver que pour conſerver l'idée du galbe, qui approche beaucoup de celui dont on ſe ſert encore de nos jours, pour les bouteilles en uſage dans les Pharmacies. Je n'ai pas vu d'ailleurs des lacrimatoires de cette forme, dans les cabinets que j'ai parcourus dans diverſes villes anciennes, où de curieux Patriotes avoient ramaſſé les objets antiques, qui étoient relatifs à leur ville. Ce qui me fait préſumer que ce coſtume étoit plus particulier à Marſeille.

Nº. 7. Vaſe cinéraire en verre, qui fut trouvé en 1591, en faiſant le Pont-levis de la Porte Réale (91). Cette porte ſe trouvoit au même endroit où eſt aujourd'hui ſituée la Place Maronne. Ce vaſe cinéraire étoit accompagné d'un autre tout ſemblable, renfermés tous les deux dans des boîtes de plomb avec leurs couvercles. Ils étoient poſés ſous deux petites voûtes en maçonnerie, à huit pans de profondeur dans la terre ; à côté de chaque boîte étoit un lacrimatoire de verre, extrêmement épais, ainſi que les vaſes. On a trouvé de nos jours au même local, en reconſtruiſant une des maiſons appartenante à Mr. le Chevalier de la Roque, Major de la Citadelle St. Nicolas, des tombeaux en pierre au-deſſous des anciennes fondations ; ce qui confirme que ce terrain étoit autrefois deſtiné à la ſépulture, ainſi que je l'ai obſervé dans le Diſcours Préliminaire.

Nº. 8. Grande Urne cinéraire en terre cuite, trouvée en jettant les fondemens d'une maiſon par-

(91) Manuſcrit de la Maſſiliographie.

ticulière près le grands puits, vers la fin du 16ᵉ. siècle. Cette urne étoit accompagnée de deux autres un peu moins grandes ; elles étoient toutes remplies de cendres. Celle que je décris étoit ornée d'une lame de cuivre en deux pièces. Cette lame avoit un pied de hauteur fur deux de large (92) ; fur laquelle on lifoit l'infcription Grecque gravée dans cette planche. Laquelle peut être traduite ainfi :

LEVDEMVS DIONISII FILIVS NATV MAIOR VICTOR ADOLESCENTIVM IN ORDINE, ET GIMNASIARCHA BIS.

LEUDEMUS, fils aîné de Dénis qui fut en règle vainqueur des adolefcens, & deux fois Gymnafiarque ; c'eft-à-dire, chef du Gymnafe. C'étoit chez les Grecs une efpèce de Magiftrat très-important & fort confidéré ; fon emploi confiftoit à veiller fur ce que tous les jeunes citoyens qu'on lui confioit, fuffent formés aux exercices du corps. Il avoit fous lui deux fubalternes dont l'un étoit nommé XISTARQVE, lequel préfidoit à la Lutte ; & l'autre s'appelloit GYMNASTE ; il préfidoit à tous les exercices, ayant foin qu'on les fît à temps d'une manière décente, & qui ne nuisît point à la fanté.

Les Gymnafes étoient des édifices publics, entretenus par le gouvernement, qui fe piquoit d'élever avec fomptuofité ces monumens utiles. Les exercices ordinaires dans les Gymnafes étoient la Lutte, ou

(92) Manufcrit de la Maffiliographie.

le Pancrace, le Javelot ou le Pugilat, le Saut, le Disque ou Palet, & tout ce qui pouvoit former un tempérament robuste à la jeunesse; les règles de tous ces exercices formoient ce qu'on appelle la Gymnastique.

On ne perd pas totalement la mémoire des grands établissemens, & l'on en retrouve toujours quelques traces dans les anciennes Villes. Partie des exercices du Gymnase subsistent encore dans Marseille parmi les jeunes gens, & les habitans de la campagne. Le jeu du Disque ou Palet, la course, & les trois sauts, sont encore leurs recréations ordinaires; mais c'est tout ce qui nous reste des Gymnases. Que diroient de nos jours ces Peres & ces Meres de famille, occupés à faire de jolies poupées de leurs enfans, & qui les élevent dans la mollesse; ces têtes cheries peuvent bien être coëffées à la grecque (93); mais on ne leur permettroit surement pas de pratiquer les exercices grecs, qu'on abandonneroit tout au plus à ce que nos élégans nomment, à tout hasard, la vile populace? Il faut avouer que Marseille ancienne s'honoroit elle-même dans ces établissemens. Rien ne prouve mieux le cas qu'elle en faisoit, que l'épitaphe de *Leudemus*; puisqu'on y fait mention, comme de titres honorables, de sa qualité de vainqueur des ado-

---

(93) Tout est aujourd'hui à la grecque; meubles, bijoux, ajustement & coëffures. La coëffure à la grecque consiste à avoir un énorme toupet qu'on croit être une imitation de la mitelle des anciens, qui étoit seulement à l'usage des femmes. Combien des gens meublés, vétus & coëffés à la grecque qui ne sont pas pour cela de grands grecs? mais la mode se joue de tout.

lefcens dans les règles, & de celle de Gymnafiarque deux fois. On riroit à préfent de voir mettre fur la tombe d'un citoyen, qu'il remporta le premier prix du college, & qu'il mérita d'en être deux fois le Préfet; cependant c'eft en mettant de la dignité à de pareils objets, que la Grèce vit dans fon fein cette multitude de grands perfonnages, qui l'illuftrerent dans tous les genres. Nous fentons tous leurs avantages fur nous à cet égard; mais depuis que l'ignorance enveloppée des richeffes a ufurpé une confidération, qui n'étoit dûe qu'aux talens, nous fommes affez injuftes pour leur refufer l'hommage qu'ils méritent; nous facrifions en général à l'idole du jour; & le mot de *Patrie* eft prefque devenu un de ces mots gothiques dont il eft à peine permis de s'entretenir par curiofité.

N°. 9. Lacrimatoire en terre cuite trouvé dans les terrains près St. Victor en 1749. L'ufage des lacrimatoires de cette matière étoit probablement rare dans Marfeille; on en a trouvé en très-petite quantité, tandis que prefque tous les monumens funèbres qui ont été découverts nous ont fourni de ceux en verre; le morceau que je décris a près de cinq pouces de hauteur; M^{re}. d'Ardene, pour lors Supérieur de l'Oratoire, m'ayant témoigné le défir de le placer dans le cabinet de cette Maifon, je me fis un devoir de le lui préfenter; & ce morceau s'y trouve encore.

PLANCHE XXXIII.

N°. 1. URne cinéraire en terre cuite, trouvée dans Marseille, & citée par Ruffi, dans son histoire de cette Ville, tome 2, page 312.

N°. 2. Hydrie en cuivre rouge. Elle est en mon pouvoir, & fut trouvée dans les quartiers de la ville vieille, ensevelie sous les ruines d'une voûte qui paroissoit avoir servi de canal. Elle est décorée d'un gouleau en cuivre jaune représentant la tête d'un Dragon; on y distingue les annelets qu'on remarque sur le corps des insectes rampans. C'est ainsi qu'on étoit en usage de représenter le col & la queue des Dragons. C'est probablement cet usage qui a donné lieu à l'erreur vulgaire, que le serpent devenoit dragon, après avoir subi les changemens ordinaires aux chenilles; on sait que les hydries étoient des vases destinés à porter l'eau pour les usages domestiques. Celle que je décris est de très-bon goût & dans de belles proportions; le gouleau est très-bien exécuté. Il a été jetté en fonte, en deux parties qui ont été soudées ensemble.

N°. 3. Urne cinéraire en terre cuite citée par Ruffi dans son Histoire de Marseille, tom. 2, page 312.

N°. 4 & 5. Le petit monument que je décris sous ces numeros, est un de ceux aussi singuliers par la forme, qu'il est incompréhensible dans son usage.

Il a été trouvé, avec nombre d'autres, dans des tombeaux situés sur le terrain de Mad̂e. Corail, sous le glacis de la Citadelle St. Nicolas. M̂r. son fils a daigné me les communiquer obligeamment: tous ces morceaux étoient en terre cuite. Ils avoient été dorés en dessus à la partie qui est toute en bossettes. On reconnoît les traces du mordant de couleur rouge, & des particules d'or que le temps a respecté; j'en ai fait représenter un par le côté, sous le n°. 4, & l'autre en face, pour laisser le lecteur à portée de juger de leur usage. Je crois pouvoir l'indiquer, en disant que c'étoit de vrais *Operculi*; ou bouchons destinés à couvrir l'orifice des lacrimatoires ou des bouteilles, qui contenoient des liqueurs balsamiques; car les mêmes tombeaux en renfermoient plusieurs.

N°. 6. Bouteille en verre dont on a trouvé plusieurs dans les tombeaux, qui étoient situés dans les mêmes terrains de Mad̂e. Corail. Leur forme qui est encore celle en usage de nos jours pour les liqueurs balsamiques, nous indique assez leur usage.

N°. 7. Anneau d'or trouvé dans le Port de Marseille en pêchant des coquilles, selon ce que rapporte Ruffi (94). Il portoit sur le chaton la figure de J. C., qui faisoit toucher la main à deux personnes de sexe différent; ce qui dénote un de ces anneaux nommés *Annuli pronubi* ou *Geniales*; en un mot, de vraies bagues nuptiales. Celle-ci doit être des premiers siecles du Christianisme, puisque le mot gravé au dessous des

---

(94) Hist. de Marseille, tom. 2, pag. 391.

trois figures eſt grec : on lit OTONOIA, c'eſt-à-dire, *Concordia*. L'union des deux époux.

N°. 8. Autre anneau antique en argent. Il ſe trouve au tréſor de Notre-Dame de Confeſſion, à St. Victor ; je le crois également une bague nuptiale en uſage chez les premiers Chrétiens, qui mettoient le *Signum ſalutare* ou *Labarum de Conſtantin*, le monograme, *pro Chriſto*, dans tout ce qui étoit à leur uſage. Les deux lettres *Alpha* & *Omega* déſignent qu'il remonte aux premiers ſiecles de l'Egliſe de Marſeille, dans lequel temps on parloit & on écrivoit encore en grec dans cette Ville.

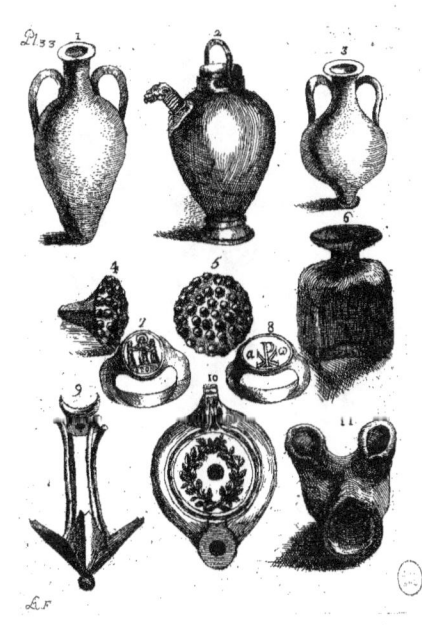

MARSEILLOIS.

Suite de la Planche XXXIII.

N°. 9. Lampe de Cuivre à quatre lumignons, soutenue par quatre brochettes de fer au haut desquelles étoit adapté un Croissant. Le trou qu'on découvroit dans cette partie supérieure, étoit sans doute pratiqué pour la suspendre. Ces sortes de Lampes étoient ordinairement placées dans les Larraires ou dans les Temples, devant les Statues qu'on vouloit honorer. Celle-ci fut trouvée au quartier du Château Gombert ; ce Village est un des plus anciens du territoire de Marseille ; il est nommé dans les titres CASTELLVM HVMBERTI. Il ne seroit point étonnant que les premiers Habitans de ce lieu eussent eu un culte en l'honneur de Diane par conformité avec leur Métropole. La Lampe que je décris, étoit effectivement consacrée à cette Déesse, ainsi que le dénote le Croissant dont elle est surmontée. L'Auteur du *Romanum Museum* cite plusieurs Lampes décorées du même attribut, qu'il dit avoir été consacrées à Diane : on sait que cette Divinité étoit chez les Payens la même que la Lune. Ce Monument étoit au pouvoir de M. Kapeller, de l'Académie de Peinture de cette Ville ; c'est de lui que je tiens le dessin que j'ai fait graver ; l'original étoit le double en proportion de la gravure.

N°. 10. Lampe en terre cuite, trouvée en 1756 dans les terrains du Champ-Major ; cet endroit, ainsi que je l'ai observé, étoit destiné à la sepulture dans les temps de Marseille ancienne ; ce qui prouve que notre Lampe avoit servi à quelque cérémonie funèbre. Ce Monument est remarquable en ce qu'il présente une Couronne de chêne en relief, parfaitement ressemblante à celles sculptées sur plusieurs Monumens grecs, insérés dans les divers Recueils d'Antiquité. Les Couronnes étoient en usage chez les Grecs & les Romains pour récompenser ceux qui avoient bien mérité de la Patrie. Ces derniers accordoient la Couronne de chêne à ceux qui sauvoient la vie à un Citoyen dans le combat. Ils ne donnoient que sur le témoignage de celui à qui on avoit sauvé la vie. Elle étoit nommée Couronne Civique ; le Citoyen qui l'avoit reçue, pouvoit la porter toute sa vie ; il jouissoit du droit de prendre place aux Jeux publics dans les rangs des Senateurs, qui se levoient à son arrivée ainsi que le Peuple ; il étoit exempt des charges publiques ; il communiquoit ce privilége à son Pere & à son Ayeul paternel. Ceux à qui cet honneur avoit été déféré, devoient être flattés de faire représenter la Couronne sur tout ce qui étoit destiné à l'usage de leur famille ; cela donne lieu de présumer, que notre Lampe avoit servi à la sepulture de quelqu'un qui avoit obtenu cette récompense. Ce Monument a été long-temps en mon pouvoir, je le cedai à M. le Comte de Caylus.

N°. 11. La Lampe en terre cuite, qui est au pouvoir de M. Michel. Ce morceau fut trouvé dans le terrain de la Place de St. Victor, il n'a rien de remarquable, si ce n'est la bizarrerie du galbe.

Recueil, 4 *partie*.

RECUEIL
DES ANTIQUITÉS,
ET
MONUMENS MARSEILLOIS,
Qui peuvent intéresser l'Histoire & les Arts.

QUATRIEME PARTIE.

LES ÉDIFICES.

Marseille ancienne possédoit des édifices recommandables, qui attiroient l'admiration des voyageurs. Son Arsenal, les Temples de Diane & d'Apollon, celui de Minerve, son Gymnase, son Académie, les Trophées érigés dans la Ville formoient tout autant de conſtructions qui ont merité les éloges des Auteurs anciens (95). En effet une ville inſtitutrice des arts dans les vaſtes contrées des Gaules, qui a eu l'honneur de les y reproduire, après cette étonnante révolution, qui avoit fait tomber dans la barbarie cette belle partie de l'Europe, devoit naturellement poſſéder dans ſon ſein des chef-d'œuvres d'Architecture dignes de ſervir de modeles à notre ſiecle (96).

Il ne nous reſte plus de veſtiges de ces précieux morceaux, ſi nous en exceptons les caves de l'Abbaye des Caſſianites, aujourd'hui St. Sauveur, ſeuls débris de tous nos édifices publics; la pyramide de la Pène qu'on ne peut ranger avec certitude dans la même claſſe, & la Maiſon attribuée à T. Annius Milon, qui n'eſt que dans la claſſe des édifices à l'uſage des particuliers : ils méritent cependant d'être conſervés dans ce receuil moins par les beautés de leur conſtruction (car ils n'ont rien d'extraordinaire), que parce qu'ils ſont les ſeuls morceaux d'architecture échappés à l'inſulte des temps, qui puiſſent nous donner un idée de l'ancien coſtume des Marſeillois en ce genre. On y reconnoit les ſoins que

(95) Strabon Géographie des Gaules, lib. 4.
Pauſanias Phocai lib. 10.
Pomponius Mela de Scit. orb. lib. 11. C. 5.
(96) Marſeille ancienne toujours ſage & modérée n'avoit point dans ſon ſein de ces édifices de luxe dont la plupart des Villes anciennes étoient décorées. Ses loix en banniſſoient les mimes & les hiſtrions, écartoient tous les genres de ſpectacles qui entretiennent l'oiſiveté, en corrompant les mœurs; elle n'avoit conſéquemment aucun amphithéâtre, ni aucun de ces édifices dont on admire encore de nos jours les ruines, à Rome, à Athène & ailleurs. Le lecteur ne doit point être ſurpris de n'en trouver aucun dans ce recueil.

les

les anciens se donnoient pour perfectionner les moindres objets. La régularité & les proportions qu'ils observoient ; ils étoient en général peu attentifs à répandre les beautés & les richesses de l'art sur les édifices particuliers, tandis qu'ils les épuisoient dans la construction de ceux destinés à des usages publics ; ils déployoient dans ces derniers toute la somptuosité possible, soit dans la grandeur des masses soit dans les ornemens, qu'ils distribuoient avec une sagesse qui fait encore l'admiration des plus habiles Maîtres de nos jours.

Il faut avouer que l'architecture a fait de nos jours les plus grands progrès dans la partie de la distribution intérieure des maisons particulières : les anciens ne connoissoient pas l'art d'éclairer les appartemens ; leurs fenêtres longues & étroites posées au dessus de la hauteur d'appui devoient être fort incommodes ; leurs escaliers, la plupart en dehors, ou à l'intérieur des cours dans les maisons considérables, ne présentoient pas le coup d'œil gracieux de ceux de nos édifices modernes, & ne procuroient pas les mêmes commodités. De grandes salles qui n'étoient pas éclairées à proportion, & des rues étroites, devoient répandre un air de tristesse dans toutes les habitations des Villes, quoique les maisons des particuliers fussent en général à un seul étage. Les avantages que nous avons sur eux à cet égard, sont bien capables de compenser ceux qu'ils avoient sur nous relativement à la solidité de leur bâtisse. Le choix, la taille des pierres, sur-tout l'art de les poser perpendiculairement & avec justesse, ont été trop négligés de nos jours, pour les monumens particuliers : aussi voyons-nous dépérir les mêmes édifices que nous avons vu construire. Tandis que ceux de nos ancêtres ont résisté pendant plusieurs siecles à l'injure du temps.

PLANCHE XXXIV.

N°. 1. Maison située à la rue des Grands-Carmes. La tradition nous apprend qu'elle fut la demeure de T. Annius Milon, Citoyen Romain, pendant le temps de son exil, après le meurtre de Clodius. Je ne répéterai point ce que j'ai dit de cette tradition dans l'explication de la Planche XI, où j'ai fait graver séparément la statue, pour la présenter au lecteur dans des proportions plus grandes que celles du même morceau représenté sur la façade de la maison gravée dans la Planche dont il est ici question. L'antiquité de cet édifice me paroît indubitable (96). Quiconque a vu plusieurs constructions anciennes en reconnoîtra aisément le genre dans cette maison, dont j'ai récupéré la structure, en supprimant seulement les parties modernes. La porte & les fenêtres antiques sont encore marquées en entier. La distribution intérieure de la maison a été totalement changée par des ouvertures & des murs de sé-

(96) Voyez l'explication de la Planche 11.

Pl. 34.

Rue depuis De M.... Negoziant

Lant.me p.

MARSEILLOIS. 219

paration, de sorte qu'on n'y peut rien reconnoître. La tête qui est sculptée à droite de la façade me paroît une tête d'Esclave : ce genre d'ornement étoit usité parmi les anciens. C'est ainsi que les Grecs représentoient sur leurs édifices les femmes de Carye sur des gaines, soutenant les corniches à la place des colonnes. Les peuples de Carye s'étant révoltés, les Grecs remporterent sur eux la victoire : les hommes furent tous passés au fil de l'épée, & les femmes réduites à la captivité. Pour en perpétuer la mémoire, on représenta dans les édifices publics, au lieu de colonnes, ces misérables captives chargées d'un pesant fardeau, image de leur misere (97). Ce genre de décoration prit de là le nom de Caryatides.

(97) Dictionnaire portatif des beaux arts de M. Lacombe au mot Caryatides.

PLANCHE XXXV.

LA Pyramide quadrangulaire gravée dans cette Planche, se trouve au hameau de la Pène, situé entre St. Marcel & Aubagne (98). On sait que tous ces lieux ont été du domaine de l'ancienne Marseille ; & je ne fais aucune difficulté de mettre ce monument au nombre de ceux de cette Ville. J'ai été curieux de savoir des habitans du lieu ce que la tradition leur apprenoit au sujet de cette Pyramide; je me suis adressé à Messieurs du Chapitre de l'Eglise de Marseille, qui ont des droits sur la communauté de la Pène. Ces Messieurs toujours portés à contribuer avec zèle à tout ce qui peut intéresser la gloire de la Patrie, ont daigné me communiquer les informations suivantes.

» Il a été impossible de découvrir dans les archives
» du Chapitre de la Cathédrale, d'où venoit le nom
» de la Pène, communauté dans le terroir d'Aubagne ;
» ayant pris des informations dans ladite communauté,
» on a trouvé qu'à quelque distance de la nouvelle
» Eglise & près de l'endroit où étoit l'ancienne, il y
» a des vestiges d'un tombeau dans lequel on trouva,
» il y a quelque temps, une urne. Le lieu où est ce

_____

(98) St. Marcel étoit autrefois situé sur le monticule en delà du chemin, il étoit entouré de murs avec un château fortifié. Son ancien nom est *Castellum Massiliense* : on voit encore les vestiges de la plate-forme. Aubagne, *Albania*, est une Colonie Marseilloise.

» tombeau a toujours été appellé la Penelle, & les
» habitans ont toujours été dans la ferme croyance
» que ce mot venoit de *Penella* nom d'un Romain
» qui fut tué dans cet endroit, lorsque César vint
» afliéger Marseille; étant encore dans la croyance que
» cet Empereur avoit un Camp à la Pène.

A travers les ténèbres de cette tradition, il est impossible de pénétrer jusqu'à la vérité ; tout ce qu'on peut assurer, c'est que le prétendu Romain *Penella* est un être imaginaire : le hameau est appellé la Pène, & le mot de Penelle n'est qu'un diminutif du premier. On connoît le goût des Romains pour cette façon d'arranger les noms propres; leurs inscriptions en font foi : *Tulliola* pour *Tullia*, *Titiola* pour *Titia*, &c. C'étoit des noms de caresses dont on a retenu l'usage en Provence, plus qu'ailleurs parce que les Romains, par leur long séjour & leur établissement, firent peu à peu adopter leurs coutumes aux anciens habitans ; ainsi on dit encore en Provence, & sur-tout en caressant les plus jeunes enfans d'une famille, Martinet pour Martin, Jeannet pour Jean, Jeannette pour Jeanne. La Penelle doit signifier la petite Pène ; la situation du lieu nous le démontre. Il est à propos d'observer d'abord que le nom de Pène est une corruption de *Pinis* ; je me fonde sur ce que les deux endroits les plus voisins de Marseille qui portent ce nom, les Pènes, village sur le chemin de Martigues, & la Pène sur celui d'Aubagne, sont couverts de forêts de Pins. Il y avoit même dans le premier de ces endroits un culte établi en l'honneur de Cybelle, à qui ces arbres étoient particuliérement consacrés (99). Le lieu de la Pène où se trouve placée la Pyramide dont il est ici question, est un monticule couvert d'un nombre assez considérable de pins, mais en moindre quantité que ceux qui forment une forêt à peu de distance; de sorte que le nom de Penelle donné au monticule, revient à ce qu'on nommeroit aujourd'hui la petite Pinede (1) pour la distinguer de la grande. Ces considérations me portent à rejetter la tradition des habitans du hameau de la Pène.

Le monument que je décris est dû aux Romains: le costume & le goût de ces conquérans vous saisit au premier aspect. Il est entiérement bâti avec les propres pierres de la montagne, qui sont toutes du genre des pierres calcaires, se détachant par lames plus ou moins épaisses. L'attention qu'on a eu de placer ces pierres avec choix en présentant au dehors la surface la plus unie, trompe tellement les yeux qu'on croiroit que tout l'édifice est en pierres taillées, si on l'examine seulement à quelques toises de distance. Le ciment est d'une dureté inconcevable. Cet édifice est un tombeau pyramidal : je l'ai fait graver dans sa partie orientale, parce qu'indépendamment de ce qu'elle est la mieux conservée, c'est celle qui contenoit une inscription dont l'enlèvement a occasionné la dégradation qui présente une ouverture. Les trous qu'on re-

---

(99). Voyez ce qui a été dit ci-dessus rélativement au n°. 2 de la Planche 20.

(1). Pinede, nom par lequel on désigne en Provence les forêts de Pins.

Aux Depens de M.r Magnan de Lacou.~ de P. et Sc. de Marseille

marque répandus dans le corps de l'édifice, ont servi pour poser des pièces de bois pour l'échafaudage nécessaire lors de la construction; l'usage de ces trous est désigné par leur peu de profondeur : la partie méridionale a totalement été dégradée depuis 1720. Cet édifice servoit à faire le guet dans ce temps où Marseille affligée du terrible fléau de la contagion, mettoit ses voisins dans le cas d'écarter tout ce qui venoit de son sein. Les habitans de la Pène, soigneux de se garantir, percèrent la pyramide pour pouvoir monter jusqu'au sommet, afin de découvrir plus au loin, & donnèrent ainsi lieu à la dégradation par une funeste nécessité. Dans la suite ceux qui bâtirent à la Pène, regardèrent ce tombeau comme une carrière commune, & enlevèrent successivement les pierres. Il seroit à désirer que les Magistrats du lieu employassent leur autorité pour arrêter la démolition d'un genre de monument d'autant plus précieux qu'il est unique en Provence.

PLANCHE XXXVI.

LE Plan Géométral gravé sur cette planche est celui des fameuses caves antiques de l'Abbaye St. Sauveur située sur la place de Lenche.

Cet édifice souvent cité & peu connu par les Auteurs qui ont écrit sur notre Patrie, étoit presque ignoré de nos concitoyens. Des descriptions vagues, des exagérations de grandeur & de magnificence, étoient plus capables de les induire en erreur que de les instruire. J'ai cru qu'un Plan Géométral levé avec soin dans les précisions de l'art, satisferoit davantage, & faciliteroit le développement de mes conjectures sur l'usage auquel ce monument étoit destiné.

C'est aux bontés & aux politesses de Madame de Suarez d'Aulan, Abbesse de St. Sauveur que je suis rédevable de l'accès de ces lieux, & des facilités que j'ai eues pour en faire lever le plan. Des mains habiles ont daigné se charger de cette opération. Mr. Dageville, associé correspondant de l'Académie Royale d'Architecture, & Professeur de Perspective de celle de Peinture & Sculpture de Marseille, a cru devoir faire cet hommage de ses talens à la Patrie, & à la tendre amitié qui nous lie.

Ce monument dans son origine, n'étoit composé que de sept salles voûtées : deux murs de séparation & un ouvrage après coup, en ont multiplié le nombre jusqu'à dix.

La plus vaste de ces salles étoit de toute la largeur de l'édifice, & n'avoit aucune séparation avec les faces latérales, qui formoient un seul corps avec cette salle. De grandes lucarnes percées dans la voûte, de l'épaisseur de sept à huit pieds, servoient à éclairer ce lieu dont les portes d'entrée étoient situées au Sud à la façade de chacune des parties latérales.

A la partie de l'ouest & à l'extrêmité du côté gauche, dans la partie du nord, on rencontre deux arceaux & des niches en voûte dans l'épaisseur du mur : ces niches donnent naturellement l'idée de Bains : celle qui est

à la

à la partie de l'ouest a une autre petite niche dans l'épaisseur du mur, qui doit avoir probablement servi d'armoire pour déposer les linges & les parfums à l'usage du bain. Tout indique au reste que cette salle a été destinée à cet usage. Comme elle est entièrement bâtie de grands quartiers de pierre de taille, on rencontre de distance en distance des entailles placées parallélement sur les murs à droite & à gauche; ce qui annonce des écluses pratiquées par le moyen de planches qui devoient former des séparations. Un intervalle de plusieurs toises dans la partie du nord, est d'une construction plus moderne; ce qu'on reconnoît à la différence de qualité de la pierre à la taille, à la grandeur des masses & à un avancement de plus d'un pouce de cette bâtisse sur l'ancienne. Cette réparation dut être faite dans le moyen âge; car on découvre à la partie de la voûte, à côté d'une des lucarnes, les vestiges d'un écusson gothique blasonné selon l'usage de ces temps.

La séparation qui est dans la partie du nord, est en maçonerie moderne; elle a été faite pour soutenir le nouvel aqueduc, qui porte l'eau à l'usage de l'Abbaye.

Un aqueduc de construction antique traverse toute la partie de l'ouest, du nord au sud; la voûte de cet aqueduc placé au-dessous du monument, s'est démolie en partie par vétusté; & l'ouverture qu'elle présente en facilite l'accès. Cet aqueduc se termine du côté de l'est à la rue de la figuière; du côté du nord, il traverse toute la place de Lenche, & présente deux parties, dont l'une est dirigée vers la tour-

Ff

rette, & l'autre vers la rue de l'Evêché. Les éboulemens de terrain, les fondemens des maisons & de divers édifices, ont bouché cet aqueduc, qui devoit être d'une plus longue étendue. La partie du monument, situé à l'est, est remarquable par une petite chambre où l'on distingue les vestiges d'une porte placée à la hauteur de sept à huit pieds; ce qui sert à prouver que ce réduit étoit la cage d'un escalier pratiqué pour descendre dans cette salle. La tradition vulgaire veut que ce lieu ait été la prison où Saint Lazare, premier Evêque de Marseille, fut enfermé lors de son martyre; cette pieuse croyance n'est appuyée d'aucune preuve. Cette pièce est d'une construction plus moderne que le reste du monument. La cloison en maçonerie qui sépare cette partie, ainsi qu'une voûte en forme de niche à côté de cette séparation, sont également dûes à des temps postérieurs, selon les divers usages auquel ce monument a été destiné; cette niche ou voûte contient à droite les vestiges d'un soupiral taillé dans l'épaisseur du mur, comme pour laisser passer la fumée d'un fourneau. Les six salles voûtées, placées à la partie du sud, sont également toutes en pierre de taille de la même qualité que celles employées dans le reste du monument. Ces salles étoient éclairées par de larges & longues fenêtres quarrées, placées au-dessus des portes. A la hauteur de huit pieds, ou environ, on rencontre tout au tour de ces salles une corniche avec des pierres qui avancent de demi pied. Elles sont placées à distance égale de près de deux pieds l'une de l'autre: au-dessus de chacune de ces pierres & au même niveau, on voit des trous de demi-pied de profondeur pratiqués dans le mur; ce qui dénote l'usage de ces pierres & de ces trous, qui servoient à appuyer avec solidité des solives ou de petites poutres, pour former avec des planches un étage postiche. Cette précaution désigne naturellement l'idée de casemates pour loger le soldat, & le faire reposer à l'abri de l'humidité, ou des magasins d'un arcenal, dans lesquels on renfermoit des objets qu'on vouloit garantir de la moisissure.

Les six salles que je viens de décrire n'avoient anciennement aucune communication avec la grande pièce; celles qu'on a pratiquées à la quatrième & à la sixième, ne sont que des trous faits au hasard, uniquement pour supléer aux vraies portes, dont celle qui se trouve à la partie de l'ouest a été bouchée; l'autre située à la partie de l'est ne pouvoit plus faciliter l'accès de ce lieu par l'interruption qu'occasionnoit le mur de séparation. Il en est de même des fenêtres percées au fond de quelques-unes des six salles. On reconnoît aisément qu'elles ont été taillées après coup pour aérer ce monument, depuis que les lucarnes ont été bouchées par l'Eglise de St. Sauveur & les autres édifices qu'on a bâtis par dessus. La sixième salle est décorée d'un autel gothique; on y a pratiqué un caveau destiné à la sépulture des Religieuses. C'est dans cette salle que se trouve le piédestal avec l'inscription Grecque en l'honneur de *Titus Proclius*, citée à la 42ᵉ. planche de ce Recueil.

D'après ce que je viens d'exposer, j'ai lieu de préfumer que notre monument dont la ſtructure dénote les conſtructions des premiers temps, doit effectivement remonter aux premiers ſiècles de notre République. Cet édifice avoit été conſtruit pour un double uſage; celui des bains publics, & celui des caſamates, ou magaſins de l'arcenal.

L'eau pour le ſervice des bains, étoit ſans doute tirée de l'aqueduc placé au-deſſus de l'édifice, par le moyen d'écluſes qui la faiſoient refluer dans la grande ſalle, & par celui d'une ſource qui ſe dégorge dans ce lieu, à qui les Dames Religieuſes de St. Sauveur ont donné le nom de bain de St. Ceris, en l'honneur de St. Cyricius, premier vocable du plus ancien de leur Monaſtère. L'ancien Arcénal de Marſeille étoit en partie ſitué ſur les terrains du quartier de la place de Lenche; l'inſcription des Dendrophores trouvée dans notre monument, en eſt une preuve (2).

Comme on ne perd pas aiſément l'idée de la première deſtination des édifices publics, à moins qu'ils ne ſoient totalement dégradés, nos Pères conçurent à l'aſpect de ce monument, l'idée de le conſerver pour le même uſage. Ruffi nous apprend qu'il y eut un arcenal & une fonderie à la place de Lenche (3). Ces établiſſemens donnèrent lieu à la réparation du monument; c'eſt à quoi j'attribue les parties modernes & les additions, ainſi que l'écuſſon des armoiries gothiques placées au haut de la partie de la voûte répa-

---

(2) Voyez ci-après le N°. 21 des fragmens d'inſcription.
(3) Ruffi, hiſt. de Marſeille.

rée ; & la petite voûte avec le foupirail, qui dénote un fourneau de fonderie. Ce fut encore probablement en cette rencontre qu'on pratiqua l'efcalier nommé la prifon de St. Lazare, pour pouvoir defcendre dans cet édifice par les terrains fupérieurs.

Je crois avoir fuffifamment difcuté fur l'ufage de ce monument ; l'explication des renvois du plan géométral achevera de le faire connoître au lecteur. Je terminerai cet article par défabufer mes concitoyens fur la tradition populaire, qui prétend que de ces fouterrains on communiquoit jufqu'à St. Victor. L'aqueduc antique, placé fous ce monument, dont une des branches eft dirigée vers le fud, aura donné lieu à cette fable. On pourra objecter que ce même aqueduc, qui reçoit encore quelques fources, devoit porter de l'eau jufqu'à St. Victor ; mais, en fuivant la direction de cet aqueduc, on voit que s'il avoit une plus longue étendue, il devoit venir fe terminer près le coin de Cabriés ; & cette partie du port n'ayant point été creufée par mains d'hommes, mais ayant toujours été naturellement remplie par les eaux de la mer, auroit formé un obftacle infurmontable pour faire continuer l'aqueduc (4).

___

(4) La caverne renfermée dans l'Eglife fouterraine de St. Victor, où la tradition populaire prétend que fe terminoit la communication avec le monument de St. Sauveur, n'a que quelques toifes de profondeur, & eft fermée par la roche vive ; ce qui confond cette tradition.

EXPLICATION des renvois du Plan Géométral du Monument de St. Sauveur.

A La grande salle voûtée avec ses parties lattérales.

B Mur de séparation en maçonerie moderne pratiqué pour soutenir l'aqueduc actuel de l'Abbaye.

C Grandes salles voûtées qui devoient servir de casemates.

D Autel gothique pratiqué dans cette salle destinée à la sépulture des Religieuses.

E Ouvertures pratiquées après coup, pour entrer dans la grand'salle.

F Petit cabinet vulgairement nommé la prison de St. Lazare.

G Petites voûtes dans l'épaisseur du mur, où devoient être les cuves des bains.

H Voûte qui paroît avoir été construite après coup pour contenir un fourneau de fonderie.

I Petite armoire dans l'épaisseur du mur, pour reposer des linges & des parfums à l'usage des bains.

K Ancien aqueduc en-dessous du monument.

L Porte des magasins ou casemates.

M Anciennes portes d'entrée pour aller à la grand'salle; celle de la partie de l'ouest est murée.

N Vestige de soupirail pour laisser passer la fumée du fourneau.

O Porte par laquelle on descendoit dans le cabinet nommé la prison de St. Lazare.

P Mur de séparation moderne en maçonerie.

Q Endroit où est placé le piédestal avec l'inscription Grecque.

R Points où se termine la partie du monument qui a été réparée dans le moyen âge.

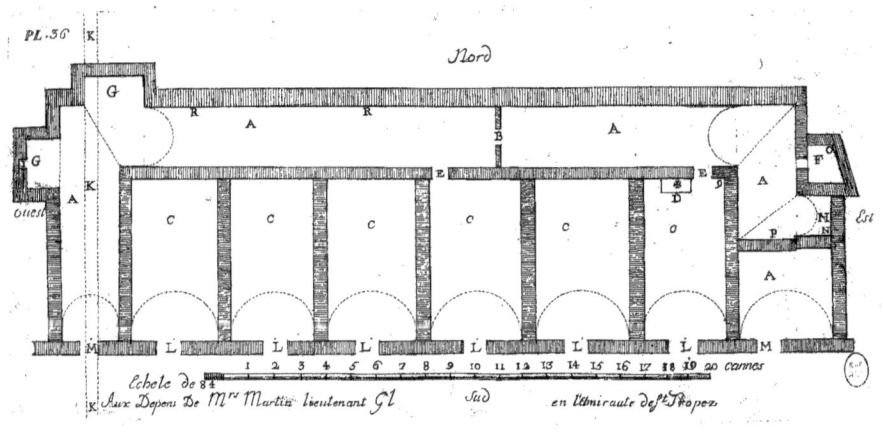

RECUEIL
DES ANTIQUITÉS,
ET
MONUMENS MARSEILLOIS,
Qui peuvent intéresser l'Histoire & les Arts.

CINQUIEME PARTIE.

LES INSCRIPTIONS ET EPITAPHES.

IL n'est point de monumens Marseillois plus nombreux que les inscriptions ; mais elles se réduisent presque toutes à des objets privés. Il est pourtant naturel de penser qu'une Ville, dans laquelle les simples citoyens affectoient de mettre des inscriptions pour un vœu particulier, & des épitaphes sur les tombeaux de leurs parens, fût dans l'usage de faire graver des inscriptions pour la dédicace des objets publics. Nous sommes privés de ce genre de monumens, à moins qu'on ne range dans cette classe la fameuse inscription du college des Dendrophores, & celle en l'honneur de *Titus Proclius*, qui étoient placées dans les caves antiques de St. Sauveur.

Avant d'exposer aux yeux du lecteur les diverses inscriptions trouvées dans Marseille, il ne sera pas hors de propos de donner l'explication du costume & des principales abréviations dont les anciens Marseillois usoient dans leur style lapidaire ; leur usage à cet égard, doit être divisé en deux époques relativement aux monumens dont je traite. Celle des temps grecs qui comprend depuis l'établissement de cette Ville jusques à sa prise par César ; & celle des temps Romains, qui date de cet événement, jusques à la révolution que les Goths occasionnerent dans l'empire dont Marseille fut démembrée.

La première de ces époques nous offre un moindre nombre d'inscriptions que la seconde. Il a été sans doute plus difficile de les conserver, attendu leur plus grande antiquité. Celles qui sont parvenues jusques à nous, en sont que des épitaphes, & ne présentent pas des abréviations suivies. On y remarque le costume de la grande Grèce dans le mot KAIPE, qui revient à notre mot adieu, ou à l'*ultimum vale* des Romains. C'est dans le même sens que nous mettons dans nos épitaphes *Requiescat in pace*.

L'époque

L'époque Romaine, ou seconde époque, fournit une plus grande quantité d'inscriptions. Le costume & les abréviations sont les mêmes que les Romains avoient eu de tout temps. Ils étoient en usage de mettre les lettres D. M. pour Diis Manibus. D. M. S. pour *Diis Manibus Sacrum.* S. I. F. pour *Sacrum jussit fieri.* L. M. S. pour *Libera mente solvit.* T. P. I. pour *Testamento poni jussit.* H. M. P. pour *Hoc monumentum* Posuit. W. pour *Vivus.* S. A. D. pour *Sub ascia dicavit.* D. pour *Dicat.* D. D. pour *Dono dicat*, & autres abréviations. Les Marseillois avoient adopté plusieurs de ces abréviations, ainsi qu'on peut le remarquer dans les gravures. L'impéritie des ouvriers, ou peut-être des corruptions qui s'étoient introduites dans la Langue Latine, font rencontrer dans nos inscriptions sépulcrales les mots de Genia pour Genita de Collux pour Conjux. On trouve même des mélanges de caractères Romains avec des caractères Grecs dans la façon d'écrire, comme dans les exemples suivans : Karissime pour Carissimæ. Nicolledis pour Nicomedis ; peut-être que ce mélange de caractères ne venoit que de ce qu'on parloit & on écrivoit indifféremment l'une ou l'autre langue dans Marseille.

Grand nombre d'épitaphes latines trouvées dans Marseille, étoient gravées sur un piédestal. Il paroît que les Grecs suivoient moins cet usage. On ne voit même que de seuls noms Romains sur ces épitaphes latines. Ce peuple ambitieux auroit-il forcé les Marseillois, devenus leur conquête, à abandonner leurs noms pour prendre des noms Latins ? ou bien cette sorte de révolution se seroit-elle opérée par le seul laps de temps, ainsi que nous avons vu la plupart des Familles Provençales francifer leurs noms, depuis que nous avons été réunis à la France (5) ? Cette dernière opinion me paroît plus probable, à moins qu'on ne veuille recourir à une troisième non moins vraisemblable, qui est que Marseille devenue la proie des Romains, perdit peu-à-peu son ancien lustre. Les habitans découragés par la perte d'une partie de leur gouvernement particulier (6), abandonnerent insensiblement les arts utiles, & tombèrent conséquemment dans une sorte de misère d'état, qui ne leur donna plus les moyens de donner dans le luxe. Les Romains au contraire qui habitoient cette Ville, ayant rapporté de leur Métropole ce faste insolent qui les distinguoit des autres nations, dans leurs temps de prospérité, continuèrent à en donner des marques dans Marseille, quoique cette Ville tombât toujours plus dans cet état d'in-

(5) Il ne faut pas croire, d'abord que l'on voit un nom illustre Romain dans un marbre d'une Ville de l'Empire, que ce soit une branche de cette famille qui s'y soit établie : c'étoit souvent des Cliens, des Esclaves affranchis qui s'honoroient du nom de leurs Patrons ; ou des Provinciaux qui, après avoir acquis le droit de Bourgeoisie Romaine, ne se trouvant pas satisfaits de leurs anciens noms Gaulois, affectoient d'en prendre de Romains, *Dissertation sur les anciens monumens de la Ville de Bordeaux*, par Mr. l'Abbé Venuti de l'Acad. des Inscriptions, pag. 32 Bord. chez Chappuis MDCCLIV.

(6) Quoique Marseille restât autonome, après qu'elle eût été conquise par César, elle ne perdit pas moins la majeure partie de sa liberté : ses loix particulières furent conservées ; mais elle étoit plutôt tributaire qu'alliée des Romains ; ces derniers tenoient des Préfets dans la Ville ; César y laissa deux légions en garnison ; ce qui dénote plus la sujétion que la simple alliance.

dolence qu'entraine toujours la tyrannie d'un vainqueur enorgueilli de sa gloire, de son pouvoir & de ses succès. Cette dernière opinion seroit propre à expliquer les défectuosités dans les expressions, les fautes d'orthographe & l'impéritie dans l'art de former les caractères qu'on rencontre dans ces inscriptions, en supposant que des Romains, habitans de cette Ville, employoient à ces sortes d'ouvrages, des ouvriers Marseillois devenus impérits, depuis que leur patrie avoit souffert une si triste révolution.

Cette disgression au commencement de la partie de cet ouvrage concernant les inscriptions, m'a paru nécessaire pour faciliter à ceux de mes lecteurs, qui ne sont point antiquaires, ou qui n'ont point fait une étude particulière de l'histoire de notre Ville, l'explication des contradictions & des doutes qui se présenteroient peut-être à leur imagination, à la vue de ces monumens.

Je ne saurois terminer ces observations préliminaires sur ce genre de monumens de Marseille, sans rendre à Messieurs du Chapitre de l'Abbaye de St. Victor un témoignage public de ma reconnoissance. Le grand nombre d'épitaphes & de monumens dont ils sont possesseurs, formoient des objets essentiels pour ce Recueil. Dès qu'ils furent instruits du dessein que j'avois de les copier, ils prévinrent mes démarches, me facilitèrent l'accès de l'Abbaye, & me firent offrir par un de leurs collègues tout ce qui étoit en leur pouvoir, avec une politesse & une aménité bien digne de leur naissance.

G g ij

PLANCHE XXXVII.

N°. 1. Cippe trouvé au quartier du Canet, à demi lieu de distance de Marseille. Le paysan qui l'avoit trouvé, s'en servoit pour étançonner les tonneaux dans son ménage. M^r. Michel le fit acheter, & l'a placé dans la Cour de sa maison. Ce monument est en marbre blanc statuaire ; les feuilles de laurier qui couronnent le Cippe, sont traitées avec goût ; l'inscription Grecque, sculptée sur la base, peut être traduite ainsi :

ANNO SEXTO, DECIMA PRIMÆ DECADIS
MENSIS *AGANAIOV* (MINERVÆ) XXIX
APOLLOPHANES FILIVS BOETI
BENIGNVM ET ETERNVM VALE
QVI VIXIT ANNOS XCII. PIE FILII.

C'est-à-dire, la sixième année, le dixième jour de la première décade du mois des fêtes de Minerve, revenant pour la 29e. fois, Apollophanes, fils de Boétus bon & éternel adieu, qui a vécu 92 ans. Ses enfans ont élevé pieusement ce monument.

Les Grecs & les Romains se servoient des mois lunaires, qui sont d'environ 29 jours & demi ; de sorte qu'ils les faisoient alternativement de 29 & de 30 jours. Le dixième jour de la première décade revenoit au dixième jour du mois. Le mois dédié à

Minerve chez les Athéniens, étoit le mois *Scirrophorion*, qui revenoit au mois de Mai dans notre façon de compter : peut-être la coutume des Marseillois étoit de nommer ce mois d'un des noms de Minerve, parce qu'on célébroit en ce temps-là des fêtes en son honneur. Nous connoissons les mois des Athéniens; mais chaque contrée de la Grèce avoit des usages particuliers, qui ne nous ont point été transmis. Il seroit à désirer qu'on eût trouvé dans notre Patrie un assez grand nombre d'inscriptions, avec de pareilles dates, pour pouvoir en former un calendrier ; ce qui nous feroit retrouver le costume de nos pères.

N°. 2. Tronçon de colonne en marbre commun, vulgairement nommé *Pierre froide*, dont on a fait de tous les temps un très-grand usage dans Marseille. Ce monument trouvé dans cette Ville, étoit au pouvoir de M^r. Rigord, Subdélégué de l'Intendant de Provence, qui l'avoit fait placer dans sa maison. Les Professeurs du Collége que M^r. de Belsunce avoit institué, étant devenus possesseurs de cette maison, le furent également de ce Cippe : ils établirent la pension dans ce local, & firent placer le monument dans la Cour. Les écoliers, peu soigneux de sa conservation, s'amuserent à le mutiler, ainsi qu'il est ordinaire à leur âge. Ce Collége ayant été donné à la communauté de Marseille, lors de la destruction de la Société, la cour a été convertie en magasin ; & notre Cippe est ainsi abandonné à la discrétion de tous ceux qui y placent leurs marchandises. J'ai cru ces détails nécessaires, pour prévenir ceux de mes lecteurs qui feront curieux de vérifier ce monument, de n'être point surpris des différences qu'ils trouveront entre l'inscription telle qu'elle est sur l'original, & celle renfermée dans la gravure. Elles viennent de l'indiscrétion des écoliers, qui ont fait un *Alpha* du premier *Lambda*, &c. J'ai une copie de cette inscription telle qu'elle étoit, lorsque M^r. Rigord en étoit possesseur; & c'est d'après elle que j'ai fait exécuter la gravure.

Ce morceau a occasionné des débats littéraires, consignés dans les mémoires de Trévoux des mois de Mai & d'Octobre 1714, Juillet 1715 & Décembre 1716, ainsi que dans le mercure de France du mois d'Août 1721.

M^r. de la R**. avoit donné (7) une explication de l'inscription Grecque, sculptée sur notre monument. Selon lui, c'étoit dans le sens suivant qu'on devoit la traduire en Latin:

CAIA LEPHENA POSIDONACTIS FILIA.
DIONISIVS IVLIVS, QVI ET DIAS NICVS FILIVS.
MATRI MEMORIÆ GRATIA.

Les Auteurs du Journal de Trévoux joignirent à cette interprétation une autre explication de la même inscription, en ajoutant, au-dessous des paroles Latines, les mots qui suivent. « *C'est à Dias Nicus que Denis Jule son fils & Caia Lephena, fille de Posidonax, sa belle-fille ont érigé ce monument.*

(7) Dans une lettre écrite à Mr. Rigord au mois de Mai 1714.

Mr. de Valbonais, premier Président de la Chambre des comptes de Dauphiné, donna un autre interprétation, dans une lettre écrite à Mr. de Bon, premier Président de la Cour des Aides de Montpellier ; il prétendit qu'on devoit traduire ainsi l'inscription :

CAIÆ LEPHENÆ DIONISIVS IVLIVS
NEPTVNO ACTVS, QVI ET DIÆ NICAS
MATRI, MEMORIÆ GRATIA *Supple* POSVIT.

Rien de plus ingénieux que le système imaginé par Mr. de Valbonais pour appuyer son explication ; mais il péche contre la vraisemblance ; & toutes les réflexions qui suivent, tiennent du Roman. Il seroit trop long de les rapporter (8), il suffira pour mettre le lecteur à portée d'en juger, d'en exposer un seul trait sous ses yeux. « Un Grec tel que celui-ci, dit
» Mr. de Valbonais, voyage sur mer...... deux
» femmes qui étoient sur son bord, meurent......
» un de ses premiers soins est de leur rendre les
» honneurs de la sépulture : leur mémoire lui est
» chere ; il veut en laisser une marque à la postérité.
» Comme il est étranger & qu'il ne sait point la
» langue du pays, il se sert de la sienne dans le mo-
» nument. [on peut juger du mérite de l'explication par cette derniere phrase.] Un Grec qui ne sait point la langue de Marseille, Colonie Grecque, dans laquelle les Romains venoient étudier la langue des

_____
(8) Voyez les journaux & le mercure cités ci-dessus.

Demosthene, des Platon & des Homeres. Quelle étrange méprise! Aussi l'Auteur de la lettre à M^r. Rigord, inférée dans le mercure du mois d'Août 1721, ne manque pas de la relever.

De toutes les interprétations de notre inscription, celle que présente la traduction Latine de M^r. de la R. est la plus naturelle ; mais elle doit être traduite en Français comme il suit :

CAIA LEPHENA FILLE DE POSIDONAX,
DENIS IVLES, QVI EST FILS DE
DIAS NICVS, ONT ÉLEVÉ CE MONVMENT
A LA MÉMOIRE DE LEVR MERE.

La différence que les mots *Qui* & *Dias Nicus filius*, semblent mettre entre Denis Jules & Caia Lephena sa sœur, doit naturellement venir de ce qu'ils étoient frere & sœur utérins, leur mère ayant convolé à de secondes nôces, Denis Jules, pour distinguer auquel de deux maris il devoit la naissance, avoit ajouté sur l'épitaphe de celle-ci *qui* & *Dias Nicus filius* (9). Hauteur 3 pieds 9 pouces & demi.

N°. 3. Pierre sépulcrale chargée d'une inscription

---

(9) J'ai dit souvent dans le cours de cet ouvrage, qu'on trouvoit dans les Villes anciennes des traces de leur antiquité, dans les institutions & les usages modernes de ces mêmes Villes. Ces réflexions doivent s'étendre jusques sur les noms propres ; on en rencontre très-souvent dans les familles Marseilloises, dont la différence de prononciation est la seule qu'on remarque entre les mêmes noms rendus en Grec ou en Latin : tel est celui de NIKOYS. Il y a nombre de personnes qui portent le nom de NICOU dans Marseille. Ces nuances presqu'insensibles frappent ceux qui connoissent les langues ; il ne me paroît pas indifférent de les rapporter dans un ouvrage destiné à les conserver à la Patrie les titres de son ancienneté.

Grecque, trouvée en 1763 à la place au-devant de l'Eglise de St. Victor. Elle est incrustée sur la façade de la maison de Mr. le Chanoine d'Albert, dans l'angle de la terrasse de la place. Ce monument est en pierre de la carrière ordinaire du Cap Couronne. L'inscription doit être traduite par les mots suivans :

Carolus, libertus, Carmolao Thrasonis, qui & Menon [supple *vocatur*.]

C'est-à-dire, Charles l'Affranchi a érigé ce monument à Carmolaus fils de Thrason nommé aussi Menon.

Mr. le Comte de Caylus rapporte cette inscription dans son 7e. volume du Recueil des Antiquités, à la partie Gauloise. Il adopte avec raison cette explication qui est de Mr. Lebeau, Secrétaire de l'Académie des Inscriptions & Belles-lettres, de qui Mr. de Caylus avoue la tenir.

No. 4. Cippe trouvé au même quartier que celui coté numero 1. Il étoit au pouvoir du même Paysan, & lui servoit au même usage. Il est aujourd'hui placé dans la cour de la maison de Mr. Michel. Ce Cippe est plus curieux que le premier, en ce que la couronne de laurier est à double rang de feuilles, desquelles il il sort des fleurs par distance ; il est également en marbre blanc statuaire, & parfaitement bien exécuté : l'inscription Grecque qui est au-bas, se rend en latin de la façon suivante :

OGNETE IACENS ESTO, OPORTVNE.
VALE TER MILLE ET SEXIES MILLIES.
ANNO SEPTIMO MENSE QVINTO.

MONUMENS

C'eſt-à-dire, *Ognetes*, *repoſez tranquillement: adieu* ; *trois mille fois* ; *adieu la ſeptième année, le cinquième mois*.

Les ames de ceux qui étoient privés de la ſépulture chez les Payens, étoient, ſelon leur croyance, errantes & vagabondes ſur les bords du Styx, Caron leur refuſant l'entrée de ſa barque juſques à ce que le corps qu'elles avoient animé eût été enſeveli ; ce qui explique le *Jacens eſto oportunè*, mis ſur le Cippe qui décoroit la ſépulture d'*Ognetes*. Celui qui lui avoit fait ériger ce monument, adreſſoit cet apoſtrophe aux mânes du défunt dans cette idée, ou dans le déſir que perſonne ne vînt troubler ſes cendres ; ce qui étoit une profanation ſi grande chez les Payens, qu'elle méritoit l'animadverſion du gouvernement. Les loix pénales ſur la violation des ſépulcres étoient extrêmement rigoureuſes. Elles taxoient de ſacriléges & puniſſoient comme tels ceux qui s'abandonnoient à cet excès, ou qui commettoient la moindre indécence auprès des tombeaux (10).

---

(10) Les peines contre les violateurs des ſépulcres étoient pécuniaires dans certains cas, comme d'y bâtir par-deſſus. On violoit même les ſépulcres, en inſultant les corps de ceux qui y étoient renfermés, ſoit qu'on les exhumât, ſoit qu'on leur jettât des pierres par mépris. Dans le 1er. cas celui qui commettoit ce crime, étoit regardé comme coupable de ſacrilége ; & les peines étoient différentes, ſelon la condition du criminel, & ſuivant les diverſes manières dont le crime avoit été commis. Si celui qui avoit exhumé un corps, étoit un Plébéïen ou un homme de la lie du peuple, il étoit puni de mort ; s'il étoit Patricien, il étoit ſeulement condamné à un exil perpétuel, à moins qu'il n'eût fait l'exhumation à force ouverte, & dans le deſſein de voler ; car alors on le puniſſoit corporellement ; mais s'il avoit fait cette exhumation ſans employer la violence, la punition ſe bornoit à l'exil & à la reſtitution de la valeur de la choſe volée. Terraſſon, *Hiſt. de la Juriſprudence Romaine*, page 200, à *l'article des loix des XII tables*, ſur la loi 97, X table.

PLANCHE XXXVIII.

LE N°. 1. offre un piédestal du genre de ceux qu'on étoit en usage d'élever sur le lieu de la sépulture ; la partie supérieure se termine en rond, & est tant soit peu creusée : ce qui dénote que ces piédestaux servoient en même temps d'Autel pour faire des sacrifices en l'honneur des mânes ; ce creux devant être destiné pour contenir les charbons ardens, ainsi qu'on le remarque dans tous les Autels antiques.

Ce piédestal, ou pour mieux dire, cet Autel funèbre fut trouvé dans le dernier siècle, dans le jardin de M^r. Pierre Bazan, Ecuyer ; il étoit en pierre vulgairement désignée par l'épithète de froide.

L'inscription sépulcrale doit être lue dans le sens suivant :

DIIS MANIBVS, TITI PVBLII RVFINI, TITVS
PVBLIVS CHARITO, SEXTIVS LVCILLVS,
FLAVIANVS FRATRES.

Aux Dieux Manes de Titus Publius Rufinus, Titus Publius Charito, Sextius Lucillus & Flavien ses freres, (Ont élevé ce monument.) On voit sur une des faces latérales un marteau taillant. Guichardin & Viguier, qui ont écrit des funérailles anciennes, sont d'avis que cet instrument gravé sur les monumens funèbres, est une marque de la sacrificature que les défunts avoient exercée, & lui donnent le nom de hache ; ce sentiment ne me paroît pas vraisemblable. Les Colléges de Sacrificateurs quelques nombreux qu'on les suppose, ne l'étoient cependant pas au point de pouvoir être comparés avec la multitude de monumens, sur lesquels on trouve cette marque ; il faudroit supposer une mortalité continuelle de ces Ministres des fausses Divinités & dans tous les lieux où ils habitoient. On trouve d'ailleurs cette prétendue hache sculptée sur des monumens élevés à la mémoire des personnes du sexe, dans les Villes où l'on est assuré n'avoir jamais existé de culte, dont le Sacerdoce leur eût été confié. J'en ai vu plusieurs dans la Ville de Vienne en Dauphiné, où l'on trouve également le même objet sculpté sur des pierres sépulcrales, qui contient les titres honorifiques du défunt, sans cependant qu'il y soit fait mention de la Sacrificature. Une inscription trouvée à Lyon étoit en l'honneur d'un certain RVSTICANVS ERENNIVS, VETERAN de la CXXXVI légion, (Qualité bien opposée à celle de sacrificateur), portoit aussi l'*Ascia*. Convenons que la prétendue hache n'est que le marteau taillant des Maçons, le vrai *Ascia*, & qu'il n'est placé dans les monumens funèbres, à côté des inscriptions sépulcrales que pour suppléer à la formule usitée chez les anciens, de *SUB ASCIA DEDICAVIT* qu'ils y mettoient tout au long, & quelquefois par les abréviations S. A. D. Les Antiquaires ont été de tout temps divisés d'opinion sur cette formule, qui a donné lieu à plusieurs

systêmes qu'on auroit pu s'éviter d'enfanter par des soins infinis & des recherches vaines. Si on eût jetté les yeux sans prévention sur l'instrument sculpté à côté ou au bas d'un grand nombre d'inscriptions, soit qu'elles fussent gravées sur de simples pierres, ou sur des Autels du genre de celui que je décris. M. l'Abbé Venuti de l'Académie Royale des Inscriptions, dans ses dissertations sur les anciens monumens de la Ville de Bordeaux (11) a jetté un grand jour sur cette matière. En rapportant un Cippe sur lequel on trouve le même instrument. « L'inscription suivante, dit M^r.
» Venuti, est sur un Cippus d'une figure ronde qui
» se termine en forme de cône ; elle représente en
» creux, d'un côté la figure de l'*Ascia* & celle d'un
» Equerre, deux instrumens, qui nous indiquent la
» célèbre formule employée dans les monumens des
» Gaules : *Sub Ascia dedicavit*, sans qu'il en soit
» parlé dans l'inscription sépulcrale. Dans ce grand
» problême antiquaire sur l'*Ascia sépulcrale* qui a fait
» tant raisonner & tant disputer les savans de notre
» siècle, je crois fournir une nouvelle preuve à ceux
» qui prétendent que l'*Ascia* appartenoit à la maçon-
» nerie, & servoit à couper & à équarrir les pierres.
» Voici une espèce d'équerre jointe à l'*Ascia*, qui
» paroît le décider incontestablement ; car on voit
» bien que l'équerre n'est d'aucun usage pour creuser
» les fossés, ni pour nettoyer les ronces ; or si l'*Ascia*
» & l'équerre sont des instrumens relatifs, comme

(11) Page 73. Édition de M. DCC. LIV. Bordeaux, chez Jean Chappuis.

» il paroît par notre monument, où ils font placés à
» côté l'un de l'autre, il en naîtra une explication toute
» simple de la formule : *Sub Ascia dedicavit*, c'est-à-
» dire, *Tombeau qui a été dédié au fortir de la main
» de l'ouvrier promptement, fans délai, & avec toute
» la diligence poffible* : on ne difconviendra pas que
» la dédicace d'un tombeau ne fût un acte de la Re-
» ligion Payenne, fuivi de plufieurs cérémonies : cet
» acte pouvoit être différé felon le loifir ou la vo-
» lonté de ceux qui avoient ordonné la conftruction
» du tombeau; comme on différoit fouvent la dédicace
» des Temples & autres édifices confacrés aux Dieux.
» L'Auteur des divers monumens (12) qui ont rap-
» port à la religion, a remarqué que les termes de Dio-
» clétien, ne furent dédiés par *Sévère*, que quatre ans
» après qu'ils eurent été bâtis. Le Temple que Tibère
» fit conftruire en l'honneur d'Augufte, fut confacré
» par Cajus après fa mort. L'Amphithéâtre de Vef-
» pafien fut dédié quelques années après par Titus fon
» fils ; & Quintilien (13) remarque que les ou-
» vrages, avant la dédicace, n'étoient pas réputés
» appartenir à la religion ; ce qui étoit effentiel aux
» tombeaux ; ainfi on ne pouvoit trop fe preffer d'en
» faire la cérémonie. D'ailleurs la diligence & l'em-
» preffement à s'acquitter de ce devoir à l'égard des
» tombeaux, étoit louable, & méritoit qu'on avertit
» le public par la formule : *Sub Ascia dedicavit* ». On
ne peut trouver une meilleure explication touchant la

(12) Pag. 93.
(13) Quintilien, déclam. 322.

MARSEILLOIS. 247

figure de cet inftrument fculptée fur les monumens funèbres. Je me fuis fait un plaifir de la rapporter en entier, parce qu'elle ne laiffe rien à défirer. J'ajouterai feulement qu'un ufage obfervé de nos jours à Marfeille, lorfqu'on pofe la première pierre d'un édifice quelconque, me paroît être un refte des anciennes dédicaces. Le maître de l'édifice, ou le plus éminent en dignité parmi ceux qui le font conftruire, donne quelques coups de marteau fur cette pierre ; la fuperftition a choifi de préférence le nombre de trois. Il pourroit bien être vrai que le marteau fervît anciennement au même ufage dans la dédicace des tombeaux. Malgré les nuances variées dans lefquelles nos coutumes préfentes font enveloppées, il refte toujours quelques traces de l'ancien canevas.

N°. 2. Autre piédeftal en pierre froide, qui fe trouvoit placé à l'entrée du jardin de la maifon de campagne du feu Confeiller Antelmy (14). C'eft encore un de ces Autels élevés fur la fépulture. L'infcription qui y eft gravée doit être lue comme il fuit :

DIIS MANIBVS COSSVTIÆ
VICTORIA POMPEA ABASCANTVS
CONIVGI EIVS SACRVM IVSSIT FIERI
ÆRE.

Aux Dieux Manes de Coffutia, Victoria Pompéa a érigé ce monument, & Abfcantus a ordonné de le confacrer à fes dépens à la mémoire de fon époufe. Le nom de *Coffutia*, qui eft Romain, eft commun dans

(14) Maffiliographie manufc.

les Monumens Marseillois. Nous avons une *Cossutia Hycla*, dont le nom est consigné dans l'inscription du fameux tombeau décoré de centaures, qui est conservé à Saint Victor. Le cachet de Marcvs Cossvtivs. Chresimvs, inséré dans ce receuil, est encore une preuve que cette Famille Romaine étoit connue à Marseille par quelqu'établissement, ou par le droit de clientelle qu'elle avoit accordé à des Marseillois. *Abascantus* est un nom connu dans plusieurs inscriptions des Gaules (15). Le *Sacrum jussit fieri*, est encore une formule de consécration. L'abréviation par laquelle elle est désignée a toujours été expliquée ainsi par les bons antiquaires. La lettre P qui commence le mot *Pompea* doit avoir été effacée par la dégradation, ainsi que la lettre N. du mot *Conjugi*. Eiis pour *Ejus* est une de ces fautes que les ouvriers commettoient si souvent, & dont le style lapidaire antique fournit des exemples réitérés.

N°. 3. Parmi les inscriptions qu'on voyoit autrefois incrustées sur les murs de l'Abbaye St. Victor, on distinguoit, selon le Père Guesnay (16), celle représentée sous ce numéro. Partie des noms qui y sont renfermés, sont Romains, quoique l'inscription soit en caractères Grecs. Elle doit avoir été faite à l'occasion de la dédicace de quelque monument. Je crois pouvoir la traduire ainsi :

---

(15) Le recueil de Mr. de Caylus, les inscriptions trouvées à Vienne contiennent également le nom d'*Abascantus*.
(16) Guesnay, *Annales Provinciæ Massiliensis*, pag. 78.

FLAVIO

MARSEILLOIS.

FLAVIO STATIO SYRIANO
PATRI
EVSEBES. STATIVS, STATIVS STATII
TITVS IANVS.

C'eſt-à-dire, *Euſèbe Statius, Statius fils de Statius* (*) *& Titus Janus, ont élevé ce monument à leur Père, Flavius Statius Syrianus*, [ou Syrien de nation.]

EVSEBE eſt un nom d'une vraie origine Grecque. Celui de STATIVS, ſe trouve répété dans d'autres inſcriptions de Marſeille.

N°. 4. Autel en forme de Piédeſtal ſur lequel on trouve encore la figure de l'*Aſcia* ſculptée en creux ſur une des faces latérales. Ce monument funèbre eſt une marque de tendreſſe de la part d'une perſonne du ſexe envers ſon nourriſſon. On lit à travers pluſieurs cœurs ſculptés de tous côtés dans l'épitaphe, les noms du défunt & de la perſonne qui lui a fait ériger le monument : voici comment on doit lire :

DIIS MANIBVS
HIO POMPEIO FELICIANO,
POMPEIA MVSKA, ALVMNO
DVLCISSIMO.

Pompéia Muska a élevé ce monument à ſon cher nourriſſon Hius Pompéius Félicien. Le nom de *Pompéia*, qui précède celui de *Muska*, donne l'idée d'une Affranchie de la famille Pompéia, dont elle avoit pris le nom à l'occaſion de cet affranchiſſement, & qui

(*) C'eſt-à-dire fils du précedent, & petit-fils de Flavius Statius à qui le monument étoit dédié.

avoit nourri un enfant de cette famille, auquel elle avoit élevé cet Autel sépulcral, qui fut trouvé en construisant la place de l'Arcenal, dans la partie nommée la Darce.

PLANCHE XXXIX.

N°. 1. L'Inscription Latine, désignée par ce numéro, est au pouvoir de M'. Corail le fils : elle a été trouvée dans les terrains en dessous du glacis de la Citadelle St. Nicolas, dans la partie du Levant. La pierre sur laquelle est gravée cette inscription, est de la même qualité que la pierre blanche, connue à Marseille sous le nom de pierre d'Arles ; elle a un pied & demi de large sur un pied de haut, on y lit :

D. M.
T. MACCIO MARCELLO
MACCIA IANVARIA
FILIO PIISSIMO
ET LICINIA CARPIMÆ VXOR.

L'abréviation T. est ici placée pour TITO. On doit traduire ainsi : *Aux Dieux Manes à Titus Maccius, Marcellus son fils très-pieux, Maccia Januaria & Licinia de la famille Carpime, son épouse, ont élevé ce monument.* Cette dégradation du goût dans la façon de former les caractères, tels qu'on les remarque dans l'épitaphe est assez ordinaire dans le style lapidaire ; ce mélange bizarre de grandes & de petites lettres se retrouve sur nombre de monumens antiques.

Les noms de *Maccius*, de *Marcellus* & de *Januaria*, sont Romains (17).

N°. 2. Cette épitaphe fut trouvée dans les fondemens d'une maison du quartier de Cavaillon, qui est un des plus anciens de Marseille. Elle étoit sculptée sur une petite tablette de marbre. Les lettres avoient demi pied de long (18). On y lisoit :

D. M.
ZOSIMO
SODALI
THALLVSA.

C'est-à-dire, *Aux Dieux Manes. Thallusa a élevé ce monument à Zosime son compagnon.* Zosime est un nom Grec.

N°. 3. Cette inscription fut trouvée dans les ruines d'une ancienne tour, appellée la *Tour de Gaubert*, qui étoit attenante à l'ancienne enceinte de la Ville, & placée à l'entrée de la rue des Fabres, au coin des maisons des Grands Augustins. C'est dans leur Monastère que cette inscription se trouve actuellement incrustée sur le mur, à côté de la Sacristie. Le per-

---

(17) S'il existe dans Marseille de traces des anciens noms de famille d'origine Grecque, il n'en existe pas un moindre nombre d'origine Latine. Tels sont les noms de *Macel*, de *Marcel*, &c., que nombre de nos Concitoyens portent encore.

(18) Manusc. de la Massiliographie.

sonnage en l'honneur duquel elle étoit faite, devoit être un homme de considération qui avoit exercé plusieurs charges honorables, ainsi qu'on peut le remarquer par ses titres ; j'interprète ainsi les abréviations ;

IVLIO DVDISTIO LVCII FILIO VOLTINIANO
NOVANO PONTIFICI LAVRENTINORVM
ORNATO FLAMINII COLONIÆ AQVENSIS
EXORNATO PÆFECTO ALÆ HISPANÆ
ADIVTORI AD CENSVS PROVINCIÆ
LVGDVNENSIS PROCVRATORI AVGVSTI
ALPIVM COTTIANARVM DVDISTIVS
EGLECTVS ET APTHONETVS PATRONO
OPTVMO.

C'est-à-dire, *Dudistius, Eglectus & Apthonetus* ont érigé ce monument à leur cher Patron, *Julius Dudistius*, fils de Lucius, de la neuvième Tribu Voltinène, Pontife des Laurentins (19), décoré du premier Sacerdoce de la Colonie d'Aix, ci-devant Préfet de la Cavalerie Espagnole, Aide du dénombrement de la Province de Lyon, Intendant pour l'Empéreur dans les Alpes Cottiènes (20).

Ce monument est l'effet de la reconnoissance de deux affranchis envers un Romain leur Patron.

N°. 4. Ce fragment d'épitaphe étoit placé à la rue St. Jacques, selon Guesnay (21). Il y a eu dans Marseille plusieurs rues de ce nom ; mais notre Anna-

(19) Peuples d'Italie, dont *Laurentum* étoit la Capitale ; c'étoit la résidence du Roi *Latinus*.
(20) Aujourd'hui le Mont Cenis.
(21) Guesnay, *Annales*, pag. 79.

liste ne nous désigne celle où étoit ce monument, que par le nom de St. Jacques. Il nous apprend que l'inscription étoit sur une tablette de pierre, *Tabella lapidea*. On y lisoit, selon cet Auteur :

D. M.
QVARTIA IRVA
TILLA.

Ruffi (22) rapporte différemment cette épitaphe, en mettant IVRA à la place de IRVA. Guesnay nous prévient que c'est une faute de lire ainsi ce fragment : *Alii* [dit-il] *mendosè, ut arbitror, legunt,* QVARTIA IVRA, *&c.*

Ce monument ne nous présentant rien d'intéressant, je crois indifférent d'adopter l'une ou l'autre copie.

Nº. 5. Inscription Latine trouvée dans les terrains devant l'Eglise de St. Victor en 1763. Elle est sculptée sur une pierre froide de 32 pouces de long sur 18 de large, on y lit :

T. DOMITIO ASI
ATICO LALIHE
COLVCI OPTIMO.
ID SIBI.

Elle doit être interpretée comme il suit :

TITO DOMITIO ASIATICO, LALIHE
CONIVGI OPTIMO IDEM SIBI.

A Titus Domitius Asiaticus [ou l'Asiatique] le

(22) Ruffi, hist. de Marseille, pag. 320.

très-bon époux de Lalihe ; ce sépulcre est en même temps pour elle. Cette formule ID *sibi*, pour *Idem sibi*, étoit usitée dans le style lapidaire. On mettoit quelquefois ET SIBI. COLVCI pour *Conjugi*, on disoit également COIVGI. LALIHE est un nom grec d'origine ; la lettre H est de trop ; il vient de la prononciation de ces temps, dans lesquels on aspiroit l'E, lorsqu'il terminoit les mots.

PLANCHE XL.

N°. 1. LE piédestal en pierre froide, sur lequel est sculptée l'épitaphe suivante, se trouve placé dans l'Eglise inférieure des Accoules. Il sert à soutenir l'Autel de la Chapelle du Collége des Notaires. Ruffi & Guesnay ont cité ce monument, auquel ils ont enlevé la partie la plus propre à exciter la curiosité du lecteur. Ils ont remplacé les caractères grecs qui se trouvent mêlés dans cette épitaphe : j'ai évité ce défaut par le secours de la gravure. L'Imprimerie ne fournissant pas les mêmes facilités, je suis obligé de me servir des caractères ordinaires dans l'explication. On doit lire :

DIIS MANIBVS
LICYRIAE, SEBASTEO ;
IVNIA TIRANMIS.
AMICAE MIRENTISSIMAE.

MARSEILLOIS.

C'eſt-à-dire, *Junie de la famille Tiranmis a élevé ce monument aux Dieux Manes de ſa très-méritante Amie Licyria de la famille Sebaſtea, ou Sebaſtes.*

Sebaſteo paroît une faute, en ce qu'il eſt au datif au lieu d'être au génitif ; mais ces fautes ſont communes dans le ſtyle lapidaire : au reſte ce nom eſt Grec d'origine. TIRANMIS paroît un nom Gaulois. Ruffi & Gueſnay ont copié TIRANNIS, c'eſt une erreur, l'M eſt bien marqué ſur la pierre. Ce nom me paroît Gaulois (23). MIRENTISSIME pour MERENTISSI-MAE, eſt encore un uſage dans les anciennes inſcriptions.

N°. 2. Le fragment de Cyppe ſur lequel étoit gravée cette épitaphe, fut trouvé dans cette place qui eſt devant les anciennes Infirmeries, à l'endroit vulgairement nommé le FAROT (24). On liſoit ſur ce Cyppe l'inſcription ſuivante, au rapport de *Gueſnay* :

D. M.
L. LVCILIO CRISPO
MAR. OPT. FIL. LVC.
GRATO. FIL. PIISS,
IVL. GRATA,

Il faut ſuppléer aux abréviations comme il ſuit :

(23) Pluſieurs familles de Provence portent le nom de Tiran, qui eſt un veſtige de celui de TIRANMIS.
(24) *Farot* paroît être une corruption de *Phare*. Il y avoit peut-être anciennement un fanal, poſé ſur l'éminence de la batterie, ou ſur celle du côté oppoſé, pour éclairer les Navires pendant la nuit.

DIIS MANIBVS
LVCIO LVCILIO CRISPO MARITO OPTIMO,
FILIO LVCII LVCIO GRATO, FILIO PIISSIMO,
IVLIA GRATA.

Il me paroît que cette inscription doit être traduite par ces mots : *Aux Dieux Manes, Julia Grata a élevé ce monument à Lucius Lucilius Crispus, fils de Lucius, son très-bon mari & à Lucius Gratus son très-pieux fils.* Julia Grata est une épouse & mère en même temps, qui rend les honneurs funèbres à son mari & à son fils. L'emplacement sur lequel a été trouvé ce Cippe, faisoit partie de celui qui contenoit un des plus fameux cimetières des Marseillois, ainsi qu'il a été remarqué dans la dissertation sur la sépulture &c. (25)

N°. 3. L'inscription désignée par ce numéro, est gravée sur une tablette de pierre de taille ordinaire. Elle est incrustée sur le mur de l'Abbaye St. Victor, à gauche de la principale porte d'entrée de l'Église supérieure. On y lit :

D. M.
MARCII
LENAEVS E
TYCHECIA
DEO FILIO
PIENTISSIMO.

(25) Page 91 & suivantes.

Lenaeus

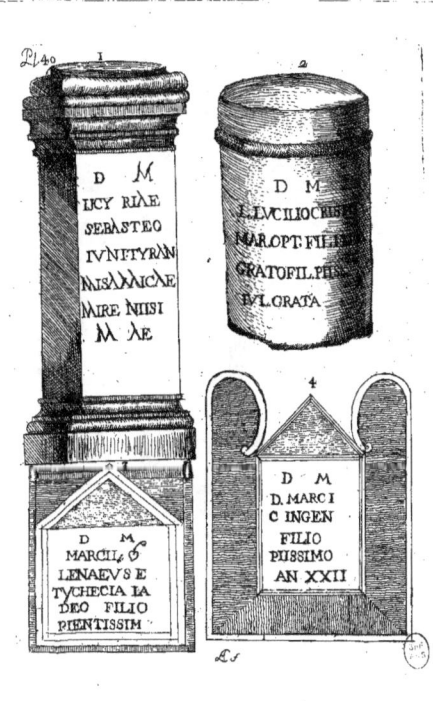

MARSEILLOIS.

Lenæus a élevé ce monument aux Dieux Manes de Marcius & Etyches [Eutyches] à Jadéus son fils très-respectueux ; M. de Caylus, à qui on avoit envoyé la copie de cette épitaphe en 1763, lorsqu'elle fut découverte, a mis un L à la place du second I du mot MARCII. C'est une erreur du copiste. L'inscription est encore aussi bien conservée qu'elle l'étoit ; on n'y voit aucune mutilation ; le fond en est très-net, & il ne s'y trouve aucune trace de la ligne horisontale qui feroit un L de l'I ETYCHES est un nom Grec d'origine, mais le Sculpteur avoit fait la faute de manquer l'V ; on doit lire EVTYCHES, que j'ai remarqué être un nom très-connu dans Marseille ancienne. [Hauteur 21 pouces 6 lignes ; largeur 15 pouces].

N°. 4. L'épitaphe suivante, sculptée sur une tablette en pierre de taille ordinaire, est placée dans l'angle qui est à côté du portail de l'Eglise supérieure de St. Victor. On y lit :

D. M.
D. MARCI
C. INGEN
FILIO
PIISSIMO
AN XXII.

Il me paroît qu'on doit interpréter ainsi les abréviations DIIS MANIBUS DECIMO MARCIO, CAIVS INGENVVS FILIO PIISSIMO ANNORVM XXII. *Caius l'Ingénu* [c'est-à-dire, petit fils d'Affranchi] *a élevé* ce monument à Decimus Marcius son très-pieux fils, mort à l'âge de vingt-deux ans. Ce monument qui est très-bien conservé, a 25 pouces de haut sur 17 de large.

PLANCHE XLI.

N°. 1. L'Épitaphe que ce numéro indique, fut trouvée en construisant la Place de la Darce dans l'Arsenal : elle étoit sculptée sur une pierre. On lisoit :

D. M.
CASSIE
FORTVNAT
ACONIS PAT
RONAE MER
ENTISSIM.

FORTVNAT est l'abréviation de FORTVNATAE. On doit conséquemment traduire par ces mots *aux Dieux Manes de Cassia Fortunata Patrone très-méritante d'Acon*. Ce monument paroît être l'effet de la reconnoissance d'un affranchi envers sa Patrone. J'ai déjà remarqué à la page 135 de cet ouvrage, au sujet du monument indiqué par le numéro 4 de la XVe. Planche, que les femmes, quoique dans une tutelle perpétuelle, & privées conséquemment de la liberté d'affranchir leurs Esclaves, avoient cependant le droit de patronnage, lorsqu'il leur advenoit par héritage. Nous ne devons conséquemment point être surpris de voir *Caffia Fortunata*, Patrone d'*Acon*. Ce dernier nom est d'origine Grecque.

N°. 2. Cette épitaphe fut trouvée au même local & en même temps que la précédente. Elle contenoit les lettres suivantes :

>D. M.
>IVLIAE GERM
>NAE MATRI PI
>ISSIMAE M.
>STATIVS RES
>TITVTVS.

Il manque un A à la fin de la première ligne. On doit lire GERMANAE; l'M de la troisième ligne est l'abréviation de MARCVS. On doit conséquemment traduire ainsi : *Marcus Statius Restitutus a élevé ce monument aux Dieux Manes de Julia Germana sa très-pieuse mère.*

Le nom de *Statius* se trouve sur d'autres monumens Marseillois. GERMANA est un nom Gaulois (25) d'origine. RESTITVTVS est un nom connu dans les Annales de Marseille; son Eglise honore la mémoire de Saint *Restitut*, Successeur de St. Lazare son premier Evêque.

N°. 3. Tombeau trouvé à la plaine St. Michel, qui est l'ancien champ de Mars (26). Ce Tombeau

___
(25) Nous avons fait Germain du nom de *Germanus*, en langue Provençale *German*. Ce nom est commun à une multitude de Familles Provençales.
(26) Ruffi, hist. de Marseille, tom. 2, pag. 297. En 1200, le chemin qui aboutit à cette Plaine, étoit encore nommé dans les actes VIA DE CAMPO MARTIO.

sert actuellement de lavoir dans une des cours, à côté des cuisines du Couvent des Minimes. C'est le seul monument qui leur reste d'un nombre qu'ils avoient recueilli en ce lieu ; il est d'une seule pierre de la carrière de Cassis. On lit sur le milieu d'une des principales faces :

D. M.
VAL. RVFINI
QVI W. SIBI
FECIT.

Les abréviations doivent être interprétées en ce sens : DIIS MANIBVS VALERII RVFINI QVI VIVVS SIBI FECIT ; ce qu'on explique ainsi : *Aux Dieux Mânes de Valerius Rufinus qui s'est fait construire ce Tombeau de son vivant.* La coutume de choisir le lieu de sa sépulture, & de la faire édifier soi-même, étoit en usage chez les Payens. Nombre d'inscriptions en rendent témoignage.

N°. 4. Épitaphe sculptée sur une pierre de la carrière de Cassis, de 21 pouces de haut, sur 14 de large. Ce morceau est le mieux conservé de tous ceux que nous possédons, dans ce genre de monumens. Il se trouve placé sur le pavé devant la principale porte de l'Eglise supérieure de St. Victor. On y lit :

D.
POMPONI
AE PRIMI
CENIAE,
ANNIA F. FII
CLA SOROR
KARISSIME

C'est-à-dire, *Annia Fiicla a fait élever ce monument aux Dieux Manes de Pomponia, sa très-chere Sœur aînée.* Cette épitaphe renferme une singularité remarquable, en ce que l'M qui est placée dans toutes les inscriptions sépulcrales pour désigner les *Manes*, est ici remplacée par deux *Femur*. Nous nous servons encore de la figure de ces ossemens pour décorer nos édifices funèbres. On rencontre à chaque instant, dans l'étude de l'antiquité, des indices certains que les usages modernes ne sont pas toujours de notre invention.

CENIAE est mis dans l'inscription pour GENIAE. L'F répété est une faute du Sculpteur (*). La ligne perpendiculaire du R qui dépasse est un usage reconnu dans le style lapidaire pour lier la lettre I avec d'autres lettres. Il est dommage que cette épitaphe ait été sacrifiée pour paver le devant de l'Eglise; ce qui la dégradera bientôt par le frottement continuel. Nous avons si peu de titres de notre antiquité, ne devrions-nous pas redoubler nos soins pour les conserver?

N°. 5. Le monument désigné par ce numéro, est un vrai *Acerra*, ou autel funèbre en marbre blanc,

---

(*) Un amateur de beaux arts m'a communiqué un autre interprétation de cette inscription, elle me paroît moins satisfaisante que la première, je me fais un devoir de la rapporter pour mettre le lecteur à portée de décider DIIS MANIBVS POMPONIAE PRIMI CENIA ET ANNIA FECERUNT IVRE CVM LACRIMIS SORORI CARISSIMAE. Selon cette interprétation PRIMI CENIA ET ANNIA, sont deux sœurs qui ont fait élever ce monument à Pomponia & qui ont répandu des larmes. La formule *cum lacrimis* étoit à la vérité usitée chez les Payens, mais cela ne fait aucune preuve en faveur de l'interprétation. La lettre E, à la fin du mot CENIAE termine la ligne sur le monument: on ne voit aucune trace du prétendu T, le champ est net & ne paroît pas avoir contenu aucune lettre.

de trois pieds de haut. Il étoit dans le couvent des Grands-Carmes ; sur la principale face étoit sculptée en creux l'épitaphe suivante :

        D. M.
   Q. MINATI CELERIS
   CLAVDIANI FECER.
   PLARIA VERA VXOR
  ET Q. MINANTIVS TI
     RIDA STAT.

Sur une des faces latérales, on voyoit un préféricule que j'ai fait marquer dans la gravure & sur l'autre, une Patère que les règles de la perspective ne m'ont pas permis de faire représenter. L'épitaphe doit être lue ainsi : Diis Manibvs Qvinti Minantii Celeris Clavdiani Fecervnt Plaria Vera Vxor et Qvintvs Minantivs Tirida Stat.

Aux Dieux Manes de Quintus Minantius, Chevalier de la Légion Claudienne, Plaria Vera son Epouse, & Quintus Minantius ont fait élever ce monument, dans lequel est renfermée la robe de pourpre.

Les Chevaliers Romains [CELERES] étoient dans le principe un corps de Troupes de Cavalerie composé de 300 hommes destiné pour la garde de Romulus ; ce Prince ayant choisi ces CELERES parmi les familles les plus distinguées, on regarda comme un grand honneur de servir dans ce corps. Dans la suite le nom de Chevalier fut donné, environ l'an 620 de la fondation de Rome, aux Cavaliers qui étoient affectés au service des Légions : on les nommoit indifféremment *Equites* & *Celeres*. Les deux freres *Tiberius & Caius Gracchus*, devenus tribuns du peuple, firent de l'ordre Equestre un corps séparé, en ôtant aux Sénateurs l'administration de la Justice, pour la donner aux Cavaliers légionnaires. Cet ordre ayant acquis par là un degré de plus de considération, les particuliers qui le composoient, se dispensèrent peu-à-peu du service dans les légions : enfin lorsque les peuples d'Italie eurent acquis le droit de Bourgeoisie Romaine, & que la Cavalerie des Légions fut confondue avec celle des alliés, les Consuls & les Censeurs chargés des levées militaires, ne mirent plus des personnes de l'Ordre Equestre dans les Légions.

Ces observations nous indiquent que le monument élevé à la mémoire de *Quintus Minantius*, doit être d'un temps plus reculé que celui auquel les Chevaliers cessèrent le service des Légions ; puisque parmi les titres du défunt, on voit celui de CELERIS CLAVDIANI, *Chevalier de la Légion Claudienne* (28).

MINATI dans l'inscription est une abréviation de MINANTII, puisqu'on lit plus bas les mêmes nom & surnom de famille de *Quintus Minantius*. FECER est une abréviation de *Fecerunt*. Les mots *Tirida stat* pour désigner que l'*Angusticlave*, qui étoit la robbe des Chevaliers Romains, se trouvoit renfermée dans le monument, ne doivent pas former le moindre doute sur leurs significations. La couleur de pourpre étoit très-esti-

(28) Cette Légion avoit son quartier à Vienne en Dauphiné : LEGIO VII CLAVDIANA.

mée chez les anciens ; c'étoit à Tyr, à qui la découverte en étoit dûe ; ses teintureries en ce genre étoient les plus estimées (29) ce qui avoit fait donner le nom de couleur de Tyr, TIRIDA à la couleur de pourpre.

L'*Angusticlave* étoit ornée de pièces d'étoffes de couleur de pourpre ; mais de moindre largeur que celles des robes à l'usage des Sénateurs, qu'on nommoit *Laticlave* à raison de la plus grande étendue de ces pièces en forme de cloux & en bandes. Quant en matière de l'histoire Romaine, on dit la robe de pourpre, il ne faut pas toujours supposer que cette robe fût en entier d'une étoffe de cette précieuse couleur. Ensevelir un

_____

(29) Les Romains faisoient tant de cas de la teinture en pourpre, façon de Tyr, qu'ils établirent une teinturerie à Toulon. Le même genre de coquillage dont on se servoit à Tyr est fort abondant en Provence & surtout aux environs de Toulon. Ce coquillage est un univalve de la sixième famille de la première classe, sa robe dépouillée de son épiderme, est de couleur brune tirant sur le violet avec des bandes horisontales blanches, les curieux de Provence le nomment cordelière. De toutes les espèces de pourpre de la méditerranée, c'est la plus abondante en couleur. Les autres espèces de pourpres communes dans nos mers, sont la massue de couleur fauve garnie de pointes, & la fausse culotte de Suisse de la même couleur garnie de feuilles. Ces coquillages donnent une moindre quantité de cette précieuse liqueur que les cordelières. Ils sont à cet égard en proportion de ces dernières comme un est à trois. Le poisson qui les habite, plus cutané & moins abondant en chairs que celui des cordelières, fournit moins de suc, & de cette colle naturelle ou Gluten que donne le corps baveux des coquillages, laquelle sert de mordant pour fixer la couleur. Ces observations doivent nous induire à croire qu'on se servoit de préférence du suc tiré des cordelières pour teindre en pourpre : j'ai fait venir à plusieurs reprises de *Sour*, qui est l'ancienne Tyr, toutes les espèces de coquillages qu'on trouve sur ces côtes, & je n'ai jamais rencontré que des cordelières dans la famille des pourpres : cela m'a déterminé à fixer l'usage de ce seul univalve pour teindre à Tyr. Ce qui donne lieu de présumer que ce fut-là le motif qui décida les Romains à former cet établissement à Toulon : on trouve dans la notice de l'Empire un *Procurator Baphii Telonensis Galliarum*.

citoyen

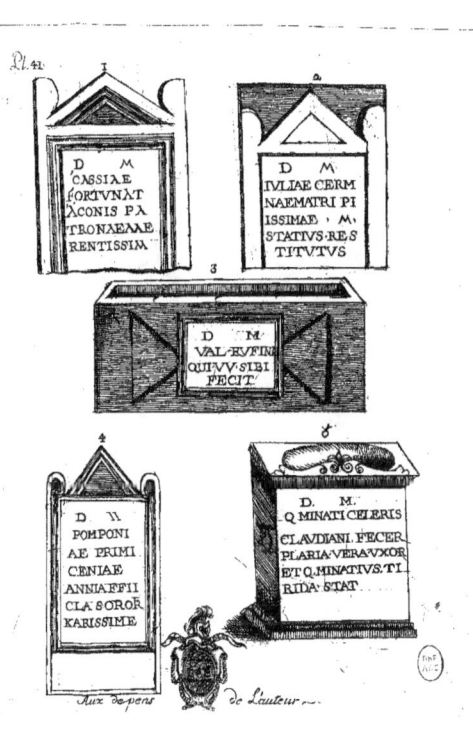

MARSEILLOIS. 265

Citoyen avec la robe de pourpre, c'étoit donner une marque de luxe, qui dénotoit le rang, la considération ou la richesse de la famille, & du défunt. C'est ce qui avoit fait placer sur l'épitaphe du Chevalier Romain mort à Marseille, les mots de TIRIDA STAT. La robe de couleur de tyr, est dans le monument.

PLANCHE XLII.

N°. 1. Piédestal en pierre de la carrière de Cassis, sur lequel on lit l'inscription suivante :

D. M.
CALPVRNIAE
AR¹   RIDIS
VAB   CREGES
ET CABLVRNIA
ONESIME VLVMN

Cette épitaphe est si mutilée vers le milieu, où l'on trouve même un trou de près de deux pouces de profondeur, qu'il est impossible de suppléer aux lettres qui manquent. On voit seulement que ce monument avoit été élevé aux Mânes de *Calpurnia* par deux personnes dont l'une de la même famille *Calpurnia* étoit élève d'*Onesime*. VLVMN est mis pour ALVMN, abréviation d'ALVMNA. *Calpurnia* (30) est le nom

─────────
(30) La femme de César étoit de la même famille, CALPVRNIA, fille de CALPVRNIVS PISO. Deux loix Romaines portent le nom des Magistrats de cette famille auxquels elles sont dûes : *Lex Calpurnia de pecuniis repetundis* & *Lex Calpurnia de ambitu.*

L l

d'une Famille Romaine distinguée. Ce nom est différemment ortographié au bas de l'inscription CABLVRNIA; ce qui vient de la corruption dont la langue Romaine se ressentit dans Marseille, après que cette Ville fut devenue la conquête des Goths. On doit placer la construction de notre monument à un temps postérieur à cette époque. Les mauvaises proportions du piédestal & la Gothicité des lettres le désignent assez. ONESIME est un nom Grec. C'est sur la place de l'Abbaye St. Victor que cette épitaphe se trouve placée.

Nº. 2. Le piédestal sur lequel étoit sculptée l'épitaphe suivante, étoit placé dans un coin du jardin du Roi, dans le temps qu'Henri de Valois, Comte d'Angoulême, Grand-Prieur de France, Lieutenant du Roi en Provence, faisoit son séjour à Marseille, en cette dernière qualité (31). Ce monument fut dérobé après le décès de ce Prince, selon le manuscrit de la Massiliographie. Ruffi & Guesnay citent également ce monument: les trois leçons se trouvent conformes; ce qui doit servir à nous convaincre que les fautes contre la langue latine, dont on va s'appercevoir étoient réellement existantes dans l'épitaphe :

D. M.
IACET SVB HOC SIGVINVS
DVLCISSIMA SEANDILLA QVÆ
RAPTA PARENTIBVS RELIQVIT
DOLOREM VT TAM DVLCIS ERAT
TANQVAM AROMATA DESIDERANDO
SEMPER MELEARITA QVÆ VIXIT
ANN. III. MEN. VII. DIEB. XVI.

(31) Sur la fin du 16e. siècle.

MARSEILLOIS.

SIGVINVS est une faute: il faut lire SIGNINO de *Signinus*, ouvrage maçonné à chaux & à ciment; ou de *Signinum*, mortier, ciment. D'après cette observation, je crois pouvoir traduire ainsi. *Aux Dieux Manes. Ici repose sous cet ouvrage maçonné à chaux & à ciment, la très-douce Seandilla, qui ayant été enlevée à ses parens par la mort, ne leur laissa que la douleur de sa perte: Elle étoit si douce qu'elle étoit à désirer autant que les aromates toujours mielleux; elle vécut trois ans sept mois & quinze jours.* Cette épitaphe exprime d'une façon bien tendre les regrets que les parens de la jeune *Seandilla* ressentoient. Ce nom de *Seandilla* est Gaulois d'origine. DESIDERANDO, est une autre faute: il faut lire DESIDERANDA.

N°. 3. Le piédestal en pierre de la carrière de Cassis désigné par ce numéro, se trouve dans une des caves antiques de l'Abbaye St. Sauveur (32). L'inscription en caractères grecs qui y est sculptée, est cependant en l'honneur d'un Romain, homme de considération, qui avoit été décoré de plusieurs grades & emplois tant civils que militaires, ainsi qu'on peut le remarquer par la traduction suivante :

TITO PORCIO PROCLI AELIANI , AMPLISSIMI VIRI ET PROPHETÆ FILIO CVSTODI CORONARVM IANI SACERDOTI LEVCOTHEÆ TRIBVNO LEGIO-NIS XV[a] ET PRIMO PRÆFECTO COHORTIS OCTAVÆ

(32) C'est celle où est placée la sépulture des Religieuses.
(a) Cette Légion étoit nommée LEGIO XV *Apollinaris*, elle avoit son quartier à Satala dans l'Asie mineure.

BATAVORVM PRÆFECTO COHORTIS TERTIÆ AL-
PINÆ, PRÆFECTO COHORTIS QVARTÆ GAL-
LORVM, PRÆFECTO COHORTIS DARDANORVM,
PRÆFECTO EXPLORATORVM GERMANORVM VI-
CARIO DISRVPTIONIS CIRCA VIAM FLAMINIAM,
ÆMILIAM ET LIGVRIAM VICARIO ET DVCTORI
ILLORVM QVI SVNT AD MARE.

A Titus Porcius, fils de *Proclius Ælianus*, personnage très-recommandable & prophète (33); Gardien des Couronnes de Janus; Prêtre de *Leucothéa* (34); Tribun de la quinzième Légion, & premier Préfet de la huitième cohorte des Bataves; Préfet de la troisième cohorte des Alpes; Préfet de la quatrième cohorte des Gaulois; Préfet de la cohorte des Troyens; Préfet des Explorateurs Allemands (35); Vicaire (36) du coupement à faire sur la voie Flaminienne, la voie Æmilienne & la voie Ligurienne; Vicaire & Conducteur des gens de mer [C'est-à-dire, Commandant de ceux qui sont employés au service maritime]. Cette

(33) La qualité de Prophète dans le Paganisme signifioit le premier Prêtre d'un Temple où se rendoient les oracles.

(34) Quelques recherches que j'aie faites pour connoître ce *Leucothea*, je n'ai rien trouvé qui pût m'en donner le plus léger indice : Les peuples de Toul se nommoient *Leuci*, mais on ne peut appliquer le mot *Leucothea*, à leur Ville, qui étoit nommée *Leucorum Civitas*.

(35) Les EXPLORATORES étoient les troupes qui alloient à la découverte.

(36) VICARIVS signifioit un Lieutenant, un homme chargé en second d'un emploi civil quelconque.

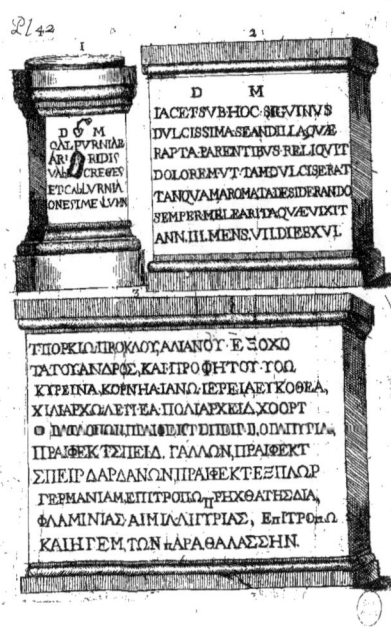

dernière qualité nous indique la raison pour laquelle cette inscription se trouve placée dans les caves antiques de St. Sauveur. Le Collége des Dendrophores, ainsi que nous le démontre une autre inscription trouvée dans ces caves, étoit situé en ce local (37). Quoi de plus naturel que des Charpentiers constructeurs & marchands de bois pour l'usage de la marine, qui élèvent un monument à leur chef dans le lieu destiné à leur assemblée, ou celui dans lequel ils exerçoient leur profession !

ÉPITAPHES, INSCRIPTIONS ET FRAGMENS rapportés par divers Auteurs, sans désignation des monumens sur lesquels ils étoient placés.

CE Recueil étant particulièrement destiné à conserver à la Ville de Marseille tous les titres de son ancienne splendeur, je ne dois négliger aucun moyen de parvenir à ce but ; quoique les inscriptions paroissent d'abord peu intéressantes pour y atteindre, elles sont cependant des sources inépuisables de connoissances historiques ; elles décèlent pour la plupart des usages qui servent à développer les mœurs & le costume des peuples à qui elles sont dues. J'ai tâché de faire connoître à mes lecteurs les genres de monumens sur lesquels étoient placées celles qui existent

(37) Voyez ci-après le fragment d'inscription du N°. 21, à l'article des épitaphes, inscriptions & fragmens rapportés par divers Auteurs, sans désignation des monumens sur lesquels ils étoient placés.

encore de nos jours, ou que j'ai pu récupérer d'après des desseins exacts, quoiqu'enlevées du sein de notre patrie, ou totalement dégradées par la vétusté. J'ai cru ne pouvoir mieux terminer cet ouvrage qu'en donnant la suite des inscriptions, épitaphes & fragmens rapportés par divers Auteurs, sans désignation des monumens sur lesquels elles étoient placées.

Le moindre fragment, un nom, une date, une qualité civile, un usage quelconque sont souvent analogues aux recherches les plus utiles. Je n'ai pas cru devoir priver de cette ressource, ceux qui pourroient avoir intérêt de s'occuper de ces objets.

N°. 1. Inscription sépulcrale rapportée par Ruffi & par Guesnay (38). Je pense qu'elle doit être lue en ce sens :

DIIS MANIBVS
VOLVMNIAE EVTICHE
EVTICHVS FILIAE
DVLCISSIMAE.

C'est-à-dire, *Eutiches a élevé ce monument aux Dieux Manes de Volumnia Eutiches, sa fille cherie.*

N°. 2. Autre épitaphe en l'honneur de deux personnes de sexe différent. On y lit :

FLAVO LVCIANO
.... ANIAE
DEFVNCTIS.

(38) Ruffi, hist. de Marseille, tom. 2, pag. 320. Guesnay, *Annales*, &c. pag. 79.

MARSEILLOIS. 271

C'eſt aux défunts, Flavus Lucien &.... ANIA *que ce monument eſt élevé.* Gueſnay & Ruffi rapportent encore cette épitaphe. ANIA eſt la fin d'un nom de femme.

N°. 3. L'Hiſtorien de Marſeille & l'Auteur des Annales, citent l'épitaphe déſignée par ce numéro. Elle me paroît devoir être lue ainſi :

LVCIO VALERIO
FELICI
VALERIA AMILIA POSVIT
PATRI PIISSIMA.

Valeria Amilia, fille très-reſpectueuſe a élevé ce monument à ſon Père Lucius Valerius Felix.

N°. 4. C'eſt dans le port de Marſeille que fut trouvée l'épitaphe ſuivante, ſelon ce que nous apprend Ruffi par une note marginale, dans le ſecond volume de l'hiſtoire de cette Ville, page 321. Les abréviations de la ſeconde & troiſième lignes ſont indéchifrables ; j'explique celle de la première ligne par les mots IN PACE, & je traduis comme il ſuit :

Ici repoſe en paix Nymfidius de...... qui vécut... ans & mourut le 8 des Kalendes. Ce monument eſt pour deux perſonnes ; lui [*Nymfidius*] & *Euſèbe.*

Requieſcet pour *Requieſcit, Receſſet* pour *Receſſit* ſe rencontrent ſouvent dans le ſtyle lapidaire antique. Les lettres PRA ſont le commencement du nom de la Patrie de *Nymfidius* ou de la famille dont il étoit iſſu : les mots PRO BINO ſont également très-communs ſur les épitaphes.

N°. 5. Lorsqu'on bâtit en 1590 dans l'Abbaye St. Victor, une Chapelle en l'honneur de St. Lazare, il fut trouvé quatre épitaphes dans les terrains enlevés pour jetter les fondemens ; celle qui suit est de ce nombre, selon le témoignage de Ruffi ; cet Auteur a joint à la lettre A qui termine le mot AGRIPINA un E, qui ne doit pourtant être que la lettre F, l'inscription n'auroit autrement aucun sens. Ruffi ne s'étoit point attaché à la connoissance des antiquités ; on s'en apperçoit aisément à la lecture de son ouvrage. Une lettre mutilée est souvent mal interprétée par ceux dont les yeux ne sont pas familiarisés avec des objets pareils. Je crois pouvoir réparer l'erreur faite au sujet de cette épitaphe, que je lis dans le sens suivant, en remplaçant les lettres effacées :

DIIS MANIBVS
HIC IACET VIRGO FIDELIS VLPIA
DOMITIA ENEA QVE VIXIT ANNOS XVI
MENSES XI DIES XX INGENVVS LVCIVS ET
VLPIA AGRIPINA FILIAE
DVLCISSIMAE.

Aux Dieux Manes. Ici repose Ulpia Domitia Enea, fidèle à garder la virginité, qui vécut seize ans onze mois & vingt jours. Lucius l'Ingénu [c'est-à-dire, petit-fils d'Affranchi] & Ulpia Agripine ont élevé ce monument à leur chere fille.

Le nom d'*Ingenuus* étoit donné aux petits-fils des Affranchis ; & ce nom restoit à toute leur postérité.

N° 6. Inscription votive, rapportée par Ruffi & par

par Guefnay. Elle est due à la dévotion d'un Officier de quelqu'un des Colléges d'Artisans établis dans Marseille, ou au Collége lui-même, représenté par cet Officier, dans la cérémonie de la dédicace de l'*ex-voto*. En ce cas il faut de nécessité admettre que cette inscription n'est qu'un fragment d'une plus grande. Je crois qu'on doit la lire comme il suit:

>DEO APOLLINI
>LIELIVS NIMPII
>CVSTOS LIIII IVRVM
>CORPORITATIS.

C'est-à-dire, *Lielius*, *fils de Nimpius, cinquante-quatrième conservateur des droits de la Communauté, a érigé ce monument au Dieu Apollon.*

L'inscription trouvée dans les caves de St. Sauveur, dans laquelle il est fait mention du Collége des Dendrophores, & la *Tessere*, commune aux ouvriers qui le composoient (39), servent à l'explication de cette inscription, en nous confirmant l'existence de ces Colléges dans Marseille ; le mot CORPORITATIS est même rapporté tout au long dans l'inscription des Dendrophores. Le terme de CORPORATVS étoit employé pour désigner ceux qui étoient reçus dans les Colléges, ainsi qu'on peut le remarquer sur diverses inscriptions. L'abréviation CORP. doit être conséquemment rapportée au mot CORPORITATIS. Rien de plus naturel à ces Communautés, que de compter les années,

(39) Voyez la Planche 16 N°. 4.

dès l'époque de leur établissement, par le nombre de leurs principaux Officiers, lorsqu'ils changeoient annuellement ; peut-être que ces Officiers confirmés ou nommés plusieurs fois aux mêmes charges, ajoutoient pour lors, à côté du titre de leurs dignités, le nombre de fois qu'ils l'avoient exercée à l'exemple des grandes dignités de Consul, de Tribun & autres qu'on voit retracées sur les médailles & autres monumens, avec les nombres I. II. III., &c. pour désigner la première, la seconde, ou troisième fois.

N°. 7. Fragment d'épitaphe sur lequel on lit :

D. M.
VAL. PR.
MILLAES
VI. CHRO.

Ce fragment étoit dans la maison d'un des Auteurs du manuscrit de la Massiliographie, dans lequel il est inséré : on ne peut en tirer aucun éclaircissement. La qualité de MILLAES, me paroît être celle de Soldat qu'on a voulu désigner.

N°. 8. L'épitaphe suivante est rapportée par Ruffi. Les Auteurs du manuscrit de la Massiliographie nous apprennent qu'elle se trouvoit placée de leurs temps, à la Ladrerie de cette Ville (40). Ce monument est dû à la piété d'une épouse envers les Manes de son mari ; en leur rendant cet honneur, elle avoit en

(40) La Ladrerie étoit le même édifice que l'hôpital de St. Lazare, destiné à loger & guérir les Lépreux, nommés *Ladres* à Marseille. Saint Lazare étoit même nommé St. Ladre. Voyez l'histoire des Ordres Royaux, &c. de Notre-Dame de Mont-Carmel & de St. Lazare par Mr. Gautier de Sibert. Paris 1772 in 4°.

même temps choisi cette sépulture pour elle. On lit :

D. M.
Q. CESTI IANVARI P. CHARITE
COIVGI SE VIVA POSVIT.

Je crois pouvoir remplacer les abréviations ainsi qu'il suit :

DIIS MANIBVS QVINTI CESTI
IANVARII PVBLIAE CHARITE
CONIVGI SE VIVA POSVIT.

Aux Dieux Manes de Quintus Cestus Januarius, époux de Publia Charita, qui s'est également faite construire ce sépulchre, de son vivant. C'est-à-dire, qu'elle a choisi le même tombeau. Cette formule se retrouve dans nombre d'inscriptions sépulcrales : elle obligeoit les héritiers de se conformer à ce choix.

Nº. 9. Les Auteurs du manuscrit de la Massiliographie nous apprennent que le fragment d'épitaphe sous ce numero, étoit dans le terroir de cette Ville. » Ce fragment [disent-ils] montre que le dernier de » cette race fut dédié à Pluton. [C'est probablement *dévoué* qu'ils ont voulu dire] ; j'avoue que les sieurs Prat & Durant, auxquels est dû ce manuscrit, voyoient plus que moi dans ce fragment, où l'on ne rencontre pas un seul mot en entier ; l'explication en seroit conséquemment avanturée, & je m'abstiens d'en donner aucune. On lit.

D. M.
M   C
OLVTIMOS
ATRI. P.
YCAR
O.

Ce font les lettres ⹀ ⹀ ⹀ ATRI P. qui ont fait hazarder de les expliquer par les mots ATRI PLVTONI, le *noir Pluton* ; mais le prétendu mot ATRI, par la façon dont il est placé, ne peut être que la fin d'un plus long mot.

N°. 10. Ducange dans son Glossaire (41), cite l'inscription suivante comme Marseilloise. *Vetus inscriptio Massiliæ*, dit-il, pour la désigner. Ce n'est cependant qu'un fragment d'épitaphe, ainsi qu'on peut le remarquer ;

AVGVSTIVS
AVGVSTALIS TVTOR
CONNIVENTE DVNNIO
FRATRE EIVS ET
HEREDE
PONENDVM CVRAVIT.

C'est-à-dire, *Augustius, tuteur d'Augustalis, avec la participation de Dunnius son frere & son hétitier, a fait élever ce monument,*

(41) Ducange *Glossar.* verbo connivere.

MARSEILLOIS. 277

N°. 11. Le fragment d'inscription défigné par ce numéro, eft le feul monument qui nous refte de cette prodigieufe quantité qui ornoit le vafte cimetière de l'embouchure de l'huveaune. Il eft gravé fur un piédeftal en pierre dure de cinq pieds & demi de hauteur, & fe trouve placé à côté de la chapelle bâtie pour acquiter quelques fondations de l'ancienne Abbaye des Prémontrés, dont les ruines fe voient encore à deux toifes de diftance. J'ai parcouru attentivement ces ruines, & j'ai apperçu que cet édifice devoit avoir beaucoup contribué à dégrader le cimetière. Les pierres taillées dont ces veftiges font compofés, font toutes de grandeurs & de qualités inégales ; ce qui prouve qu'elles ont été ramaffées dans les débris d'autres conftructions (42). On lit les lettres fuivantes fur le piédeftal dont il eft ici queftion ;

D. M.

| ARVNI |

= = = = =

IVN = = I = IDIS

= = = = =

SECVNDI = F

NICOMEDIS = =

= = = = =

= = NR = | = | = ;

(42) Je crois inutile de dire ici les raifons qui font rejetter l'opinion de ceux qui croient que les Caffianites de St. Sauveur avoient autrefois leur Abbaye en ce lieu. Cette fable ne trouve plus aujourd'hui des partifans que parmi les femmeletes & les gens du peuple.

Le nom de Nicomede est le seul éclaircissement qu'on peut tirer de ce fragment Les lettres sont de la forme en usage dans quelques inscriptions, où l'on retrouve des traces des anciens caractères Grecs, quoiqu'elles soient en langue latine.

N°. 12. L'inscription suivante, marquée de ce nombre, est rapportée par Guesnay de même que dans le manuscrit déjà cité. Ruffi, qui l'a également insérée dans son histoire de Marseille, nous apprend qu'elle étoit autrefois dans le Couvent des Minimes; ce Couvent ainsi que je l'ai observé (43), est bâti sur une portion de l'ancien champ de Mars, qui avoit également servi de cimetière. C'est de là que cette épitaphe avoit sans doute été tirée; elle étoit gravée sur une pierre dure (44). On y lisoit :

D. M.
L. COR. EVTI
CHIANI
CORNELLIANVS
FRATER.

J'interpéte ainsi les abréviations.

DIIS MANIBVS
LVCII CORNELLIANI EVTICHIANI.
CORNELLIANVS FRATER.

(43) Page 96.
(44) Ce qu'on nomme à Marseille pierre froide ou pierre dure, est une espèce de marbre gris cendré mêlé de fragmens de coquillages & de parties cristallisées qu'on extrait de la carrière de Cassis. Cet endroit est l'ancien CARSICVM.

MARSEILLOIS. 279

Aux Dieux Manes de Lucius Cornellien Eutichien, Cornellien son frere, a élevé ce monument.

N°. 13. Ruffi cite deux fois cette épitaphe dans son histoire de Marseille (45), je crois que c'est une erreur typographique à moins que le monument sur lequel elle étoit placée n'eût été à deux faces, & que l'inscription fût répétée sur chacune : c'est ce que notre historien nous laisse ignorer. On lit :

D. M.
M. CARISI MAXI
MINI
M. CARIS PACA
TVS
FRATRI PIISSIMO.

J'interpréte ainsi les abréviations DIIS MANIBVS MARCI CARISSI MAXIMINI MARCVS CARIS PACATVS FRATRI PIISSIMO.

Aux Dieux Manes de Marcus Caris Maximin, Marcus Caris Pacatus a élevé ce monument à son très-pieux frere (46).

La famille de *MARCVS CARIS* étoit répandue dans Marseille ; son nom se retrouve dans divers monumens.

L'épitaphe sous le numéro 14, est rapportée par Ruffi ; elle nous donne le nom d'une profession. On y lit :

(45) Pages 120 & 122.
(46) PIVS est relatif à la piété filiale, au respect & à l'attachement pour la famille.

D. M.
IVLIAE TY
CHARVS IVL
IANI CIN
TER
ANN. XXL.

J'interpréte ainsi cette épitaphe en suppléant la lettre C, qui manque après l'N du mot CINTER. *Tycarus, faiseur de ceintures de Julien, a élevé ce monument aux Dieux Manes de Julie, morte à l'âge de trente ans.* Le *Cinctorium* étoit une sorte de grande écharpe, que les anciens se passoient entre les jambes, & qu'ils tournoient autour de leur ceinture, laissant pendre les bouts jusques sur les genoux, & les étalant par derrière & par devant en manière de haut de chausses, ainsi qu'on le remarque dans divers Bas-reliefs où sont représentés des Empéreurs & des Militaires. Les Artisans qui faisoient ces ceintures, se qualifioient de *Cincter*; & comme de tout temps, les gens du peuple ont cru leur vanité satisfaite, lorsqu'ils ont été au service des grands, *Tycharus* se qualifioit de faiseur de *Cinctorium* de l'Empereur Julien, de même que nos Cordonniers, nos Tailleurs, & presque tous les genres d'Artisans mettent de nos jours sur leurs enseignes les noms & les armes des Seigneurs pour lesquels ils fournissent des objets de leur métier.

N°. 15. C'est encore à Ruffi à qui nous devons la connoissance de l'inscription sépulcrale sous ce numéro. On y lit :

C. VALERIO

MARSEILLOIS.

> C. VALERIO
> C. T. COAECINO
> TVELLIAE MATRI
> TVLLIO LIGVRI FRATRI
> IVLIA MARINA SIBI
> ET SVIS VIVA FECIT.

J'interpréte les abréviations de la première & seconde ligne par les mots : Caio, & de Caio Tvllio ; & je traduis comme il suit : *Julia Marina a fait élever, de son vivant, ce monument destiné pour elle & les siens ; Caius Valerius, Caius Tullius Coaecinus, Tullie sa mère & Tullius le Ligurien son frère*. On ne peut revoquer en doute que cette inscription est la dédicace d'un sépulcre de famille que *Julia Marina* avoit fait construire.

N°. 16. Ce fragment d'épitaphe a été récemment trouvé dans le jardin du Séminaire de Marseille, tenu par Messieurs de la Congrégation des Missions ; ce jardin est situé entre les rues du Tubaneau & du Tapis-vert. Le tombeau en pierre froide sur lequel sont gravés les caractères suivans, étoit à plus de six pieds de profondeur dans la terre. Ce monument est aujourd'hui placé à côté de la porte qui communique de la maison au jardin. Je n'ai pu déchiffrer que les lettres suivantes :

> D. M.
>
> LVMNE DVLCISSIMAE.

Le reste est totalement effacé. Ce fragment nous dénote une formule d'épitaphe en usage chez les anciens, lorsque les nourrices, ou les personnes chargées du soin de quelqu'un pendant son enfance, venoient à lui rendre les honneurs de la sépulture. Elles employoient pour lors ces mots de tendresse ALVMNA DVLCISSIMA. *Sa douce, sa tendre,* ou *sa chere éleve.* Quelquefois même les nourrissons s'acquittant du même devoir de piété envers les Manes de leurs nourrices, se servoient des mots ALVMNAE DVLCISSIMAE ; les finales E pour AE, sont connues dans la haute antiquité, & se retrouvent souvent dans le style lapidaire.

N°. 17. Autre fragment d'inscription cité par Ruffi ; c'est le reste de la dédicace d'un monument élevé par des neveux en l'honneur d'un oncle ou d'une tante, ainsi que le dénotent les mots FLAVIA IVLIANA NEPOTES.

N°. 18. Cette épitaphe rapportée par Ruffi, me paroît devoir être expliquée par les mots suivans :

Aux Dieux Manes & à la sécurité éternelle de Quintus Gallius Euphemius associé sextumvir des fêtes en l'honneur d'Auguste, Cornelia secunda a élevé ce monument à son très-tendre [ou très-pieux] *époux.* Divers Colléges de Prêtres & de Magistrats portoient les mots de *III Vir*, *IV Vir*, *V Vir*, *VI Vir*, *VII Vir*, *X Vir*, &c. Le plus fameux étoit celui des Epulons ; il souffrit divers changemens dans le nombre de ceux qui étoient revêtus de ces fonctions jusqu'au temps de Jules César, qui le poussa jusqu'à dix. La qualité de *Sextumvir Augustarum*, avoit peut-être été donnée aux membres du Collége établi pour surveiller & regler tout ce qui avoit rapport au culte que les Romains décernèrent à Auguste (27). Soixante peuples des Gaules lui dédièrent un Temple dans la Ville de Lyon. C'étoit dans ce Temple que se tenoient les assemblées académiques, dans lesquelles les Orateurs Grecs & Latins venoient lire leurs ouvrages devant l'Autel consacré à cet Empéreur. Ceux qui avoient le malheur de ne pas mériter les suffrages, étoient condamnés à effacer leur écrits avec une éponge ou avec la langue, s'ils ne préféroient d'être battus des verges, ou plongés dans la rivière de la Saone voisine de ce Temple ; c'est ce qui fait dire à Juvenal (28) :

Palleat ut nudis pressit qui calcibus anguem,
Aut Lugdunensem Rhetor dicturus ad aram.

Qu'il pâlisse de crainte, comme quelqu'un qui auroit foulé à pieds nuds un Serpent ; ou comme un Orateur qui se présente pour déclamer son ouvrage devant l'Autel de Lyon.

Les jeux & exercices institués devant cet Autel, ainsi que les punitions infligées aux Orateurs impérits étoient bien dignes du génie de leur fondateur *Caligula* (29), ce modèle d'extravagances & de cruautés inouïes.

N° 19. Ruffi nous a encore conservé cette inscription sépulcrale, sur laquelle on lit :

---

(27) On trouve communément la Médaille Romaine sur laquelle cette époque est consignée. Elle porte sur les revers le portique d'un Temple avec ces mots pour exergue : ROMAE ET AVGVSTO.
(28) Juvenal Saty. 1a.
(29) Sueton. in vita *Caligula*, Cap. 20.

D. M.
FL. TELESPHORIANE
FL. FRONTINVS
SER. LIBANVS
FL. FRONTIS ALVMNE
ITEM DOM. VERINVS
VAL. RVFIANE
EDOCATORIS
D.　　　T.

J'interpréte les abréviations dans le sens suivant: DIIS MANIBVS FLAVIAE TELESPHORIANE FLAVIVS FRONTINVS SERVIVS LIBANVS, FLAVIÆ, FRONTIS ALVMNE ITEM DOMITIVS VERINVS VALERIAE RVFIANE EDOCATORIS DOTAVERVNT TESTAMENTO.

Flavius Frontinus a élevé ce monument aux Dieux Manes de Flavia Telesphoriana, Servius Libanus à ceux de Flavia Frontis sa nourrice, en même temps Domitius Verinus à ceux de Valeria Ruffiana sa gouvernante; & ils l'ont tous doté par testament.

Le mot EDOCATORIS est mis ici pour EDVCATRICIS: doter un monument par son testament *Testamento dotare*, c'étoit laisser un fonds dont le revenu fût suffisant pour l'entretien du monument: on commettoit souvent des personnes pour veiller à ce soin; des Esclaves ou des Affranchis avoient ordinairement cette charge. Dans ces cas, on permettoit de leur bâtir une demeure auprès des sépulcres, quoique les loix des douze tables prohibassent de construire aucune sorte d'édifice jusqu'à une certaine distance des sépulcres : il y avoit une exception à cette règle, lorsque ces édifices étoient destinés à loger le gardien de ces monumens (30).

Le regret de la perte de trois personnes du sexe, auxquelles trois parens ou amis tenoient par les liens de la reconnoissance, les avoit réunis, pour leur élever à frais communs un Mausolée, qui renfermât les dépouilles de chacune d'elles; & pour éviter qu'il ne tombât en ruine par dégradation, ils avoient fait par leur testament, un legs pour subvenir à son entretien.

L'épitaphe suivante désignée par le N°. 20, nous est conservée par Ruffi d'après Spon (31). Elle est singulière par la qualification qu'on y donne au défunt; de *Venustus*, mignon, beau, gracieux ou agréable; car ce mot est susceptible de toutes ces interprétations. On lit :

C. POSTVMIVS C. LIB. VENVSTVS
TESTAMENTO PON. SIBI TITVLVM
MARMOREVM IVSSIT VBI HVIVS
OSSVA CONDITA SVNT.
ROSCIA LOCHAGIA CONIVXIX
IDEM HERES
BENEMERENTI FECIT.

J'interpréte les abréviations de la manière suivante :
CAIVS POSTVMIVS CAII LIBERTVS TESTAMENTO PONI SIBI TITVLVM MARMOREVM IVSSIT;

---

(30). Voyez Terrasson, histoire de la Jurisprudence Romaine, pag. 199.
(31) Spon, *Miscellanea antiquitatis*.

& je traduis ainsi l'épitaphe : *Caius Postumius l'Affranchi, Mignon de Caius ayant ordonné qu'on lui dressât en marbre ce monument, dans lequel sont renfermés ses ossemens. Roscia Lochagia son épouse & son héritière l'a fait exécuter pour ce mari qui avoit bien mérité d'elle.*

Cette qualification de CAII LIBERTVS VENVSTVS, donne une idée défavantageuse des mœurs du Patron & de l'Affranchi ; mais il semble que les Romains n'ont existé que pour nous laisser des modèles de quelques vertus & de tous les vices. Un peuple enorgueilli de ses succès, enrichi des dépouilles de l'univers pour lors connu, ne voyant autour de lui que des esclaves ou des lâches adulateurs, traitant de barbares les nations qui, par des généreux efforts, résistoient aux armes de ces Ravisseurs pour conserver leur liberté ; un peuple gouverné par un Sénat toujours accessible aux brigues & aux cabales, & par des Princes dont la plupart déshonorèrent l'humanité, devoit nécessairement fournir des exemples de tous les vices & de tous les égaremens de l'esprit humain. Ne soyons donc point surpris de la qualification de *Venustus*, affichée dans un monument public : Antinous n'eut-il pas des Autels chez ces mêmes Romains ? L'enthousiasme que nous causent les premières lectures de leur histoire, faites dans un âge peu propre à réfléchir, accompagné des éloges démesurés qu'on leur prodigue dans les Colléges, enfantent une illusion difficile à dissiper tout-à-fait. Qu'on examine l'Histoire Romaine sans prévention ; qu'on envisage la grandeur des Romains avec les yeux de la Philosophie ; qu'on pèse au poids de la raison & de l'humanité le caractère & les mœurs de la nation, de même que celles des particuliers qui s'y distinguèrent, l'édifice croulera sans doute, & le charme disparoîtra. Des traits patriotiques, les beaux arts cultivés avec succès, voilà leur seule grandeur [s'écriera-t-on]. Des mœurs sans le gouvernement Républiquain ; sous les Empereurs quelques particuliers vrais modèles de sagesse ; la nation abandonnée à tous les excès de la corruption, avide de l'or & du sang de tous les peuples (32).

Le nom de LOCHAGIA gravé sur l'épitaphe qui a donné lieu à cette disgression est Gaulois.

N°. 21. Le fragment d'inscription indiqué par ce numéro, se trouvoit autrefois placé dans les caves de St. Sauveur. Ruffi (33) cite ce monument d'après Spon (34) ; ce qui prouve qu'il avoit déjà été enlevé de ce lieu, lorsque cet historien composoit son ouvrage. Cette inscription seroit une des plus précieuses qu'on ait trouvé dans Marseille, si elle n'eût été mutilée. Voici les lettres placées ainsi que Ruffi les rapporte ;

(32) Ce que nous nommons par habitude la grandeur des Romains ne mérite pas toujours ce nom, mais ils eurent des Historiens, des Poëtes & des Orateurs célèbres qui surent relever les moindres actions d'éclat par les charmes de la poësie, de l'éloquence & les beautés de l'art, des Architectes & des Sculpteurs excellens qui les immortalisèrent par des monumens aussi somptueux que dignes d'admiration. Rendons à tous ces Chefs-d'œuvres l'hommage qui leur est dû, & méfions-nous du prestige.

(33) Ruffi, hist. de Marseille, 2e. vol., pag. 318.
(34) Spon, recherch. curieuse.

COLLE APOLLI FLAMIN
. . . . . ATRE . . . ORVM
ET DE . . . . . .
DENDROPH . . . MASSIL
IVS. STATVE . IMPENDIVM
REDDERET DEDICATIONIS. XII
SPONTVLARVM CORPORITATIS DEDIT.

Les éclaircissemens qu'on peut tirer de ce fragment sont intéressans pour l'histoire de notre patrie : nous trouvons d'abord l'existence d'un Collége de *Flamines*, ou Prêtres d'Appollon, COLLEGIVM APOLLINIS FLAMINORVM ; celle d'un Collége de Dendrophores. DENDROPHORVM MASSILIAE. Les Marchands de bois, Charpentiers & Constructeurs, qui fournissoient les objets de leur profession pour le service militaire & la navigation, ou qui les mettoient en œuvre.

Les mots IVS STATVE nous dévoilent encore un droit que le Collége des Prêtres d'Appollon avoit accordé à celui des Dendrophores : le droit probablement d'offrir, à certains jours, une petite statue d'Appollon (35). L'endroit où a été trouvé ce fragment, faisoit partie des édifices qui accompagnoient le Temple de cette divinité ; & quand même nous n'aurions que l'inscription dont il s'agit pour appuyer notre opinion, elle seroit suffisante pour détruire celle par laquelle on a prétendu soutenir que le Temple d'A-

---

(35) De même que la Communauté des Marchands Orfévres de Paris donne annuellement le tableau nommé le *Mai* à l'Eglise de Notre-Dame, ce qui est regardé par ces Artistes comme un droit honorifique.

pollon

pollon étoit situé sur le lieu le plus élevé de Marseille. Cette inscription ne pouvoit être placée que dans le Temple, ou dans quelque édifice qui y étoit annexé. Le droit d'une statue, la dédicace de douze corbeilles, un Collége de Prêtres d'Apollon, une Communauté d'Artistes, dont la profession est assujettie aux règles géométriques ; quoi de plus naturel que de placer cette inscription dans le Temple du Dieu des Arts ! Pouvoit-elle même être placée ailleurs ? Qu'on nous rapporte de pareilles preuves en faveur de l'opinion contradictoire ; mais on n'en a aucune à nous montrer. Il est constant que sur la montagne des moulins qui est le lieu le plus élevé de Marseille ancienne & moderne, on n'a jamais trouvé rien de pareil ; ni vestiges, ni monumens, ni inscriptions, qui établissent le moindre doute. Ce local est pourtant celui sur lequel les antiquités seroient plus facilement déterrées. Toutes les maisons qui y sont bâties, sont sur la roche vive ; la terre des timetières qu'on y a établi, a été transportée exprès. Ainsi mettons l'opinion qui place le Temple d'Appollon Delphien sur l'endroit le plus élevé de Marseille, au nombre des Paradoxes qui, quoique présentés avec esprit, n'acquièrent pas pour cela un caractère de vérité.

La fin de notre fragment d'inscription nous conserve la formule d'une cérémonie en usage parmi les payens : IMPENDIVM REDDERET DEDICATIONIS XII. SPORTVLARVM CORPORITATIS DEDIT. *En rendant le compte de la dépense faite par la Communauté à l'occasion de la consécration, de douze corbeilles, a donné ce monument.*

C'est le Collège des Flamines d'Apollon qu'on fait parler dans cette inscription, ou quelque Officier du Collége des Dendrophores ; l'un ou l'autre devant être chargé du foin & de l'achat des objets relatifs à la cérémonie de la dédicace ou confécration des douze corbeilles. Les *Sportules* étoient des corbeilles remplies de provifion de bouche, qu'on diftribuoit dans certain cas au peuple : les grands en faifoient autant en faveur de leurs cliens, lorfqu'ils les avoient accompagnés à quelque cérémonie. Offrir des fportules aux divinités, c'étoit faire confacrer ces alimens qu'on diftribuoit enfuite aux pauvres.

N°. 22. Ruffi nous a confervé l'épitaphe fuivante, dans laquelle on ne trouve de remarquable que les noms qui fe reffentent du mélange des habitans de Marfeille, formé de Gaulois, de Grecs & de Romains, ainfi qu'on peut le remarquer dans le mot défigné par la lettre C. CAIVS, qui eft un nom Romain VECTICVS & VECTICIA, qui font des noms Gaulois, & NEON qui eft un nom Grec d'origine. On doit lire :

> MEMORIAE
> CAII VECTICI
> NEONTIS VECTITIA
> EVCARPIA ALVMNO
> DVLCISSIMO VIXIT
> ANNOS XII. MENSES VII.
> DIES XIII.

Vecticia Eucarpia a fait élever ce monument à la mémoire de Caius Vecticius Néon fon cher nourriffon, qui vécut onze ans, sept mois & treize jours. La croix placée entre le N & le S pour TI du mot NEONTIS, étoit une abréviation usitée pour marquer l'I dans les autres lettres qui contiennent une ligne perpendiculaire. On faisoit dépasser la ligne ; ce qui marquoit un I en dessus de ces lettres.

N°. 23. Nous devons encore à l'historien de Marseille la connnoissance du fragment suivant :

```
.......OPTIMAE
.......ORIAE EIVS
.......VNDISI INAM
.......FAMA DIMIT
.......NOMEN
.......NERIT.
```

On peut tout au plus conjecturer que ce fragment faisoit partie d'une épitaphe dans laquelle ceux qui avoient fait construire le sépulcre, déploroient le sort du défunt qui s'étoit acquis de la gloire pendant sa vie, & que la renommée abandonnoit après sa mort. FAMA DIMIT.

N°. 24. Tout ce que nous pouvons recueillir du fragment d'épitaphe que ce numéro indique, c'est qu'il fut ordonné par testament & que le tombeau étoit à vingt pieds de profondeur. EX TESTA, qui doit être expliqué par EX TESTAMENTO. INFRA P. XX. INFRA PEDES XX. Ruffi a lu IAFRA ; mais c'est une faute qui aura été occasionnée par la mutilation de la lettre N. La coutume de marquer la profondeur & toutes les dimensions des sépultures est constatée dans l'antiquité par nombre d'inscriptions.

N°. 25. Le fragment sous ce numéro, fut trouvé en faisant les fondemens de cette grande Chapelle qui est dans l'Eglise de la Major en face de la principale porte d'entrée. Tout ce qu'on put déchiffrer, se réduisit aux deux noms de TITVS & de IVNIVS qui sont Romains. Ruffi a fait mention de ce fragment (36) qui est une preuve que ce local faisoit partie de l'emplacement sur lequel étoit situé le Temple de Diane ; il doit être le reste de quelque inscription votive, offerte par un citoyen nommé TITVS IVNIVS.

N°. 26. Épitaphe citée par Ruffi & par le manuscrit de la Massiliographie, dont un des Auteurs étoit possesseur de ce monument sur lequel étoient sculptés ces mots :

D. M.
P. AELIO
EVTICHE
TI
COLLIBERTO
SECVNDVS.

Les abréviations doivent être suppléées ainsi : DIIS MANIBVS PVBLIO AELIO EVTICHETI COLLIBERTO SECVNDVS. *Aux Dieux Manes Secundus a élevé ce monument à Publius Aelius, Affranchi d'Eutiches.* Ce nom d'*Eutiches* est très-commun dans les Monumens

---

(36) Ruffi, hist. de Marf., pag. 317, tom. 2.

Marſeillois. Les actes du martyre de St. Victor (37) nous conſervent le nom d'un Préfet de Marſeille, Collégue d'Aſterius, en l'année 303, qui étoit de la même famille Eutiches.

FRAGMENS GRECS.

Quoique les Fragmens Grecs par leſquels je termine cet ouvrage, ſoient cités par Ruffi, par Gueſnay & les Auteurs du manuſcrit de la Maſſiliographie, ils ne préſentent rien d'intéreſſant pour le lecteur. J'ai cru néanmoins devoir les rapporter dans ce recueil pour les préſerver de l'oubli & les conſerver dans cette eſpèce de dépôt public. Les moindres fragmens donnent ſouvent des notices néceſſaires pour expliquer d'autres monumens, qu'un heureux haſard peut faire découvrir. J'avoue que ceux déſignés depuis le N°. 1. juſqu'au N°. 6. de cette gravure en bois (38), ne nous devoilent pour le moment préſent que le nom de PARMENON répété ſur trois inſcriptions. Le mélange de caractères Grecs & Romains qu'on rencontre dans les fragmens indiqués par le N°. 1. & 2. n'ont d'autre mérite que de conſtater l'uſage commun

---

(37) Actes des Martyrs de Dom Ruinart. Les divers actes du Martyre de St. Victor, inſerés dans l'hiſt. des Evêques de Marſeille.

(38) Le défaut de caractères Grecs m'a obligé d'avoir recours à l'expédient de la gravure en bois, j'ai préféré de profiter de cette reſſource plutôt que de ſupprimer ces monumens.

des deux langues dans Marseille ; mais des fouilles dans les terrains qui ont servi de cimetière, ou qui ont contenu des édifices publics dans les temps de Marseille ancienne, ne sont pas totalement épuisées. Il peut se présenter des circonstances qui procurent de nouvelles découvertes. Les monumens qu'elles nous offriront par leur analogie avec ceux que je rapporte, auront peut-être besoin d'un secours mutuel pour leur explication. Ces sortes d'événemens ne sont pas inconnus aux antiquaires ; avant que M^r. Calvet dans son ingénieuse Dissertation sur les Utriculaires de Cavaillon, nous eût fait connoître l'existence des divers Colléges de ces Artisans, les Villes d'Arles, de Lyon, d'Antibes, de Cavaillon, de Narbonne & de St. Gilles, possédoient des fragmens d'inscriptions regardés comme inutiles jusqu'alors, dont ce savant Académicien s'est cependant servi utilement, comme d'autant de preuves historiques en faveur de la vérité des faits qu'il avançoit. Pourquoi nos fragmens ne pourroient-ils pas acquérir quelque jour le même degré d'utilité (39) ? Le seul de ces monumens qui paroisse contenir une inscription entière est celui dans lequel on lit toujours en caractères grecs

DIONISI
DIONISI
SIDEITI
METRIMA.

(39) Mr. Calvet cite dans son ouvrage jusqu'à quinze inscriptions ou fragmens relatifs aux Utriculaires, qui étoient dans les diverses Villes où les associations de ces ouvriers étoient établies.

ce qui me paroît devoir être expliqué ainsi : *Metrima a élevé ce monument à Denis, fils de Denis de la Ville de Sida.* Cette Ville étoit située dans l'Asie mineure, sur le bord de la mer, dans la Pamphilie : c'étoit une Colonie des Cuméens. Il y avoit un célèbre Temple en l'honneur de Minerve. Quoi de plus naturel que de trouver parmi les habitans de Marseille, Colonie d'un peuple de l'Asie mineure, un personnage natif d'une autre contrée de cette même partie de l'Orient ! L'établissement de Marseille dût ouvrir une nouvelle branche de commerce pour toutes les Villes Maritimes de l'Asie mineure ; leurs Vaisseaux durent fréquenter notre Port ; & la Ville de Sida dut profiter comme les autres, des avantages que Marseille leur offroit.

CONCLUSION.

Je crois avoir donné dans ce Recueil [peut-être trop étendu] des preuves du caractère, du génie, des mœurs & du costume civil & religieux de nos ancêtres. Si j'ai sacrifié quelquefois le Laconisme à l'amour de la Patrie en m'abandonnant à des détails sur des objets de peu de conséquence, on doit pardonner cet écart en faveur de l'enthousiasme pour les lieux qui m'ont vu naître ; quelle est l'ame bien née qui ne le pardonne ? Elle auroit été comme moi, entraînée par le sujet, en éprouvant les mêmes mouvemens de sensibilité ; si la monotonie du style, la répétition des termes techniques, sont des fautes, elles sont en quelque forte inévitables; dans un ouvrage destiné à la démonstration & à l'explication de divers objets d'un genre analogue, pour lesquels les synonimes sont peu abondans & même rares. Mon but, en rassemblant les objets de ce Recueil, a été de conserver à mes Concitoyens des titres qui leur appartienent. Heureux si mes efforts pouvoient suppléer au manque de talens pour mériter leur suffrage; & si ce foible ouvrage fournissoit dans la suite des matériaux à des mains habiles qui entreprendroient une nouvelle histoire de la Ville de Marseille.

F I N.

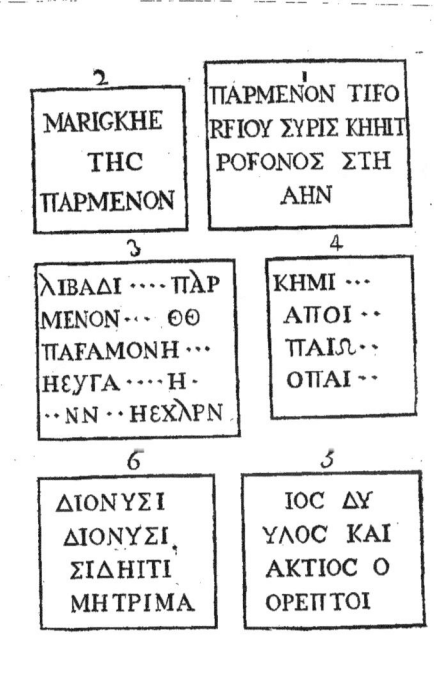

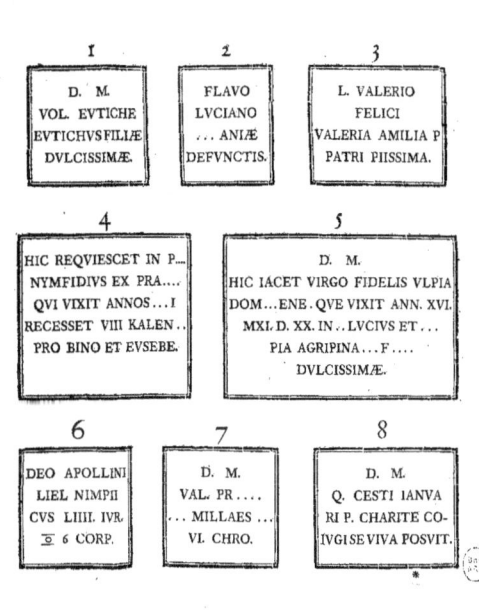

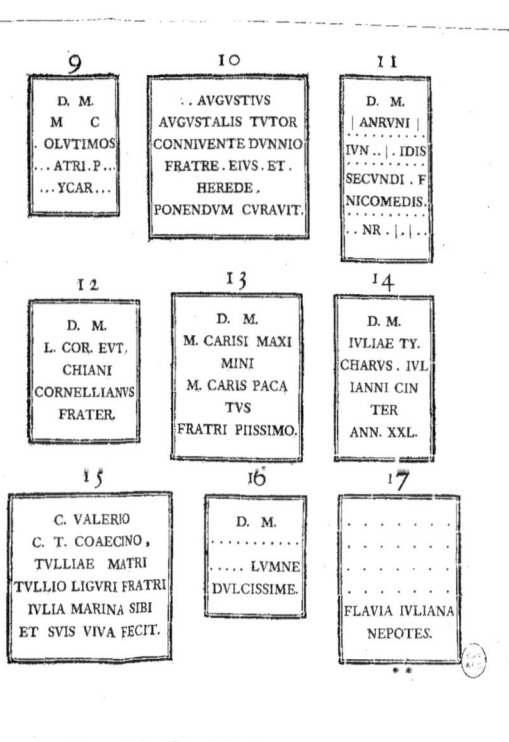

18

D.   M.
ET IN SECVRITATI
ETERNÆ Q. GALLII EVPHEMI
VI. VIRO AVGVSTARVM CORPORATI
CORNELLIA SECVNDA MARITO
PIENTISS.

19

D.   M.
FL. TELESPHORIANE
FL. FRONTINVS
SER. LIBANVS
FL. FRONTIS ALVMNE
ITEM DOM. VERINVS
VAL. RVFIANE
EDOCATORIS
D   T

20

C. POSTVMIVS C. LIB. VENVSTVS
TESTAMENTO PON. SIRI TITVLVM
MARMOREVM IVSSIT VBI HVIVS
OSSVA CONDITA SVNT.
ROSCIA LOCHAGIA CONIVXIX
. . . . . IDEN HERES
BENEMERENTI FECIT.

21

COLLE APOLL . . . . FLAMIN
. . . . . ATRE . . . . ORVM
ET DE . . . .
DENDROPH . . . . MASSIL
IVS STATVE IMPENDIVM
REDDERET DEDICATIONIS XII
SPORTVLARVM CORPORITATIS DEDIT.

* * *

22

MEMORIAE
C. VECTICI
NEONtS VEC
TICIA EVCAR
PIA ALVMNO
DVLCISSIMO
VIXIT A. XI. M. VII.
D. XIII.

23

. . . . OPTIMAE
. . . . ORIAE EIVS
. . . . VNDISI INAM
. . . . FAMA DIMIT
. . . . NOMEN
. . . . NERIT.

26

D. M.
P. AELIO
EVTICHE
TI
COLLIBERTO
SECVNDVS.

24

. . IVS. LL. AVG. . . .
. . . .
. . . ET . . . SV . . .
. . . ML . . LMA . .
. . . . IA . . . . . .
VERVNT . . . FE . . .
ET SVIS . . EA TESTA .
. . . . . INFRAP. XX.

25

. . . .
. . . . . TITVS IV
NIVS . . . .
. . . .

* * * *

www.ingramcontent.com/pod-product-compliance
Lightning Source LLC
Chambersburg PA
CBHW071905230426
43671CB00010B/1481